Arlt

Netzwerkflußprobleme

GABLER EDITION WISSENSCHAFT

Christoph Arlt

Netzwerkflußprobleme

Lösungsansätze
unter Berücksichtigung
von Fixkosten

DeutscherUniversitätsVerlag

Die Deutsche Bibliothek – CIP-Einheitsaufnahme

Arlt, Christoph:
Netzwerkflussprobleme : Lösungsansätze unter Berücksichtigung von Fixkosten
/ Christoph Arlt. - Wiesbaden : Dt. Univ.-Vlg. ; Wiesbaden : Gabler, 1994
(Gabler Edition Wissenschaft)
Zugl.: Göttingen, Univ., Diss., 1993
ISBN 978-3-8244-6004-5   ISBN 978-3-322-99550-6 (eBook)
DOI 10.1007/978-3-322-99550-6
NE: GT

Gedruckt mit Hilfe von Forschungsmitteln des Landes Niedersachsen.

Der Deutsche Universitäts-Verlag und der Gabler Verlag sind Unternehmen der
Verlagsgruppe Bertelsmann International.

Gabler Verlag, Deutscher Universitäts-Verlag, Wiesbaden
© Betriebswirtschaftlicher Verlag Dr. Th. Gabler GmbH, Wiesbaden 1994
Lektorat: Claudia Splittgerber

Höchste inhaltliche und technische Qualität unserer Produkte ist unser Ziel. Bei der
Produktion und Auslieferung unserer Bücher wollen wir die Umwelt schonen:
Dieses Buch ist auf säurefreiem und chlorfrei gebleichtem Papier gedruckt.

Die Wiedergabe von Gebrauchsnamen, Handelsnamen, Warenbezeichnungen
usw. in diesem Werk berechtigt auch ohne besondere Kennzeichnung nicht zu der
Annahme, daß solche Namen im Sinne der Warenzeichen- und Markenschutz-
Gesetzgebung als frei zu betrachten wären und daher von jedermann benutzt werden dürften.

ISBN 978-3-8244-6004-5

Geleitwort

Die Qualität der Planung in logistischen Systemen hängt auch von der Verfügbarkeit guter Lösungskonzepte für schwierige Optimierungssituationen ab.

Große Transportprobleme und Netzwerkflußprobleme mit Fixkostenanteilen stellen schwierige Aufgaben für eine exakte Optimierung dar. In diesem Buch werden Transport-, Zuordnungs-, Wegstrecken- und Flußprobleme mit und ohne Fixkostenzusatz charakterisiert sowie neue effiziente Lösungsverfahren konzipiert und als Anwendungssystem durchentwickelt und geprüft. Zur Überprüfung des Lösungsverhaltens wurden Probleme in großen und relativ kleinen Netzwerken gleichsam gelöst. Die Obergrenze der Problemgrößen, die mit dem neuen Programm gelöst werden können, liegt nun bei 32000 Knoten und 65000 Pfeilen.

Die exakte Planung für Probleme der Transportlogistik in Verkehrsnetzen erhält durch die hier vorgelegten Konzepte bessere Werkzeuge und kann diese auf den weitverbreiteten Arbeitsplatzcomputern nutzen.

Den Studenten und Wissenschaftlern der wirtschaftlichen und technischen Wissenschaften werden neue Aspekte des Lösens von Fixkosten-Netzwerkflußproblemen in bemerkenswerter Weise präsentiert und erklärt. Den Managern in der Logistik werden neue Sichtweisen für ihre Transportplanung eröffnet.

Prof. Dr. Jürgen Bloech

Vorwort

Die Optimierung betrieblicher Planungsprobleme mit quantitativen Methoden setzt eine geeignete Modellbildung voraus. In vielen Fällen lassen sich Modelle in Netzwerkform formulieren. Eine solche Modellierung erleichert aufgrund ihrer symbolhaften Darstellbarkeit in Form von Diagrammen das Verständnis von Problemzusammenhängen. Gleichzeitig sind Netzwerkmodelle durch spezialisierte Optimierungsverfahren besonders schnell lösbar.

Um diese Vorteile einer Modellbildung in Netzwerkform auch für Problemstellungen nutzbar zu machen, in denen bestimmte Ja/Nein-Entscheidungen zu treffen sind, wurde in der vorliegenden Arbeit das lineare Netzwerkflußproblem erweitert: Im Rahmen von Fixkosten-Netzwerkflußproblemen können Kosten mitberücksichtigt werden, die einmalig bei der Öffnung einer Verbindung im Netzwerk für ihre Benutzung anfallen. Für diese größere Klasse von Netzwerkflußproblemen wurde ein neues Lösungsverfahren entwickelt und unter einer graphischen Benutzeroberfläche für Personal Computer implementiert. Seine Leistungsfähigkeit bei der Lösung auch großer Probleme wird anhand zahlreicher Testrechnungen veranschaulicht.

Die Anregung für diese Arbeit geht auf Herrn Prof. Dr. Jürgen Bloech zurück, dem ich für seine kooperative Unterstützung an erster Stelle danke. Herr Prof. Richard S. Barr von der Southern Methodist University, Dallas, Texas, U.S.A. übersandte mir den Problemgenerator FIXGEN, Herr Prof. Dimitri P. Bertsekas vom Massachusetts Institute of Technology, Cambridge, Massachusetts, U.S.A. stellte seinen Problemlöser RELAXT-III zur Verfügung. Beiden sei herzlich gedankt. Für die finanzielle Förderung der Arbeit kommt der Konrad-Adenauer-Stiftung Dank zu.

Herrn Dr. Reinhard Elsner bin ich für die große Hilfsbereitschaft und die zahlreichen Anregungen zu Dank verpflichtet. Herrn Dipl.-Wirtsch.-Inform. Stefan Freigang danke ich für das „Beta-Testing" von FixArc und die wertvollen Verbesserungsvorschläge. Frau Ursula Arlt möchte ich für die sorgfältige Durchsicht des Manuskripts danken. Mein ganz besonderer Dank gilt Frau Dr. Marion Steudel, die mir in jeder Phase der Arbeit zur Seite gestanden hat.

Christoph Arlt

Inhaltsverzeichnis

Kapitel 1

Einleitung

1.1 Einführung

„... a very substantial proportion, perhaps as great as 70%, of the real world mathematical programming problems consist of — or can be transformed into — network and ‚network-related' problems." Diese Einschätzung formulierten CHARNES ET AL. [48, S. 72] bereits 1975. Auch heute ist sie weiterhin gültig, denn einer Vielzahl von Problemen aus der betrieblichen Praxis liegt eine Netzwerkstruktur zugrunde[1]. Vor allen Dingen bei Fragestellungen aus dem Bereich der Logistik[2] lassen sich Problemstrukturen oft in Netzwerkform abbilden. Dies gilt für Aufgabenstellungen aus der Distribution, für die Transport- und Verkehrsplanung, die Konzeption von Lagerhaltungssystemen, für Standortüberlegungen sowie auch für die Aufstellung von Produktionsplänen. Häufig legt dabei eine vorhandene geographische Struktur eine Netzwerkformulierung nahe. Bei der Transportplanung beispielsweise sind Angebots-, Bedarfs- und Umladeorte sowie die zwischen ihnen bestehenden Verbindungen natürlicherweise als Netzwerk darstellbar. Aber auch, wenn dem Problem keine geographische Struktur zugrunde liegt, läßt sich oftmals mit einer geeigneten Modellformulierung eine Netzwerkstruktur herausarbeiten. Als Beispiele seien Zuordnungsprobleme, Anwendungen aus der Netzplantechnik oder die Aufstellung von Produktionsplänen genannt.

Modellbildungen in Form von Netzwerken bieten zahlreiche Vorzüge.[3] Ein erster Vorteil betrifft die Lösbarkeit. Denn effiziente Algorithmen nutzen die Netzwerkstruktur so aus, daß durch sie Netzwerkflußprobleme mit linearen Kostenkomponenten beispielsweise im Vergleich zu allgemeinen linearen Problemen um ein Vielfaches schneller lösbar[4] sind.

---

[1]Aus der zahlreichen Literatur, in der Übersichten über die praktische Anwendung von Problemen mit Netzwerkstruktur gegeben werden, seien stellvertretend die folgenden Titel herausgegriffen: EL-MAGHRABY [65], FRANK UND FRISCH [73], GLOVER UND KLINGMAN [93], KENNINGTON UND HELGA-SON [141, Kap. 1], JENSEN UND BARNES [132, Kap. 2], GLOVER UND KLINGMAN [94], MAGNANTI UND WONG [156] und GLOVER, KLINGMAN UND PHILLIPS [99]

[2]Unter dem Begriff Logistik sei hier die Gewährleistung der „art- und mengenmäßig abgestimmte(n), räumliche(n) und zeitliche(n) Zusammenführung von physischen Gütern, wie sie für die Aufnahme oder Durchführung produktiver oder konsumtiver Prozesse erforderlich ist", (IHDE [126, S. 30]) verstanden.

[3]Vgl. GLOVER ET AL. [87, S. 27]

[4]GLOVER UND KLINGMAN schätzen im Vorwort von KENNINGTON UND HELGASON [141, S. vii], daß mittelgroße Netzwerkprobleme mit auf Netzwerke spezialisierten Algorithmen mindestens 100mal

Dadurch werden für größere Modelle „Was wäre, wenn"-Analysen erst durchführbar. Zum zweiten fördern Formulierungen in Netzwerkform aufgrund ihrer bildhaften, graphischen Gestalt die Kommunikation zwischen den Fachleuten, die mit der Modellbildung beauftragt sind, und den Anwendern, die ein praktisches Problem zu lösen haben. Die visuellen Aspekte eines Netzwerkmodells tragen zu größerem Verständnis der Problemstruktur bei und ermöglichen so eine aussagekräftige Interpretation der Lösungen. Diese Vorteile, vor allen Dingen die schnellere Lösbarkeit, legen es nahe, auch aus Problemen mit allgemeineren Strukturen eine Netzwerkstruktur herauszuarbeiten. Dies ist tatsächlich für Probleme mit bestimmter Struktur möglich und läßt sich teilweise sogar mit speziellen Algorithmen automatisieren.[5]

Aus der Vielfalt der Netzwerkprobleme wird in der vorliegenden Arbeit die Klasse derjenigen Netzwerkflußprobleme zur Gesamtkostenminimierung ausgewählt, die sich mit dem Fluß eines einzigen homogenen Guts beschäftigten. Diese Problemklasse zeichnet sich durch eine Vielzahl von Anwendungsmöglichkeiten aus.

Eine der wichtigsten und historisch zuerst erwähnten Anwendungen ist die Transportplanung. Bei Vorliegen einer linearen Kostenstruktur und eines bipartiten Netzwerks, in dem ein Transport ausschließlich von Angebotsorten zu Bedarfsorten möglich ist, erhält man das klassische Transportproblem, das bereits Anfang der vierziger Jahre formuliert wurde. Durch Einführung von Umladeorten wurde es 1956 von ORDEN [169] zum Umladeproblem erweitert. Eine noch realitätsnähere Abbildung praktischer Probleme wird möglich, wenn zusätzlich die Kapazität einzelner Transportverbindungen beschränkt werden kann. Man spricht dann vom kapazitierten Umladeproblem[6], das im Rahmen dieser Arbeit wegen seiner zahlreichen Anwendungen auch *lineares Netzwerkflußproblem* genannt wird. Denn neben der Minimierung der Gesamtkosten für den Transport einer Ware, wie sie beispielsweise in der Distribution angestrebt wird, lassen sich betriebliche Fragestellungen wie simultane Produktions- und Distributionsplanungen bis hin zur Aufstellung von Produktionsplänen[7] bearbeiten.

Des weiteren lassen sich die folgenden Problemklassen in den Rahmen des linearen Netzwerkflußproblems einordnen: Durch geeignete Einführung künstlicher Verbindungen läßt sich das Maximalflußproblem eingliedern. Beispielhafte Anwendungen finden sich im Rahmen von Kapazitätsuntersuchungen für Transportnetze, wie sie bei der Verkehrsplanung oder der Konzeption von Rohrleitungsnetzen von Interesse sind. Auch die

---

schneller zu lösen sind, BIXBY UND CUNNIGHAM [31] sprechen von einem Geschwindigkeitsvorteil mit Faktor 50 bis 200 und führen zusätzlich den geringeren Speicherbedarf der Netzwerkalgorithmen an.

[5]BIXBY UND CUNNINGHAM [31] entwickelten einen Algorithmus, der allgemeine lineare Probleme in lineare Netzwerkflußprobleme transformiert, oder angibt, daß dies nicht möglich. Der Aufwand für diese Transformation liegt dabei in einer Größenordnung, die insgesamt aufgrund der Effizienz von Netzwerkalgorithmen eine schnellere Problemlösung ermöglicht. GLOVER UND MULVEY [101] arbeiten aus bestimmten linearen gemischt-ganzzahligen Problemen Netzwerkstrukturen heraus und transformieren sie in Netzwerkflußprobleme mit Ganzzahligkeitsnebenbedingungen. Dies ist deshalb vorteilhaft, weil die Relaxationen dieser Probleme lineare Netzwerkflußprobleme sind, die schneller gelöst werden können als die linearen Relaxationen der ursprünglichen Probleme.

[6]„Die kapazitierten Umladeprobleme bilden die allgemeinste Klasse von Flußproblemen in Netzwerken, die sich mit der Verteilung einer einzigen Ware beschäftigen." (AHRENS UND FINKE [2, S. 1])

[7]Hierbei könnte der Fluß auf einer Verbindung des Netzwerks zum Beispiel die Auslastung eines bestimmten Maschinentyps in einer bestimmten Periode, ausgedrückt in Schichten, angeben.
Vgl. FREIGANG [75]

Bestimmung des kürzesten oder kostengünstigsten Weges zwischen Knoten eines Netzwerks ist möglich. Bei der Projektplanung mit der CPM-Methode[8] sind zum Beispiel solche Kürzeste-Wege-Probleme zur Bestimmung des kritischen Weges zu lösen. Insgesamt erscheint daher eine begriffliche Einschränkung auf reine Transportvorgänge, wie sie durch die Bezeichnung als Umladeproblem ausgedrückt wird, als zu eng.

Trotz der weiten Anwendungsbereiche des linearen Netzwerkflußproblems stellt die Voraussetzung einer linearen Kostenstruktur eine wesentliche Einschränkung dar. Denn in der Praxis findet man oft allgemeinere, nicht-lineare Kostenverläufe vor. Konkaven Kostenstrukturen[9] kommt dabei eine besondere Bedeutung[10] zu. Ein Spezialfall hiervon ergibt sich bei Vorhandensein variabler Kosten durch die zusätzliche Einbeziehung von Fixkosten[11], die jeweils einmalig und in fester Höhe anfallen, wenn eine Verbindung im Netzwerk tatsächlich benutzt wird. Das klassische Transportproblem wurde historisch zuerst um solche sprungfixen Zielfunktionsanteile erweitert: HIRSCH UND DANTZIG [120] formulierten 1954 das Fixkosten-Transportproblem.

Für die praktische Anwendung ist jedoch das *Fixkosten-Netzwerkflußproblem*, das man durch Erweiterung des Fixkosten-Transportproblems um die Möglichkeit der Aufnahme von Umladeorten und Kapazitätsrestriktionen erhält, von größerer Bedeutung.[12] Mit ihm sind in der Distribution und bei der Transportplanung vorliegende Kostenstrukturen besser modellierbar. Fallen bei der Versendung von Waren einmalig mengenunabhängige Kosten an, zum Beispiel für die Abwicklung des Versands, oder sind für die Einrichtung bestimmter Transportwege vorab Aufwendungen zu veranschlagen, so hat man es mit Problemstellungen zu tun, die sich als Fixkosten-Netzwerkflußprobleme formulieren lassen. Über eine realitätsnähere Modellbildung in der Distribution hinaus sind auch in der Produktionsplanung verbesserte Formulierungen möglich.[13] Einen wichtigen Bereich stellen vor allen Dingen aber Planungsmodelle zur Standortwahl von Produktionsstätten oder Auslieferungslagern dar, bei denen durch Transportaktivitäten verursachte Kosten mit einbezogen werden.[14] Dabei geht es um die im Rahmen des *Plant Location-* oder *Warehouse Location*-Problems behandelte Frage, an welchen von mehreren potentiellen Standorten Produktionsstätten und Auslieferungslager errichtet werden sollen. Zielset-

---

[8]Vgl. zur Methode des kritischen Weges (*Critical Path Method*) KELLEY [138] und ZIMMERMANN [209]

[9]JENSEN UND BARNES [132, S. 368] nennen als Beispiele für konkave Kostenstrukturen den Einkauf von Rohmaterial, für das bei Abnahme größerer Stückzahlen Rabatte gewährt werden, oder die von der Größe einer zu errichtenden Produktionsstätte abhängigen Konstruktionskosten. DOMSCHKE [62, S. 51] beschreibt einen konkaven, stückweise linearen Kostenverlauf, der sich ergibt, wenn ein Stückgutspediteur Rabatte von bestimmten Intervallgrenzen an auf die die Grenze überschreitenden Mengeneinheiten gewährt.

[10]„If one could solve efficiently a network model with concave cost, he would be able to solve a number of important problems in inventory and production management" (JENSEN UND BARNES [132, S. 81])

[11]In der Literatur wird häufig auch die englische Bezeichnung *Fixed Charges* verwendet.

[12]MOTE [160, S. 249] sagt vom Fixkosten-Transportproblem: „While admittedly an interesting problem class, very few practical applications can be modeled with a simple bipartite network structure. Most network based models possess the more general structure associated with the capacitated transshipment problem."

[13]Im Rahmen des Fixkosten-Konzepts können in Produktionsplanungsmodellen beispielsweise Rüstkosten mit einbezogen werden.
Vgl. FREIGANG [75]

[14]Vgl. zu diesem Problembereich insbesondere die Arbeiten von BLOECH [32, 35, 34]

zung ist dabei die simultane Minimierung der je nach Standort unterschiedlich hohen Errichtungskosten und der variablen Transport- bzw. Auslieferungskosten. Bei allen diesen Problemen werden Entscheidungen wie „Errichten eines Lagers oder nicht", „Produzieren oder nicht" oder „Versenden einer Ware oder nicht" durch die Berücksichtigung von Fixkosten modelliert, die zu einzelnen Pfeilen des Netzwerks hinzugefügt werden und jeweils bei echt positivem Fluß anfallen.

Im Vergleich zum linearen Netzwerkflußproblem gestaltet sich die Lösung des Fixkosten-Netzwerkflußproblems erheblich schwieriger. Dies liegt an den Ganzzahligkeitsnebenbedingungen, die zur Berücksichtigung der Fixkosten erforderlich sind und das Problem zu einer gemischt-ganzzahligen Optimierungsaufgabe machen. Damit gehört es zur Klasse der $\mathcal{NP}$-vollständigen Probleme[15], deren exakte Lösung in angemessener Zeit bis heute überwiegend Schwierigkeiten bereitet. Während sich Fixkostenprobleme mit allgemeinen linearen Nebenbedingungen in realitätsnahen Größenordnungen immer noch einer exakten Lösung entziehen[16], kann bei Fixkosten-Netzwerkflußproblemen die besondere Struktur der Netzwerknebenbedingungen ausgenutzt werden und dadurch eine Beschleunigung des Lösungsvorgangs erreicht werden.

Die bisherigen Arbeiten in der Literatur konzentrieren sich vornehmlich auf Fixkosten-Transportprobleme. Beim Vergleich derjenigen Arbeiten, in denen neue Lösungsverfahren[17] entwickelt werden, stellt sich heraus, daß Branch-and-Bound-Verfahren zur exakten Lösung von Fixkostenproblemen am besten geeignet sind. Mit einem auf Fixkosten-Transportprobleme spezialisierten Branch-and-Bound-Verfahren beispielsweise konnten auch große Probleme äußerst schnell gelöst werden.[18] Dies läßt vermuten, daß die optimale Lösung größerer Fixkosten-Netzwerkflußprobleme ebenfalls in angemessener Zeit möglich ist. Aus diesem Grund beschäftigt sich die vorliegende Arbeit mit exakten Verfahren.

Die Darstellung der bislang für Fixkostenprobleme entwickelten Branch-and-Bound-Verfahren in der Literatur läßt oft eine vollständige Beschreibung aller Komponenten,

---

[15]Im wesentlichen ist die Klasse der $\mathcal{NP}$-vollständigen Probleme dadurch charakterisiert, daß bis heute kein Algorithmus bekannt ist, der eines der in ihr enthaltenen Probleme, und damit nach Definition auch alle anderen, auf einer deterministischen Turing-Maschine schlechtestenfalls in polynomialer Zeit lösen kann. Zur genauen Definition sei auf PAPDIMITRIOU UND STEIGLITZ [173, Kap. 15], SCHRIJVER [183, S. 20f] und IBARAKI [124, S. 28f] verwiesen.

[16]Vgl. WRIGHT UND VON LANZENAUER [206] und FETTEROLF UND ANANDALINGAM [66]

[17]Für Fixkosten-Transportprobleme wurden approximative Verfahren von BALINSKI [13], KUHN UND BAUMOL [152], COOPER UND DREBES [49], COOPER UND OLSON [50], DENZLER [59], ROBERS UND COOPER [177], STEINBERG [192] und DIX [60] angegeben, exakte Verfahren stellten GRAY [112, 113], MURTY [165], KRARUP [150], COOPER [51], STEINBERG [192], TOMPKINS [199], FRANK [74], SOLAND [186], KENNINGTON UND UNGER [143], BARR, GLOVER UND KLINGMAN [18] und CABOT UND ERENGUC [44] vor.
Ein exaktes Verfahren zur Lösung von Fixkosten-Netzwerkflußproblemen stellt das Branch-and-Bound-Verfahren von RARDIN UND UNGER [175] dar.
Verfahren zur approximativen Lösung allgemeiner Fixkostenprobleme wurden von WALKER [203] und WRIGHT UND VON LANZENAUER [206] entwickelt, zur exakten Lösung eignet sich neben allgemeinen Verfahren zur gemischt-ganzzahligen Optimierung das auf Fixkostenprobleme spezialisierte Verfahren von McKEON [158].

[18]BARR, GLOVER UND KLINGMAN [18] lösten mit ihrem Programm FIXNET dünnbesetzte Probleme mit bis zu 1200 Fixkostenverbindungen auf einer CDC 6600 in weniger als einer Minute.

aus denen sich ein Verfahren zusammensetzt, vermissen. Für die Effizienz einer Implementation entscheidende Details bleiben vielfach unklar. Zum Beispiel wird nicht immer darauf eingegangen, wie die Unterprogramme, zumeist lineare Relaxationen des ursprünglichen Problems, gelöst werden und der dazu eingesetzte Problemlöser implementiert ist[19]. Außerdem liegen zahlreiche Arbeiten vor, die sich mit speziellen Teilaspekten eines Lösungsverfahrens wie etwa der bei der Unterprogrammlösung verwendeten Datenstrukturen[20] oder der Herleitung und Berechnung von Penalties[21] beschäftigen.

Diese disparaten Ideen und Ansätze zur Konzeption von Lösungsverfahren wurden bislang für das Fixkosten-Netzwerkflußproblem noch nicht gebündelt. Die vorliegende Arbeit führt die besten Ansätze zusammen und erweitert sie so, daß mit dem hier neu entwickelten Verfahren Probleme aus der im Vergleich zum Fixkosten-Transportproblem größeren Klasse der Fixkosten-Netzwerkflußprobleme exakt und mit angemessenem Aufwand gelöst werden können. Bei der Entwicklung des Verfahrens wird ein ganzheitlicher Ansatz verfolgt: Jede Komponente, wie der Problemlöser für die Unterprogramme oder die Penalty-Berechnung im Branch-and-Bound-System, soll so konzipiert werden, daß sie dem Ziel der Minimierung der Gesamtlaufzeit Rechnung trägt und die vorliegende Netzwerkstruktur bestmöglichst ausnutzt. Außerdem sollen Probleme, bei denen Fixkosten nur für einen Teil der Verbindungen anfallen, besonders effizient behandelt werden können.

Einen ersten Schwerpunkt bei der Konzeption des Verfahrens bildet die Lösung der Unterprogramme, die sich als lineare Netzwerkflußprobleme formulieren lassen. Zur Lösung dieser eigenständigen Problemklasse werden zwei neue Implementationen des primalen Netzwerk-Simplex-Verfahrens entwickelt. Da für die Effizienz dieser Verfahren algorithmische Details an vielen Stellen entscheidend sind, wird bei der Darstellung der Algorithmen auf einen engen Bezug zu ihrer Implementation in einer höheren Programmiersprache Wert gelegt. Viele Arbeiten aus der Literatur, die ähnliche Verfahren beschreiben, lassen eine solche Nähe zu einer tatsächlichen Realisierung und die damit verbundene Detailliertheit vermissen. Eine zentrale Bedeutung kommt darüber hinaus den Penalties zu, die in vielfacher Weise zur Beschränkung des Enumerationsprozesses eingesetzt werden. Zur Herleitung von Penalties, die auch Kapazitätsschranken mit berücksichtigen, werden Ansätze aus der Literatur, die die Lagrange-Relaxation benutzen, erweitert.

Die in der Literatur vorgeschlagenen Verfahren zur Lösung von Fixkostenproblemen wurden fast ausnahmslos auf Großrechnern implementiert. Hier setzt eine zweite Zielsetzung dieser Arbeit an. Aufgrund der in den letzten Jahren immens gestiegenen Leistungsfähigkeit der Rechner ist heutzutage die Tendenz zu beobachten, daß immer größere Rechenvorhaben nicht auf einem zentralen Großrechner, sondern dezentral abgewickelt werden.[22] Dabei findet oftmals durch Anbindung an den Großrechner ein Datenaustausch statt, der die Nutzung bestehender Datenressourcen ermöglicht. Gleichzeitig

---

[19]BARR, GLOVER UND KLINGMAN verwenden in [18, S. 452] zur Lösung der Unterprogramme „one of the fastest transportation codes in existence", dessen genaue Beschreibung aber in der Literatur nicht gegeben wird.
[20]Werden die Unterprogramme mit einem primalen Simplex-Verfahren gelöst, so läßt sich ihre Netzwerkstruktur bei der Speicherung der Simplex-Basis ausnutzen. Vgl. dazu GLOVER UND KLINGMAN [92], GLOVER ET AL. [88], GLOVER ET AL. [100], JACOBSEN [130] und BARR, GLOVER UND KLINGMAN [17]
[21]Penalties für Fixkostenprobleme wurden von BOENCHENDORF [36, 37], CABOT UND ERENGUC [45], PALEKAR, KARWAN UND ZOINTS [172] und SCHAFFER UND O'LEARY [179] entwickelt.
[22]Vgl. SUHL [195, S. 16]

läßt sich eine bessere Akzeptanz der Ergebnisse von derart rechnergestützt gelösten Problemen beobachten. Dies liegt unter anderem an der hohen Benutzerfreundlichkeit, wie sie zum Beispiel durch die graphischen Oberflächen[23] der heutigen Software erreicht wird. Standardisierungen[24] dieser Oberflächen gewährleisten ein konsistentes Erscheinungsbild verschiedenartigster Applikationen und führen so zu einer leichten Erlernbarkeit.

Während für den Bereich der Routen- und Tourenplanung ein breites Angebot an Software mit graphischen Oberflächen existiert[25], ist zur Lösung von Fixkosten-Netzwerkflußproblemen kein solches Programm vorhanden. Um den hier entwickelten Problemlöser mit einer vielseitigen und komfortablen Benutzeroberfläche ausstatten zu können, wird daher das Verfahren als Microsoft Windows-Applikation implementiert. Über die Programmoberfläche hinaus bietet die Wahl von Microsoft Windows als Zielplattform weitere Vorteile.[26] Neben dem IBM-kompatiblen Personal Computer wird eine wachsende Zahl von weiteren Rechnerarchitekturen von Windows unterstützt, so daß sich für Windows-Applikationen eine Portabilität über verschiedene Hardware-Plattformen erreichen läßt. Allen diesen Plattformen ist gemeinsam, daß für sie weniger restriktive Zugangsbeschränkungen bestehen, als dies beim Einsatz von Großrechnern der Fall ist. Trotzdem ist unter Windows die gleichzeitige Ausführung mehrerer Applikationen möglich, so daß der Rechner auch während umfangreicher Optimierungsrechnungen weiterhin verfügbar ist. Einheitliche Mechanismen zum Datenaustausch und zur Kommunikation zwischen einzelnen Applikationen vereinfachen den Aufbau von Client/Server-Modellen, in denen mehrere Applikationen miteinander verbunden werden.

Anhand der hier entwickelten Windows-Applikation zur komfortablen Lösung von Fixkosten-Netzwerkflußproblemen soll die Frage beantwortet werden, bis zu welcher Größenordnung diese Probleme in angemessener Zeit schon auf Mikrocomputern optimal gelöst werden können.

---

[23]Im anglo-amerikanischen Sprachraum hat sich die Bezeichnung *Graphical User Interface* (GUI) durchgesetzt.

[24]Unter dem Begriff *Common User Access* (CUA) faßte IBM beispielsweise Richtlinien zusammen, die den Zugriff auf Operationen, die den meisten Programmen gemeinsam sind, vereinheitlichen.

[25]GOLDEN, BODIN UND GOODWIN geben in [102] eine Übersicht über PC-Software zum *Vehicle Routing and Scheduling* an. Vgl. auch ZIEGLER [208]

[26]Auf die Vor- und Nachteile der Entwicklung einer Windows-Applikation wird in Kapitel 6 ausführlich eingegangen.

1.2 Anwendungen aus der Praxis

In diesem Abschnitt soll durch kurze Beschreibung von praktischen Anwendungen, über die in der Literatur berichtet wurde, ein Eindruck von der Vielfältigkeit der Einsatzgebiete der Netzwerkoptimierung vermittelt werden. Bei allen angegebenen Fallbeispielen handelt es sich um Probleme, die sich nach einer geeigneten Modellbildung als Optimierungsaufgabe in Form eines Netzwerkflußproblems schreiben lassen. Alle Modelle wurden in der Praxis eingesetzt.

Zuordnung von Trägerraketen zu Raumfahrtvorhaben

Die *Douglas Aircraft Company, Inc.* in Santa Monica, Cal. wollte Mitte der sechziger Jahre ihre zukünftigen Entwicklungsprogramme planen. Dazu sollte unter anderem geklärt werden, welche Typen von Trägerraketentypen entwickelt werden sollten und wie diese geplanten und die bereits vorhandenen Trägerraketen zukünftigen Raumfahrtvorhaben so zugeordnet werden könnten, daß die Kosten für die Durchführung aller Vorhaben minimal sind. Diese Gesamtkosten setzen sich aus den Kosten für die Entwicklung eines neuen Typs und denjenigen Kosten zusammen, die bei Verwendung eines bestimmten Trägerraketentyps für ein bestimmtes Raumfahrtvorhaben anfallen. Diese letzteren Kosten beinhalten die Kosten der Trägerrakete selbst, die Kosten für eventuell notwendige Modifikationen eines Trägerraketentyps, damit mit ihm das anvisierte Vorhaben realisiert werden kann, und die Kosten der zu transportierenden Nutzlast.

STROUP [193] formulierte diese Aufgabenstellung als ein spezielles Fixkosten-Transportproblem, das sich leicht in ein Fixkosten-Netzwerkflußproblem transformieren läßt. Die Fixkosten sind dabei die Kosten für die Entwicklung eines neuen Trägerraketentyps. Mit Hilfe eines speziellen Branch-and-Bound-Verfahrens konnte das Problem optimal gelöst werden.

Standortplanung unter Einbeziehung von Transport-, Lager- und Produktionskosten in der baumwollverarbeitenden Industrie

Anfang der siebziger Jahre ging die Baumwollproduktion in einigen Tälern im Südwesten der Vereinigten Staaten um bis zu 50% zurück, während die Kapazitäten für die Verarbeitung oder Entkörnung der Baumwolle konstant blieben. Die entstandenen Überkapazitäten für die Entkörnung machten die Schließung einiger Standorte erforderlich.

KLINGMAN, RANDOLPH UND FULLER stellten dazu in [148] ein Mehrperioden-Modell auf, in dem für jede Woche der Erntezeit geplant werden kann, wieviele Ballen ihrer Baumwollernte jede einzelne Farm zu welcher Entkörnungsfabrik schicken oder bis zur nächsten Woche lagern soll. Dabei werden lineare Lager- und Transportkosten unterstellt. Die Kosten, die bei der Entkörnung anfallen und je nach Standort unterschiedlich sind, setzen sich aus wöchentlichen Lohneinzelkosten, die sich bei der Leistung von Überstunden erhöhen, sowie aus in der gesamten Erntezeit anfallenden Kosten zusammen. Diese letzteren Kosten bestehen aus fixen Gemeinkosten, die bei Inbetriebnahme einer Entkörnungsmaschine etwa für Reinigung und elektrischen Anschluß anfallen, und aus variablen Kosten, deren Verlauf als stückweise linear und konvex angenommen wird. Zielsetzung ist eine Gesamtkostenminimierung und die Klärung der Frage, welche Standorte zur Baumwollentkörnung dabei aufgegeben werden können.

Das von KLINGMAN, RANDOLPH UND FULLER formulierte Modell ist ein Fixkosten-Netzwerkflußproblem, das beispielsweise bei einer dreiwöchigen Ernte- und einer sechswöchigen Verarbeitungszeit und der Einbeziehung von 150 Farmen und 20 Entkörnungsfabriken eine Größe von 3141 Knoten und 61640 Pfeilen aufweist. 20 Pfeile sind davon mit Fixkosten belastet.

Optimale Konzeption von regionalen Abwassersystemen

Abwassersysteme bestehen aus Rohrleitungsnetzen und Kläranlagen. Bei der Neukonzeption oder der Erweiterung bestehender Systeme sind die an das System gestellten Kapazitätsanforderungen zu erfüllen. Die dafür notwendigen Kosten sollen minimiert werden.

JARVIS ET AL. stellten für diese Aufgabe in [131] ein Netzwerkflußmodell auf. Für die Kosten der Erweiterung von Rohrleitungen oder Kläranlagen wurde ein von der erforderlichen Kapazität abhängiger, stückweise linearer und konkaver Verlauf unterstellt. Die Einrichtung einer Verbindung oder Anlage wurde zusätzlich mit fixen Kosten belastet. Durch Prognosen der Bevölkerungsentwicklung wurden zukünftige Kapazitätsanforderungen abgeschätzt.

Mit Hilfe verschiedener Reduktionstechniken konnte das ursprünglich vorliegende Modell trotz seiner recht komplizierten Kostenstruktur von JARVIS ET AL. in die Form eines Fixkosten-Netzwerkflußproblems überführt werden. Die Problemgröße konnte durch weitere modellspezifische Reduktionen verkleinert werden.

Integrierte Planung von Produktion, Distribution und Lagerhaltung

GLOVER ET AL. [87] entwickelten für die *Agrico Chemical Company* in Tulsa, Okla. ein System zur Produktions-, Distributions- und Lagerhaltungsplanung. Dieses System ermöglicht Analysen für lang- und kurzfristige Planungsentscheidungen.

Langfristige Planungen beinhalten Entscheidungen im Zusammenhang mit der Größe und Lage der Distributionszentren sowie der erforderlichen Transportkapazitäten. Im Rahmen der kurzfristigen Planung geht es bei fester Größe und Lage der Distributionszentren um die kostengünstigste Zuordnung der Produkte zu den vorhandenen Zentren. Dabei wird ebenfalls entschieden, wann und wo welche Menge eines Produkts produziert werden soll und über welchen Lieferweg es in welcher Menge wann ausgeliefert werden soll.

Das Modell zur kurzfristigen Planung wurde als lineares Netzwerkflußproblem formuliert. Es hat die typische Größenordnung von 6000 Gleichungen und 35000 Variablen. Beim langfristigen Planungsmodell handelt es sich um ein gemischt-ganzzahliges Programm mit linearen Nebenbedingungen, die zu einem Großteil eine Netzwerkstruktur beschreiben. Spezielle Lösungsverfahren machen sich die eingebettete Netzwerkstruktur zu Nutze.

Einsatzplanung von Krankenpflegepersonal

Wegen drastisch gestiegener Kosten im Gesundheitswesen versuchen privatwirtschaftlich organisierte Krankenhäuser in den Vereinigten Staaten, ihr Pflegepersonal zu reduzieren. Gleichzeitig besteht die Notwendigkeit, mit dem eingesetzten Personal eine ausreichende Krankenpflege zu gewährleisten.

KHAN UND LEWIS [144] entwickelten ein Modell zur Einsatzplanung, das den minimalen und maximalen Personalbedarf der einzelnen Stationen für jede Schicht berücksichtigt. Ebenfalls kann für jede Station und für jede Schicht ein Mindestpersonal angegeben werden. Zielsetzung ist es, alle einzelnen Personalanforderungen mit einer minimalen Gesamtzahl von Pflegekräften zu erfüllen.

In der Formulierung von KHAN UND LEWIS handelt es sich um ein Minimalflußproblem mit unteren und oberen Kapazitätsschranken. Ein solches Problem läßt sich aber einfach in die Form eines linearen Netzwerkflußproblems bringen.

Optimale Verbindung von Computernetzen

In den letzten 20 Jahren haben sich *Local Area Networks*, kurz LANs, zur Verbindung von Informationssystemen durchgesetzt. Durch sie genießen Personal Computer und Workstations viele Vorzüge von Multiuser-Systemen, wie gemeinsam nutzbare Drucker, Datenbanken und E-Mail, ohne dabei die Unabhängigkeit eines Stand-alone-Systems aufzugeben. Die starke Verbreitung von LANs läßt nun verstärkt den Wunsch nach Verbindung von mehreren, oft bis zu 20 verschiedenen LANs durch Brücken aufkommen.

FETTEROLF UND ANANDALINGAM [66] haben sich mit der Frage beschäftigt, an welchen Stellen solche Brücken mit welcher Kapazität am kostengünstigsten installiert werden sollen, so daß alle Kapazitätsanforderungen an das InterLAN, das aus den einzelnen LANs und ihren Verbindungsbrücken besteht, erfüllt werden. Sie stellten ein Fixkosten-Modell mit Netzwerknebenbedingungen auf, bei dem die Flußvariablen die im InterLAN verschickten Datenpakete modellieren. Fixe Kosten fallen für die Installation einer Brücke an, die einen Datenfluß zwischen den zwei miteinander verbundenen LANs ermöglicht.

Das Modell ähnelt formal einem Mehrgüter-Fixkosten-Netzwerkflußproblem, das FETTEROLF UND ANANDALINGAM mit einem aus der Lagrange-Relaxation gewonnenen Ansatz heuristisch lösen. Für die Verbindung von bis zu 20 LANs werden gute Näherungslösungen berichtet.

Produktionsprogrammplanung in Leichtmetallgießereien

Im Kernbereich von Leichtmetallgießereien werden auf Druckgießanlagen Druckgußteile gefertigt. Dazu müssen auf die Druckgießanlagen entsprechende Formenwerkzeuge aufgespannt werden. Diese Umrüstung kann je nach Werkzeug bis zu mehreren Stunden dauern.

Die Wochenplanung für die Gießerei, in der das Produktionsprogramm für mehrere Wochen erstellt wird, und die Schichtplanung, die für dieses Programm die Losgrößen für die einzelnen Druckgießanlagen bestimmt, läßt sich als lineares Netzwerkflußproblem formulieren. Um zusätzlich die Rüstkosten für das Aufspannen von Formenwerkzeugen miteinbeziehen zu können, gibt FREIGANG [75] verschiedene Modellbildungen in Form

von Fixkosten-Netzwerkflußproblemen an. Je nach Modellformulierung besitzen diese
Netzwerkflußprobleme für jede zu planende Woche durchschnittlich zwischen 200 und
6000 Fixkostenpfeile, wenn zur Fertigung von 40 Produkten 200 Formenwerkzeuge und
60 Druckgießanlagen, die sich in 10 verschiedene Maschinentypen unterteilen lassen, zur
Verfügung stehen.

FREIGANG implementierte unter Microsoft Windows einen Modellgenerator zur Erzeugung der Fixkosten-Netzwerkflußprobleme und löste diese Probleme mit der in der
vorliegenden Arbeit entwickelten Windows-Applikation FixArc in einer Client/Server-
Anbindung.

Weitere Anwendungen

KALB, RÖCK UND SCHMIDT [135] stellen zur „präferenzorientierten dynamischen Ein-
satz- und Ablaufplanung" lineare Netzwerkflußprobleme auf. Dabei geht es um die Zuordnung von Arbeitszeiten und -inhalten an Mitglieder einer Gruppe von Personen, die
über mehrere Perioden verschiedene Tätigkeiten unter Einhaltung bestimmter Bedingungen durchführen sollen. Zu Beginn einer jeden Periode vergibt jedes Gruppenmitglied
Präferenzpunkte auf die noch offenen Tätigkeiten und Zeiten. Ziel ist ein qualifizierter
Ausgleich der individuellen Wünsche über den gesamten Planungszeitraum.

SCHMIDT [180] formuliert ein dynamisches Mehrgüter-Netzwerkflußproblem zur Optimierung des Düngemitteltransportes in Indonesien. Dieses Modell kann so umformuliert
werden, daß die Mehrperiodenannahme nur implizit und der Mehrgüteraspekt nicht si-
multan, sondern sukzessiv berücksichtigt werden kann. Die entstehenden Teilprobleme
sind 2-Güter-Netzwerkflußprobleme, die sich auf Personal Computern lösen lassen.

Die *W. R. Grace Company*, einer der größten Anbieter von auf Phosphaten basieren-
den chemischen Produkten in den Vereinigten Staaten, formulierte ein lineares Problem
zur Planung von Produktion und Distribution mehrerer ihrer Produkte über mehrere Perioden. Die Größe dieses Modells stand einem praktikablen Einsatz auf dem firmeneigenen
Rechner entgegen. KLINGMAN, MOTE UND PHILLIPS [146] gelang durch Umformulie-
rung die Herausarbeitung einer eingebetteten Netzwerkstruktur. Das Programm NET/LP
[95, 97] zur Lösung von linearen Problemen mit dieser zusätzlichen Struktur ermöglichte
den Praxiseinsatz, da durch Ausnutzung der eingebetteten Netzwerkstruktur eine erhebliche Beschleunigung des Lösungsvorgangs möglich ist.

Im Rahmen eines Planungssystems zur Abfallentsorgung stellt STADTLER [191] ein
Modell zur täglichen Abfuhrplanung auf. Dieses Modell läßt sich als ein lineares Netzwerkflußproblem mit 72 Knoten und 487 Pfeilen formulieren. Seine Lösung erfolgt auf
Personal Computern mit dem Programm GNET [39], das in wenigen Sekunden eine optimale Lösung liefert.

Bei der Plazierung von Satelliten in der geostationären Umlaufbahn sind die einzelnen Satelliten einerseits in vorgegebenen Segmenten der Umlaufbahn zu stationieren und
andererseits so weit wie möglich voneinander entfernt zu plazieren, damit die Interferen-
zen ihrer Telekommunikationsnetzwerke minimiert werden. SPÄLTI UND LIEBLING [187]
formulieren dieses Problem als lineare Optimierungsaufgabe, deren duales Problem ein
lineares Netzwerkflußproblem mit einer Nebenbedingung ist. Zur Lösung dieses Problems
verwenden sie eine spezialisierte Version des primalen Netzwerk-Simplex-Verfahrens.

1.3 Übersicht

Nach diesem einleitenden Kapitel wird in Kapitel 2 das lineare Netzwerkflußproblem mathematisch beschrieben. Die wichtigsten Spezialfälle werden vorgestellt und eingeordnet. Besonderes Gewicht kommt dabei dem Transportproblem zu. Anschließend wird eine Übersicht über die in der Literatur angegebenen Verfahren zur Lösung des linearen Netzwerkflußproblems gegeben. Es zeigt sich, daß mit primalen Netzwerk-Simplex-Verfahren bei relativ geringem Speicherbedarf äußerst kurze Problemlösungszeiten erreichbar sind. Daher werden die bisherigen Arbeiten in der Literatur zu einer effizienten Implementation eines solchen Verfahrens dargestellt. Dabei wird nach den einzelnen Komponenten des Verfahrens differenziert.

Anschließend werden in Kapitel 3 zwei neue Implementationen des primalen Netzwerk-Simplex-Verfahrens vorgestellt. Die Verfahren LPArc-I und LPArc-II unterscheiden sich in der Speicherung der die Basis repräsentierenden Baumstruktur. Die Algorithmen, die die dazu verwendeten Datenstrukturen manipulieren, stehen bei der Darstellung der Verfahren im Mittelpunkt. Das Laufzeitverhalten beider Verfahren wird in intensiven Testrechnungen untersucht. Dazu werden mit dem zum Standard gewordenen Problemgenerator NETGEN Testprobleme aus der Literatur erzeugt. Das primal-duale Lösungsverfahren RELAXT-III von BERTSEKAS UND TSENG [30] wird den hier entwickelten Verfahren gegenübergestellt, um auf die in der Literatur andauernde Kontroverse, ob primale oder primal-duale Verfahren die besseren Problemlöser für lineare Netzwerkflußprobleme sind, eingehen zu können. Die Ergebnisse dieser Rechnungen werden zum Ende des Kapitels angegeben.

Kapitel 4 beschreibt das Fixkosten-Netzwerkflußproblem in seiner mathematischen Formulierung. Der Spezialfall des Fixkosten-Transportproblems wird besonders berücksichtigt. Eine Übersicht über bestehende Lösungsverfahren wird gegeben. Es stellt sich dabei heraus, daß Branch-and-Bound-Verfahren zu den effektivsten Lösungsverfahren zählen. Die bei ihrer Anwendung zu bildenden Relaxationen lassen sich formal als lineare Netzwerkflußprobleme schreiben, so daß die in Kapitel 3 entwickelten Verfahren LPArc-I/II zu ihrer Lösung eingesetzt werden können.

In Kapitel 5 wird ein neues Branch-and-Bound-Verfahren zur Lösung des Fixkosten-Netzwerkflußproblems entwickelt. Besonderes Interesse gilt dabei den Penalties, die hier aus der Lagrange-Relaxation abgeleitet werden. Sie werden sowohl für Basis- als auch für Nichtbasisvariable berechnet und dienen nicht nur der Wahl der Separationsvariablen, sondern werden auch zur Streichung von Teilproblemen verwendet. Drei verschiedene Penalties für Basisvariable werden hergeleitet und unterschiedliche Separations- und Verzweigungsregeln eingesetzt. Anhand von zahlreichen, mit dem Problemgenerator FIXGEN erzeugten Testproblemen wird für verschiedene Problemklassen und -größen das Laufzeitverhalten analysiert. Dabei werden die drei Penalties für Basisvariable und verschiedene Kombinationen der Separations- und Verzweigungsregeln verglichen. Die Ergebnisse finden sich am Ende des Kapitels.

Fragen der Realisierung der Implementation stehen in Kapitel 6 im Vordergrund. Dabei wird auf die Vor- und Nachteile der Entwicklung einer Applikation für Microsoft Windows eingegangen. Die im Rahmen der vorliegenden Arbeit implementierte Windows-Applikation dient der Integration der einzelnen Problemlöser und -generatoren und stattet sie mit einer einheitlichen und komfortablen Benutzeroberfläche aus, die ausführlich beschrieben wird. Für den Einsatz dieser Applikation in Client/Server-Anbindungen sind Funktionen zum Datenaustausch mit anderen Applikationen und die Makrosprache von besonderer Bedeutung. Hierauf wird zum Ende des Kapitels eingegangen.

Eine abschließende Zusammenfassung der geleisteten Arbeiten und der erzielten Ergebnisse gibt Kapitel 7.

Kapitel 2

Das lineare Netzwerkflußproblem

In diesem Kapitel werden Struktur und Eigenschaften des linearen Netzwerkflußproblems mit Kapazitätsbeschränkungen vorgestellt, wichtige Spezialfälle eingeordnet und eine Übersicht über die in der Literatur vorgeschlagenen Verfahren zu seiner Lösung gegeben.

2.1 Mathematische Formulierung und Eigenschaften

2.1.1 Formulierung

Zur mathematischen Formulierung eines jeden Netzwerkflußproblems ist zuerst eine formale Beschreibung des zugrundeliegenden Netzwerks erforderlich. Ein Netzwerk $(\mathcal{N}, \mathcal{A})$ besteht aus der Menge $\mathcal{N}$ der Knoten und der Menge $\mathcal{A}$ der Pfeile.[1] Letztere ist eine Menge geordneter Paare (i, j) von Knoten i und j. Mit jedem Pfeil $(i, j) \in \mathcal{A}$ ist eine Richtung verbunden, er führt von Knoten i zu Knoten j.[2] Knoten i heißt der *Startknoten* des Pfeils, Knoten j der *Endknoten*.

Mit jedem Knoten $k \in \mathcal{N}$ ist eine ganzzahlige Mengenangabe a_k des im Netzwerk zu transportierenden Guts verbunden. Ist $a_k > 0$, so sind in Knoten k a_k Mengeneinheiten dieses Guts vorrätig und Knoten k wird ein *Angebotsknoten* genannt. Ist dagegen $a_k < 0$, so werden dort $|a_k|$ Mengeneinheiten benötigt, man spricht von einem *Bedarfsknoten*. Im

---

[1] Die Symbole $\mathcal{N}$ für die Knotenmenge und $\mathcal{A}$ für die Pfeilmenge sind von den englischen Bezeichnungen *Nodes* und *Arcs* abgeleitet.

[2] Vgl. SHAPIRO [184, S. 363]. Diese Definition entspricht der eines *gerichteten Graphen* bei ROCKAFELLAR [178, S. 2] und der eines *schlichten gerichteten Graphen* bei DOMSCHKE [61, S. 3f]. JENSEN UND BARNES [132, S. 75] definieren ein *gerichtetes Netzwerk* als einen schlichten gerichteten Graphen mit zusätzlichen Knoten- und Pfeilbewertungen. PAPADIMITRIOU UND STEIGLITZ [173, S. 23] fordern in ihrer Definition eines Netzwerks zusätzlich das Vorhandensein einer Quelle und einer Senke.

Führen mehrere Pfeile von einem Knoten i zu einem Knoten j, so nennt man diese Pfeile *parallel*. Wegen $\mathcal{A} \subset \mathcal{N} \times \mathcal{N}$ werden in der hier verwendeten Definition parallele Pfeile ausgeschlossen. Dies ist aber nur eine formale Einschränkung, die eine vereinfachte Notation ermöglicht. Denn gibt es beispielsweise zwischen den Knoten i und j zwei parallele Pfeile, so kann man einen von ihnen durch zwei Pfeile (i, k) und (k, j) sowie einen neuen Knoten k ersetzen. Vgl. KENNINGTON UND HELGASON [141, S. 46] und ROCKAFELLAR [178, S. 3]

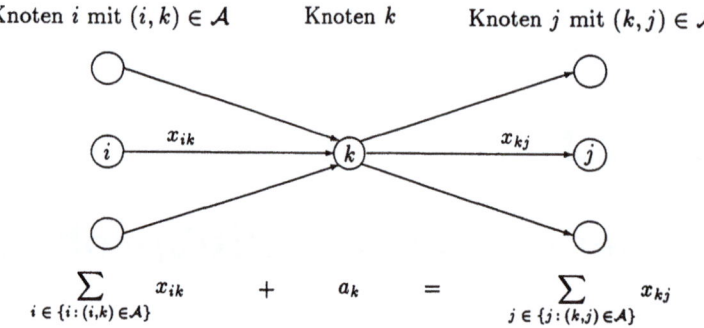

Abbildung 2.1: Die Flußerhaltungsbedingung für den Knoten k

Fall $a_k = 0$ handelt es sich um einen *Umladeknoten*. Zur genaueren Unterteilung der möglichen Knotentypen spricht man bei $a_k = 0$ von *reinen Umladeknoten* und untergliedert die Angebots- und Bedarfsknoten weiter: Ein Angebotsknoten heißt *reiner Angebotsknoten* oder *reine Quelle*, falls er keine eingehenden Pfeile besitzt, und *Umladequelle* andernfalls. Analog werden Bedarfsknoten ohne ausgehende Pfeile als *reine Bedarfsknoten* oder *reine Senken* bezeichnet, während man von *Umladesenken* spricht, falls es ausgehende Pfeile gibt.

Zu jedem Pfeil $(i, j) \in \mathcal{A}$ des Netzwerks gehören die Kosten c_{ij} für den Fluß einer Mengeneinheit auf ihm. Mit x_{ij} wird der Fluß auf diesem Pfeil bezeichnet, die Kapazität des Pfeils wird durch ganzzahlige $m_{ij} > 0$ angegeben. Gesucht wird ein Fluß im Netzwerk, der unter Berücksichtigung der Kapazitätsbeschränkungen die Angebote und Bedarfe mengenmäßig ausgleicht und die dafür erforderlichen Kosten minimiert. Dabei ist in jedem Knoten der Fluß zu erhalten. Dies bedeutet für den Knoten k, daß die Summe der Flüsse auf seinen eingehenden Pfeilen plus der in ihm verfügbaren beziehungsweise minus der von ihm benötigten Menge $|a_k|$ gleich der Summe der Flüsse auf seinen ausgehenden Pfeile ist. Eine solche *Flußerhaltungsbedingung* zeigt Abbildung 2.1.

Das kapazitierte lineare Netzwerkflußproblem zur Gesamtkostenminimierung läßt sich damit wie folgt formulieren:

(NFP)   Minimiere $\displaystyle\sum_{(i,j)\,\in\mathcal{A}} c_{ij}x_{ij}$ (2.1)

unter den Nebenbedingungen

$$\sum_{j\,\in\,\{j\,:\,(k,j)\,\in\mathcal{A}\}} x_{kj} \;\; - \sum_{i\,\in\,\{i\,:\,(i,k)\,\in\mathcal{A}\}} x_{ik} \;\; = \;\; a_k, \qquad k \in \mathcal{N}, \qquad (2.2)$$

$$0 \le x_{ij} \le m_{ij}, \qquad (i, j) \in \mathcal{A}, \qquad\qquad (2.3)$$

wobei

$\mathcal{N}$ die Menge der Knoten des Netzwerks,

$\mathcal{A}$ die Menge der Pfeile des Netzwerks,

c_{ij} die Kosten für den Fluß einer Mengeneinheit auf dem Pfeil von Knoten i zu Knoten j,

x_{ij} den Fluß auf dem Pfeil von Knoten i zu Knoten j,

m_{ij} die Kapazität des Pfeils von Knoten i zu Knoten j und

a_k die im Knoten k vorrätigen bzw. benötigten ($a_k > 0$ bzw. $a_k < 0$) Mengeneinheiten, für reine Umladeknoten ist $a_k = 0$,

bezeichnet.

Die Zielfunktion (2.1) wird aus der Summe der auf den einzelnen Pfeilen entstehenden Kosten, die von den jeweiligen Flüssen linear abhängen, gebildet. Die Nebenbedingungen (2.2) sind die Flußerhaltungsbedingungen für jeden Knoten des Netzwerks. Die Kapazitätsnebenbedingungen (2.3) fordern die Nichtnegativität der Flußvariablen und beschränken den Fluß nach oben. Scheinbar allgemeinere Kapazitätsbeschränkungen der Form

$$l_{ij} \leq x_{ij} \leq u_{ij}, \qquad (i,j) \in \mathcal{A}, \tag{2.4}$$

lassen sich durch eine einfache Transformation der x_{ij} in die Form von (2.3) überführen.[3]

2.1.2   Äquivalente Formulierungen

Das lineare Netzwerkflußproblem läßt sich auf verschiedene Weisen formulieren. Einige Lösungsverfahren setzen eine bestimmte Formulierung voraus. Drei weitere Formulierungen werden in diesem Abschnitt angegeben.

2.1.2.1   Formulierung in Matrixform

Die Formulierung (**NFP**) des linearen Netzwerkflußproblems läßt sich leicht in die Form eines allgemeinen linearen Programms mit Kapazitätsbeschränkungen überführen. Sei dazu $\mathcal{A}' = \{l_1, \ldots, l_{|\mathcal{A}|}\}$ eine Durchnumerierung der Pfeilmenge $\mathcal{A}$. Die Mengen $\mathcal{A}$ und $\mathcal{A}'$ können miteinander identifiziert werden, denn die Abbildung

$$\varphi : \quad \mathcal{A}' \longrightarrow \mathcal{A}$$
$$l \longmapsto (i_l, j_l),$$

die zu jedem Pfeil $l \in \mathcal{A}'$ seinen Startknoten i_l und seinen Endknoten j_l angibt und zu $(i_l, j_l) \in \mathcal{A}$ zusammenfaßt, ist bijektiv: φ ist nach Definition surjektiv und die Injektivität von φ folgt, weil wegen $\mathcal{A} \subset \mathcal{N} \times \mathcal{N}$ parallele Pfeile ausgeschlossen sind. Daher kann für einen Pfeil l anstelle von $\varphi(l) = (i_l, j_l)$ verkürzt $l = (i_l, j_l)$ geschrieben werden.

Sei der Vektor $c = (c_l)^T \in R^{|\mathcal{A}|}$ durch

$$c_l := c_{i_l j_l}, \qquad l = (i_l, j_l) \in \mathcal{A},$$

---

[3]Die Transformation $x'_{ij} := x_{ij} - l_{ij}$ leistet das Gewünschte. Vgl. AHRENS UND FINKE [2, S. 3], KENNINGTON UND HELGASON [141, S. 244] und DOMSCHKE [61, S. 78f]

erklärt, die Vektoren $x \in Z_+^{|\mathcal{A}|}$ und $m \in N^{|\mathcal{A}|}$ seien analog definiert. $b = (b_k)^T \in Z^{|\mathcal{N}|}$ sei durch

$$b_k := a_k, \qquad k \in \mathcal{N},$$

erklärt. Die $|\mathcal{N}| \times |\mathcal{A}|$-Matrix $A = (a_{kl})$, die durch

$$a_{kl} := \begin{cases} +1, & \text{falls} \quad k = i_l, \\ -1, & \text{falls} \quad k = j_l, \\ 0 & \text{sonst} \end{cases}$$

gegeben ist, heißt *Knoten-Pfeil-Inzidenz-Matrix* des Netzwerks $(\mathcal{N}, \mathcal{A})$. Ihre Zeilen sind mit den Knoten und ihre Spalten mit den Pfeilen des Netzwerks verbunden. In der Spalte l, die zum Pfeil (i_l, j_l) gehört, befinden sich genau zwei von Null verschiedene Einträge: Eine $+1$ in Zeile i_l und eine -1 in Zeile j_l. In der Zeile des Knotens k findet man für jeden ausgehenden Pfeil eine $+1$ und für jeden eingehenden Pfeil eine -1.

Mit diesen Definitionen kann man nun **(NFP)** wie folgt schreiben:

(NFP$_{Mat}$)   Minimiere $c^T x$ (2.5)

unter den Nebenbedingungen

$$Ax = b \tag{2.6}$$

$$0 \le x \le m \tag{2.7}$$

Dies ist die Schreibweise eines allgemeinen linearen Programms mit expliziten Kapazitätsnebenbedingungen.

2.1.2.2   Formulierung als q-s-Flußproblem

Unter einem *q-s-Flußproblem* versteht man ein Netzwerkflußproblem, bei dem das zugrundeliegende Netzwerk genau eine Quelle q und genau eine Senke s besitzt. Alle übrigen Knoten sind reine Umladeknoten.[4]

Durch die folgende Erweiterung des zu **(NFP)** gehörenden Netzwerks wird das lineare Netzwerkflußproblem in ein äquivalentes q-s-Flußproblem transformiert. Zuerst erweitert man das Netzwerk um die Knoten q und s[5]. Zur Berücksichtigung von unteren Kapazitätsschranken werden die Nebenbedingungen (2.3) dann für alle Pfeile $(i,j) \in \mathcal{A}$ durch die Kapazitätsbeschränkungen (2.4) mit $l_{ij} = 0$ und $u_{ij} = m_{ij}$ ersetzt. Anschließend wird für jeden Angebotsknoten k ein Pfeil (q,k) mit $c_{qk} = 0$ und $l_{qk} = u_{ks} = a_k$, sowie für jeden Bedarfsknoten k ein Pfeil (k,s) mit $c_{ks} = 0$ und $l_{ks} = u_{ks} = -a_k$ hinzugefügt.[6]

---

[4]Vgl. DOMSCHKE [61, S. 81]

[5]Für die Knoten q und s findet man häufig auch die englischen Bezeichnungen *Super Source* und *Super Sink*.

[6]Vgl. DOMSCHKE [61, S. 82f]

2.1.2.3 Formulierung als Zirkulationsflußproblem

Ein *Zirkulationsflußproblem* ist ein Netzwerkflußproblem, bei dem alle Knoten des zu-grundeliegenden Netzwerks reine Umladeknoten sind.[7] Zur Transformation von (**NFP**) in ein Zirkulationsflußproblem erweitert man (**NFP**) zunächst zu einem q-s-Flußproblem. Anschließend fügt man einen weiteren Pfeil (s, q) von der Senke s zur Quelle q hinzu.[8] Bewertet man diesen Pfeil mit $c_{sq} = 0$, $l_{sq} = 0$ und $u_{sq} = \infty$, so liefert eine optimale Lösung dieses Zirkulationsflußproblems den gesuchten kostenminimalen Fluß im ursprünglichen Netzwerk von (**NFP**).

2.1.3 Eigenschaften

Das Programm (**NFP**) ist ein lineares Programm mit besonderen Eigenschaften, die sich aus der Struktur der Nebenbedingungen ergeben. Im folgenden werden wesentliche Implikationen aus dieser Struktur aufgeführt. Durch sie wird die im Vergleich zu allgemeinen linearen Programmen schnellere Lösbarkeit von (**NFP**) ermöglicht. Zunächst soll jedoch auf die Zulässigkeit von (**NFP**) eingegangen werden.

2.1.3.1 Zulässigkeit und Lösbarkeit

Eine notwendige Bedingung für die Existenz einer zulässigen Lösung[9] ist die *Ausgeglichenheit* des Problems. Darunter wird die mengenmäßige Übereinstimmung von Gesamtangebot und Gesamtbedarf, also

$$\sum_{k \in \mathcal{N}} a_k = 0, \tag{2.8}$$

verstanden. Im weiteren dieser Arbeit wird stets davon ausgegangen, daß diese Ausgeglichenheitsvoraussetzung erfüllt ist.

Im Falle $\sum_{k \in \mathcal{N}} a_k < 0$ existiert keine zulässige Lösung. Gilt dagegen $\sum_{k \in \mathcal{N}} a_k > 0$, so liegt ein Überangebot in Höhe von $\sum_{k \in \mathcal{N}} a_k$ Mengeneinheiten vor. Durch Einführung eines *Dummy*-Knotens d, der einen Bedarf in Höhe des Überangebots hat, und zusätzlicher Pfeile (k, d) von jedem Angebotsknoten k zu diesem neuen Knoten d, für die man $c_{kd} = 0$ und $m_{kd} = \infty$ setzt, kann man das ursprüngliche Problem zu einem ausgeglichenen erweitern.

Die Ausgeglichenheit ist aber in der Regel keine hinreichende Bedingung für die Zulässigkeit von (**NFP**).[10] Nur mit Hilfe iterativer Verfahren ist es möglich, eine zulässige Lösung von (**NFP**) zu ermitteln[11] oder die Unzulässigkeit festzustellen. Konnte aber die Zulässigkeit festgestellt werden, so folgt daraus auch die Lösbarkeit[12] von (**NFP**). Dies

---

[7]Vgl. ROCKAFELLAR [178, S. 13] und DOMSCHKE [61, S. 84]

[8]Dieser neu hinzugefügte Pfeil wird auch *Feedback*-Pfeil genannt. Vgl. ROCKAFELLAR [178, S. 14]

[9]Eine Lösung heißt *zulässig*, wenn sie sämtliche Nebenbedingungen der Optimierungsaufgabe erfüllt. Eine Optimierungsaufgabe heißt *zulässig*, wenn für sie eine zulässige Lösung existiert.

[10]Lediglich beim klassischen Transportproblem (ohne Kapazitätsbeschränkungen) und Spezialfällen hiervon ist die Ausgeglichenheit hinreichend für die Existenz einer zulässigen Lösung.

[11]Schon beim kapazitierten Transportproblem ist man beim Bestimmen einer zulässigen Anfangslösung auf iterative Verfahren angewiesen. Vgl. DANTZIG [56, S. 378]

[12]Eine Optimierungsaufgabe heißt *lösbar*, wenn für sie eine optimale Lösung existiert. Eine zulässige Minimierungsaufgabe ist lösbar, wenn sie nach unten beschränkt ist.

liegt an den Kapazitätsnebenbedingungen (2.3), die die Menge der zulässigen Lösungen und damit den Zielfuntionswert beschränken.

2.1.3.2   Ganzzahligkeit der Extremalpunkte des Lösungspolyeders

Diese wichtige Eigenschaft von (NFP) leitet sich aus den Flußerhaltungsbedingungen (2.2) ab. Die zu diesen Nebenbedingungen gehörige Koeffizientenmatrix ist eine Knoten-Pfeil-Inzidenz-Matrix[13] und daher *total unimodular*[14]. Daraus folgt, daß jeder Extremalpunkt des durch die Flußerhaltungsbedingungen (2.2) und die Kapazitätsnebenbedingungen (2.3) beschriebenen Polyeders ganzzahlig ist, wenn nur die a_k und die m_{ij} ebenfalls ganzzahlig sind. Anhand von (NFP$_{Mat}$) läßt sich dies leicht nachvollziehen.[15]

Diese Eigenschaft hat für die Implementation eines Lösungsverfahrens, das nur Extremalpunkte des Lösungspolyeders besucht, eine wichtige Konsequenz: Die Flußvariablen x_{ij} können als Integer-Variablen gespeichert werden und ihre Berechnung kann ausschließlich in Integer-Arithmetik durchgeführt werden. Da Integer-Arithmetik auf den gängigen Mikroprozessoren um ein Vielfaches schneller als Fließkommarechnungen ausgeführt wird, ergibt sich hieraus ein erster Geschwindigkeitsvorteil.

2.1.3.3   Rang der Koeffizientenmatrix

Im folgenden wird vorausgesetzt, daß das zugrundeliegende Netzwerk zusammenhängend[16] ist. Diese Voraussetzung ist nicht sehr einschränkend. Denn ist das Netzwerk nicht zusammenhängend, kann für jede Zusammenhangskomponente ein separates Netzwerkflußproblem gelöst werden. Durch die Einführung künstlicher Pfeile ist es darüber hinaus möglich, den Zusammenhang des Netzwerks zu herzustellen. Viele Algorithmen tun dies.

Für den Rang der Knoten-Pfeil-Inzidenz-Matrix A eines zusammenhängenden Netzwerks $(\mathcal{N}, \mathcal{A})$ gilt nun

$$\text{rang}(A) = |\mathcal{N}| - 1. \text{[17]}$$

Dies bedeutet zusammen mit der Ausgeglichenheitsvoraussetzung (2.8), daß die Flußerhaltungsbedingung eines beliebigen Knotens gestrichen werden kann, denn sie ist von den übrigen Nebenbedingungen linear abhängig. Vor allen Dingen ist diese Aussage über den Rang von A aber für die Spezialisierung des primalen Simplex-Verfahrens auf Netzwerkflußprobleme von Bedeutung. Hierauf wird in Kapitel 3 eingegangen.

---

[13]Vgl. Abschnitt 2.1.2 auf Seite 16

[14]Eine Matrix A heißt *total unimodular*, wenn jede Unterdeterminante von A gleich $+1$, -1 oder 0 ist. Vgl. SCHRIJVER [183, S. 266], PAPADIMITRIOU UND STEIGLITZ [173, S. 316] und HU [122, S. 125]

Jede Knoten-Pfeil-Inzidenz-Matrix ist total unimodular. Vgl. SCHRIJVER [183, S. 274] und PAPADIMITRIOU UND STEIGLITZ [173, S. 318]

[15]Es gilt: Ist A eine total unimodulare Matrix und b ein ganzzahliger Vektor, so ist jeder Extremalpunkt des Polyeders $\{x : Ax = b, \, x \geq 0\}$ ganzzahlig. Vgl. SCHRIJVER [183, S. 266], PAPADIMITRIOU UND STEIGLITZ [173, S. 316], HU [122, S. 125]

Ist m ein ganzzahliger Vektor, so gilt dies auch für den Polyeder $\{x : Ax = b, \, 0 \leq x \leq m\}$.

[16]Ein Netzwerk $(\mathcal{N}, \mathcal{A})$ heißt *zusammenhängend*, falls jedes Paar i und j von Knoten aus $\mathcal{N}$ miteinander verbunden ist.

Vgl. zur Definition JENSEN UND BARNES [132, S. 75] und DOMSCHKE [61, S. 12]

[17]Vgl. KENNINGTON UND HELGASON [141, S. 56]

2.1.3.4 Optimalitätsbedingungen

Zur Angabe von Optimalitätsbedingungen wird die Dualitätstheorie der linearen Programmierung zurückgegriffen.[18] Aber auch zu anderen Zwecken wird im Rahmen der vorliegenden Arbeit vielfach auf sie Bezug genommen. Den Complementary Slackness-Bedingungen kommt dabei eine zentrale Rolle zu. Aus ihnen werden im folgenden Optimalitätsbedingungen für (NFP) abgeleitet. Zunächst wird dazu das duale Programm formuliert.

Das zu (NFP) duale Programm lautet:

(DNFP)   Maximiere $\sum_{k \in \mathcal{N}} a_k u_k + \sum_{(i,j) \in \mathcal{A}} m_{ij} w_{ij}$

unter den Nebenbedingungen

$$u_i - u_j + w_{ij} \leq c_{ij}, \qquad (i,j) \in \mathcal{A}, \tag{2.9}$$

$$w_{ij} \leq 0, \qquad (i,j) \in \mathcal{A}. \tag{2.10}$$

Die *Complementary Slackness*-Bedingungen sind

$$(c_{ij} - u_i + u_j - w_{ij})\, x_{ij} = 0, \qquad (i,j) \in \mathcal{A}, \tag{2.11}$$

$$(x_{ij} - m_{ij})\, w_{ij} = 0, \qquad (i,j) \in \mathcal{A}. \tag{2.12}$$

Ist x eine zulässige Lösung von (NFP) und (u, w) eine zulässige Lösung von (DNFP), so gilt: Genau dann ist x optimale Lösung von (NFP) und (u, w) optimale Lösung von (DNFP), wenn die Complementary Slackness-Bedingungen (2.11) und (2.12) erfüllt sind.[19]

Definiert man die *reduzierten Kosten* durch

$$\bar{c}_{ij} := c_{ij} - u_i + u_j, \quad (i,j) \in \mathcal{A},$$

so lassen sich für primal zulässige x und dual zulässige (u, w) aus den Complementary Slackness-Bedingungen die folgenden Optimalitätsbedingungen ableiten:

$$x_{ij} = 0 \quad \Rightarrow \quad \bar{c}_{ij} \geq 0 \;^{20} \tag{2.13}$$

$$0 < x_{ij} < m_{ij} \quad \Rightarrow \quad \bar{c}_{ij} = 0 \;^{21} \tag{2.14}$$

$$x_{ij} = m_{ij} \quad \Rightarrow \quad \bar{c}_{ij} \leq 0 \;^{22} \tag{2.15}$$

---

[18]Vgl. zur Dualitätstheorie der linearen Programmierung DANTZIG [56, Kap. 6], HADLEY [118, Kap. 8], MURTY [166, Kap. 4], SHAPIRO [184, Kap. 2], SCHRIJVER [183, S. 90ff] oder PAPADIMITRIOU UND STEIGLITZ [173, Kap. 3]

[19]Vgl. AHRENS UND FINKE [2, S. 6] und JENSEN UND BARNES [132, S. 68]

[20]Aus $x_{ij} = 0$ folgt wegen (2.12) $w_{ij} = 0$. Mit (2.9) folgt $\bar{c}_{ij} \geq 0$.

[21]Wegen (2.11) gilt $c_{ij} - u_i + u_j - w_{ij} = 0$ und wegen (2.12) ist $w_{ij} = 0$, insgesamt also $\bar{c}_{ij} = 0$.

[22]Aus $x_{ij} > 0$ folgt wegen (2.11) $c_{ij} - u_i + u_j - w_{ij} = 0$, also $\bar{c}_{ij} = w_{ij} \leq 0$ wegen (2.10).

2.2   Spezialfälle

Im folgenden werden wichtige Spezialfälle des allgemeinen linearen Netzwerkflußproblems
eingeordnet. Die aufgeführten Probleme bilden jeweils eine Klasse für sich. Entsprechend
gibt es zahlreiche auf ihre Lösung spezialisierte Verfahren.

2.2.1   Das Transportproblem

Ist jeder Knoten eines Netzwerkflußproblems entweder ein reiner Angebotsknoten oder
ein reiner Bedarfsknoten, so liegt ein Transportproblem[23] vor. Im Gegensatz zum allgemeinen linearen Netzwerkflußproblem besitzt ein Transportproblem also weder reine
Umladeknoten noch Umladequellen oder -senken. Unterliegen die Pfeile keiner Kapazitätsbeschränkung, hat man es mit dem *klassischen Transportproblem* zu tun, andernfalls spricht man vom *kapazitierten Transportproblem*. Die Formulierung des klassischen
Transportproblems geht auf die Arbeiten von KANTOROVICH (1939) [136], HITCHCOCK
(1941) [121] und KOOPMANS (1947) [149] zurück. In der Literatur wird es gelegentlich
auch HITCHCOCK-Problem oder HITCHCOCK-KOOPMANS-Problem genannt.

Da bei der ursprünglichen Formulierung vor allem Anwendungen aus der Transportplanung im Vordergrund standen, spricht man beim Transportproblem anstelle von An-
gebots- und Bedarfsknoten von Angebots- und Bedarfslagern. Der Fluß x_{ij} auf einem
Pfeil (i,j) von einem Angebotslager i zu einem Bedarfslager j gibt an, mit wievielen
Mengeneinheiten das Bedarfslager vom Angebotslager beliefert werden soll. Teilt man
nun die Flußerhaltungsbedingungen (2.2) in zu den Angebotslagern und zu den Bedarfslagern gehörige Gruppen auf, so erhält man die mathematische Formulierung des
Transportproblems:

(TP)   Minimiere $\sum_{i=1}^{m}\sum_{j=1}^{n} c_{ij}x_{ij}$

unter den Nebenbedingungen

$$\sum_{j=1}^{n} x_{ij} = a_i, \qquad i = 1,\ldots,m,$$

$$\sum_{i=1}^{m} x_{ij} = b_j, \qquad j = 1,\ldots,n,$$

$$0 \le x_{ij}\,(\le m_{ij}), \qquad i = 1,\ldots,m;\quad j = 1,\ldots,n,$$

---

[23]Genauer handelt es sich dann um ein *einstufiges* Transportproblem im Gegensatz zum *mehrstufigen*
Transportproblem, bei dem neben den reinen Angebots- und Bedarfsknoten auch reine Umladeknoten
zugelassen sind.
Vgl. DOMSCHKE [61, S. 73f]

wobei

m	die Anzahl der Angebotslager,
n	die Anzahl der Bedarfslager,
c_{ij}	die Transportkosten für die Lieferung einer Mengeneinheit von Angebotslager i zu Bedarfslager j,
x_{ij}	die von Angebotslager i zu Bedarfslager j zu liefernden Mengeneinheiten,
m_{ij}	die Kapazität der Transportverbindung von Angebotslager i zu Bedarfslager j,
a_i	die im Angebotslager i vorrätigen Mengeneinheiten und
b_j	die vom Bedarfslager j angeforderten Mengeneinheiten

bezeichnet.

In der Formulierung des Transportproblems wird davon ausgegangen, daß von jedem Angebotslager i eine Transportverbindung zu jeden Bedarfslager j zur Verfügung steht. Solche Netzwerkflußprobleme bezeichnet man als *vollbesetzt*. Probleme aus der Praxis sind fast immer *dünnbesetzt*. Durch Setzen von $c_{ij} = \infty$ läßt sich aber die Verwendung der Verbindung von Angebotslager i zu Bedarfslager j ausschließen.

2.2.2 Das Zuordnungsproblem

Beim Zuordnungsproblem wiederum handelt es sich um einen Spezialfall des klassischen Transportproblems, der sich ergibt, wenn $m = n$ ist und alle a_i und alle b_j gleich 1 sind.

Mit ihm lassen sich Problemstellungen modellieren, in denen es um die optimale Zuordnung beispielsweise verschiedener Aufgaben zu verschiedenen Maschinen geht. Dabei kann jede Maschine genau eine Aufgabe ausführen und es ist bekannt, welche Kosten c_{ij} bei der Ausführung der Aufgabe j durch Maschine i entstehen. Die x_{ij} geben die Zuordnung der Maschinen zu den Aufgaben an:

$$x_{ij} = \begin{cases} 1, & \text{falls Maschine } i \text{ die Aufgabe } j \text{ ausführt,} \\ 0 & \text{sonst,} \end{cases} \qquad i,j = 1,\ldots,n.$$

Diese Interpretation der x_{ij} ist möglich, da in jeder zulässigen Basislösung des Zuordnungsproblems $x_{ij} \in \{0,1\}$ für alle $i,j \in \{1,\ldots,n\}$ gilt. Dies ist eine Folge der in Abschnitt 2.1.3 erwähnten totalen Unimodularität[24] der Koeffizientenmatrix.[25]

2.2.3 Das Kürzeste-Wege-Problem

Möchte man in einem Netzwerk von einem Startknoten aus die kürzesten Wege[26] zu allen übrigen Knoten ermitteln, so hat man das *Kürzeste-Wege-Problem*[27] zu lösen. Die Länge eines Weges setzt sich dabei additiv aus den Längen der Pfeile auf diesem Weg zusammen.

---

[24]siehe Seite 18

[25]DOMSCHKE [61, S. 169] leitet dieses Resultat aus der Darstellung einer Basis des Transportproblems in Form des Transporttableaus ab. Das Transporttableau ist ein Tableau aus m Zeilen und n Spalten, das in Zeile i und Spalte j den Wert x_{ij} enthält.

[26]Ein *Weg* ist eine Folge $l_1, l_2, \ldots, l_t$ von Pfeilen $l_h = (i_h, j_h) \in \mathcal{A}$ mit $j_h = i_{h+1}$ für $h = 1, \ldots, t-1$. Von einem *Zyklus* spricht man, wenn $j_t = i_1$ ist.
Vgl. DOMSCHKE [61, S. 4]

[27]Vgl. zur Definition JENSEN UND BARNES [132, S. 125] und SHAPIRO [184, S. 106]

Als lineares Netzwerkflußproblem kann man das Kürzeste-Wege-Problem formulieren, wenn die Länge eines jeden Pfeils (i,j) durch den Kostenkoeffizient c_{ij} angegeben wird. Weiter setzt man

$$a_k := \begin{cases} |\mathcal{N}| - 1, & \text{falls Knoten } k \text{ der Startknoten ist,} \\ -1 & \text{sonst.} \end{cases}$$

Eine notwendige Bedingung für die Existenz eines kürzesten Weges ist das Fehlen von negativen Zyklen[28] im Netzwerk. Werden aber bei der Formulierung als Netzwerkflußproblem Kapazitätsschranken angegeben, so ist das Netzwerkflußproblem stets lösbar, auch wenn es negative Zyklen gibt und kein kürzester Weg existiert. Setzt man aber beispielsweise $m_{ij} = |\mathcal{N}|$ für alle Pfeile (i,j) und existiert dann in einer optimalen Lösung $\bar{x}$ ein Pfeil mit $\bar{x}_{ij} = m_{ij}$, so liegt ein negativer Zyklus vor und das zugehörige Kürzeste-Wege-Problem ist nach unten unbeschränkt.[29]

2.2.4   Das Maximalflußproblem

Die Bestimmung des maximalen Flusses von einer Quelle q zu einer Senke s in einem Netzwerk mit Kapazitätsbeschränkungen wird als *Maximalflußproblem*[30] bezeichnet. Ein solches Problem stellt sich beispielsweise im Rahmen von Kapazitätsuntersuchungen für Transportnetze, wenn man sich dafür interessiert, wieviele Mengeneinheiten von einer Quelle zu einer Senke transportiert werden können.[31]

Das Maximalflußproblem läßt sich als lineares Netzwerkflußproblem formulieren, wenn man es als ein q-s-Flußproblem auffaßt, bei dem alle Knoten bis auf die Quelle und die Senke reine Umladeknoten sind und sämtliche Pfeile (i,j) mit Kosten $c_{ij} = 0$ bewertet werden. Erweitert man dieses Problem zu einem Zirkulationsflußproblem, indem man einen Pfeil (s,q) hinzufügt[32] und ihn mit $c_{sq} = -1$ und $m_{sq} = \infty$ bewertet, so liefert eine optimale Lösung dieses linearen Netzwerkflußproblems den maximalen Fluß von q nach s.[33]

KENNINGTON UND HELGASON [141, S. 5f] definieren das Kürzeste-Wege-Problem als das Problem, den kürzesten Weg zwischen zwei Knoten zu ermitteln. Da die Bestimmung des kürzesten Weges von einem Startknoten zu einem anderen Knoten gewöhnlich auch die Berechnung der kürzesten Wege zu allen übrigen Knoten erfordert, ist der Rechenaufwand zur Lösung beider Probleme vergleichbar.

[28]Ein *Zyklus negativer Länge* oder kurz *negativer Zyklus* ist ein Zyklus, dessen zugehörige Pfeilbewertungen eine negative Summe haben. Hier ist damit $\sum c_{ij} < 0$ gemeint, wobei über alle zum Zyklus gehörenden Pfeile (i,j) summiert wird.

Vgl. DOMSCHKE [61, S. 54]

[29]Da das Gesamtangebot im Netzwerk $|\mathcal{N}| - 1$ ist, kann nur bei Vorhandensein eines negativen Zyklus auf einem Pfeil ein Fluß in größerer Höhe erreicht werden. Dies geschieht dann auch auf dem negativen Zyklus, da bei Fehlen der Kapazitätsschranken dort ein unbeschränkter Fluß auftreten würde.

[30]Vgl. HU [122, S. 106f], SHAPIRO [184, S. 74] und JENSEN UND BARNES [132, S. 147]

[31]Vgl. DOMSCHKE [61, S. 72]

[32]Dieser Pfeil wird auch *Return Arc* genannt. Vgl. SHAPIRO [184, S. 74] und KENNINGTON UND HELGASON [141, S. 5]

[33]Vgl. KENNINGTON UND HELGASON [141, S. 5]

2.3 Mögliche Lösungsverfahren

Nach der vorangegangenen Beschreibung des linearen Netzwerkflußproblems soll nun ein Überblick über die in der Literatur vorgestellten Verfahren zu seiner Lösung gegeben werden. Dabei soll auch die historische Entwicklung aufgezeigt werden. Zu den vor 1980 geleisteten Arbeiten sei auch auf die zahlreichen Übersichten in der Literatur verwiesen.[34]

Die Formulierung des linearen Netzwerkflußproblems geht auf das Transportproblem zurück, zu dessen Lösung bereits Anfang der vierziger Jahre erste Ansätze entwickelt wurden und das 1956 von ORDEN [169] zum unkapazitierten Umladeproblem erweitert wurde. Aus diesem Grund werden spezielle Lösungsverfahren für das Transportproblem angegeben, während Verfahren, die auf die Lösung von Zuordnungsproblemen, Kürzeste-Wege-Probleme oder Maximalflußproblemen spezialisiert sind, nicht berücksichtigt werden. Ebenfalls wird hier noch nicht auf Arbeiten eingegangen, die sich mit Implementationstechniken für einzelne Verfahren beschäftigen.

In den folgenden Abschnitten werden die vorliegenden Algorithmen und ihre Entwickler aufgeführt. Dabei wird nach den üblichen Verfahrensklassen differenziert.[35] Zum Abschluß erfolgt eine zusammenfassende Bewertung.

2.3.1 Primale Verfahren

Bei der Durchführung primaler Verfahren ist die aktuelle Lösung stets primal zulässig.[36] Sind zusätzlich die Complementary Slackness-Bedingungen[37] erfüllt, so ist die aktuelle Lösung optimal und das Verfahren bricht ab. Historisch wurden primale Verfahren zuerst entwickelt. Daher beziehen sich viele Vorschläge auf die Lösung des klassischen Transportproblems.

Simplex-ähnliche Algorithmen wurden 1941 von HITCHCOCK [121] und 1947 von

---

[34]In einer Auswahl seien hier die umfassenden Übersichtsarbeiten von CHARNES UND COOPER [47], FORD UND FULKERSON [71], DANTZIG [56], BUSACKER UND SAATY [43] und HU [122] sowie die Veröffentlichungen von ZADEH [207], CHARNES ET AL. [48], BRADLEY, BROWN UND GRAVES [39], GOLDEN UND MAGNANTI [103] und AHRENS UND FINKE [2] genannt.

[35]Die Kriterien zur Eingruppierung in primale, primal-duale und duale Lösungsverfahren für lineare Netzwerkflußprobleme weichen von denjenigen ab, die für allgemeine lineare Programme angewandt werden.

Bei der linearen Programmierung werden die primale und duale Zulässigkeit sowie die Complementary Slackness herangezogen und die Verfahren danach eingeordnet, welche dieser drei Bedingungen bei der Durchführung erhalten bleiben und welche erst beim Erreichen der optimalen Lösung erfüllt werden (vgl. SHAPIRO [184, S. 31]). Das primale Simplex-Verfahren beispielsweise erhält primale Zulässigkeit und Complementary Slackness, es terminiert bei Vorliegen dualer Zulässigkeit.

Die duale Zulässigkeit ist aber kein geeignetes Kriterium zur Einordnung von Lösungsverfahren für (NFP). Dies liegt daran, daß in allen Verfahren die Kapazitätsnebenbedingungen (2.3) nur implizit berücksichtigt und die zu ihnen gehörigen Dualvariablen w_{ij} nicht mitgeführt werden. Dualvariable u_k lassen sich mit $w_{ij} := \min\{0, c_{ij} - u_i + u_j\}$ stets zu einer zulässigen Lösung von (DNFP) ergänzen. Die vorzeichenmäßige Unrestringiertheit der u_k macht damit das Kriterium der dualen Zulässigkeit aussagelos.

[36]Primale Zulässigkeit bedeutet für (NFP) das Erfülltsein der Flußerhaltungsbedingungen (2.2) und der Kapazitätsnebenbedingungen (2.3). Siehe Seite 14

[37]Ursprünglich sind dies die Bedingungen (2.11) und (2.12) auf Seite 19. Da die w_{ij} aber nicht explizit zur Verfügung stehen, werden stattdessen die Optimalitätsbedingungen (2.13) bis (2.15) auf Seite 19 verwendet.

KOOPMANS [149] vorgestellt, als sie das klassische Transportproblem formulierten. Zu seiner Lösung adaptierte DANTZIG [54] 1951 das Simplex-Verfahren, CHARNES UND COOPER [46] begründeten 1954 die Simplex-Schritte und prägten dabei den Begriff der *Stepping Stone*-Methode, die auch Distributionsmethode genannt wird. 1956 wurde das Simplex-Verfahren von ORDEN zur Lösung des Umladeproblems adaptiert. Die MODI-Methode[38] zur Lösung des klassischen Transportproblems stammt von DANTZIG [56]. CUNNINGHAM gab 1976 [52] eine *Perturbation Technique* an, die für lineare Netzwerkflußprobleme das Kreisen des Simplex-Verfahrens verhindert und so die Endlichkeit garantiert.[39] BERTSEKAS UND CASTAÑON [26] erweiterten 1989 den *Auction*-Algorithmus, den BERTSEKAS [25] 1988 für Zuordnungsprobleme entwickelte, für das Transportproblem. 1992 stellten AHUJA UND ORLIN [3] ein primales Netzwerk-Simplex-Verfahren für lineare Netzwerkflußprobleme mit ganzzahligen Kostenkoeffizienten c_{ij} vor. Durch geeignete Skalierungen wird erreicht, daß das Optimum mit polynomialem Aufwand ermittelt werden kann.[40]

Ab Mitte der siebziger Jahre erschienen zahlreiche Arbeiten, die sich mit Teilaspekten des primalen Simplex-Verfahrens beschäftigten. Zunächst stand das Transportproblem im Mittelpunkt des Interesses[41], später das lineare Netzwerkflußproblem. Schwerpunkte der Untersuchungen bildeten das Eröffnungsverfahren, die Auswahl des nächsten Pivotelements und Techniken der Implementation wie die Wahl geeigneter Datenstrukturen zur Speicherung der Basis. Insgesamt führte dies zu einer erheblichen Verbesserung der Lösungszeiten primaler Verfahren, so daß sie in der Regel schnellere Lösungen als das bis dahin favorisierte Out-of-Kilter-Verfahren lieferten.[42] Weitere Ideen zur Implementation wurden in den achtziger Jahren eingebracht. Bis heute zählen primale Verfahren zu den effizientesten Lösungsverfahren.

2.3.2 Primal-duale Verfahren

Primal-duale Verfahren halten in jeder Iteration die Kapazitätsnebenbedingungen und die Complementary Slackness-Bedingungen ein. Sie terminieren, wenn die Flußerhaltungsbedingungen erfüllt sind.[43]

Ein erster primal-dualer Algorithmus für das klassische Transportproblem wurde 1957 von FORD UND FULKERSON [70] angegeben. Er stellt eine Erweiterung der von KUHN

---

[38]Bei der MODI-Methode handelt es sich um eine MOdifizierte DIstributionsmethode.

[39]Für Transportprobleme gaben BARR, GLOVER UND KLINGMAN [16] mit dem *Generalized Alternating Path*-Algorithmus eine Modifikation des Simplex-Verfahrens an, die die bipartite Netzwerkstruktur ausnutzt und ebenfalls das Kreisen verhindert.

[40]Das Simplex-Verfahren zur Lösung allgemeiner linearer Programme benötigt im schlechtesten Fall einen exponentiellen Rechenaufwand. In der Praxis ist es aber sehr schnell: Erfahrungswerte deuten an, daß die Anzahl der Pivotschritte linear von der Problemgröße abhängt. Vgl. SCHRIJVER [183, S. 139]

[41]Vgl. BRANDT UND INTRATOR [40], FINKE UND AHRENS [67], JACOBSEN [130] und INTRATOR UND BERREBI [129]

[42]Vgl. SRINIVASAN UND THOMPSON [190], GLOVER, KARNEY UND KLINGMAN [89], BRADLEY, BROWN UND GRAVES [39] und AHRENS UND FINKE [2]

[43]Die zu Knoten gehörigen Flußerhaltungsbedingungen sind während der Durchführung dieser Verfahren verletzt. Daher sprechen JENSEN UND BARNES [132, S. 84] auch von *Dual Node Infeasible*-Algorithmen.

[151] stammenden „Ungarischen Methode"[44] für Zuordnungsprobleme dar. SCHMIDT, JENSEN UND BARNES [181] entwickelten 1982 einen inkrementellen Algorithmus für lineare Netzwerkflußprobleme, der mit einem 0-Fluß gestartet wird. Ein „wirklich" polynomiales Verfahren gab ORLIN [170] 1984 an. BERTSEKAS UND TSENG [29] stellten 1988 ihre *Relaxation*-Methode für reine und verallgemeinerte Netzwerkflußprobleme vor.[45]

Mit diesem letzten Algorithmus wurden primal-duale Verfahren zu einer ernsthaften Konkurrenz für die bis heute bevorzugten primalen Verfahren. Weiter verbesserte Implementationen der Relaxation-Methode konnten insbesondere große Netzwerkflußprobleme schneller lösen.

2.3.3 Out-of-Kilter-Verfahren

Beim Out-of-Kilter-Verfahren handelt es sich um ein speziell zur Lösung von Zirkulationsflußproblemen entwickeltes Verfahren, das während seiner Durchführung stets die Flußerhaltungsbedingungen erfüllt. Es terminiert, wenn Complementary Slackness vorliegt und die Kapazitätsnebenbedingungen[46] eingehalten werden. Das Out-of-Kilter-Verfahren wurde 1961 von FULKERSON [76] entwickelt. Bis Mitte der siebziger Jahre galt es als das effizienteste Lösungsverfahren für lineare Netzwerkflußprobleme, während für Transportprobleme bereits Anfang der siebziger Jahre spezielle primale Verfahren kürzere Lösungszeiten lieferten.[47]

2.3.4 Duale Verfahren

Duale Verfahren erfüllen in jeder Iteration die Flußerhaltungs- und die Complementary Slackness-Bedingungen. Sie terminieren, wenn die Kapazitätsnebenbedingungen eingehalten werden.[48]

BALAS UND HAMMER [11, 12] verwendeten 1962 das duale Simplex-Verfahren zur Lösung von Transportproblemen. Ein duales Verfahren zur Lösung von Netzwerkflußproblemen wurde 1972 von GLOVER, KLINGMAN UND NAPIER [98] angegeben. Von IKURA UND NEMHAUSER [127, 128] stammt ein duales Simplex-Verfahren für das klassische Transportproblem, dessen Rechenaufwand polynomial beschränkt ist, wenn geeignete Skalierungen der Angebots- und Bedarfsmengen vorgenommen werden. 1989 gaben ALI, PADMAN UND THIAGARAJAN [6] einen dualen Algorithmus für Netzwerkflußprobleme an und berichteten bei der Reoptimierung[49] von im Vergleich zu primalen Verfahren kürzeren Lösungszeiten.

---

[44]Dieser Algorithmus geht auf einen Satz der ungarischen Mathematiker KÖNIG und EGERVÁRY zurück.

[45]Vgl. zur Relaxation-Methode auch BERTSEKAS [24], BERTSEKAS, HOSEIN UND TSENG [27] und TSENG UND BERTSEKAS [200]

[46]Eine vereinfachte Version des Out-of-Kilter-Algorithmus ergibt sich, wenn man ihn mit einem zulässigen Zirkulationsfluß beginnt. Die Kapazitätsnebenbedingungen bleiben dann im Verlauf des Verfahrens erfüllt. Vgl. KENNINGTON UND HELGASON [141, S. 78ff] und DOMSCHKE [61, S. 182]

[47]Vgl. BARR, GLOVER UND KLINGMAN [15]

[48]Da im Verlauf dieser Verfahren die zu Pfeilen gehörigen Kapazitätsnebenbedingungen verletzt sind, sprechen JENSEN UND BARNES [132, S. 84f] auch von *Dual Arc Infeasible*-Algorithmen.

[49]Von *Reoptimierung* spricht man, wenn nach Ermittlung einer optimalen Lösung Problemdaten modifiziert werden und anschließend von der nun möglicherweise nicht mehr optimalen Lösung ausgehend die Optimierung wieder aufgesetzt wird.

Ähnlich wie bei den primal-dualen Verfahren kann hier gesagt werden, daß mit dualen Verfahren erst in jüngerer Zeit Lösungen in einer Geschwindigkeit erzielt wurden, die mit primalen Verfahren vergleichbar sind. Insgesamt erscheinen aber die Ergebnisse, die bei der Konzeption primal-dualer Verfahren erzielt wurden, vielversprechender.

2.3.5 Inkrementgraphen-Verfahren

Inkrementgraphen-Verfahren sind graphentheoretische Verfahren, die die primale Zulässigkeit in jeder Iteration erhalten. Sie gehen von einem 0-Fluß aus, d. h. von $x_{ij} = 0$ für alle $(i, j) \in \mathcal{A}$, und inkrementieren diesen Fluß sukzessive.[50] Man unterscheidet Verfahren, die im Inkrementgraphen nach negativen Zyklen suchen, und solchen, die nach kürzesten Wegen suchen.

Zur Lösung von q-s-Flußproblemen stellte KLEIN [145] 1967 ein erstes Verfahren vor, das nach negativen Zyklen sucht. BENNINGTON [23] gab 1973 für diesen ein Verfahren zur Auffindung der negativen Zyklen an. Nach kürzesten Wegen im Inkrementgraphen sucht das 1961 von BUSACKER UND GOWEN [42] stammende Verfahren. Durch geeignete Skalierung der Kapazitätsschranken erreichten EDMONDS UND KARP [64] 1972 Lösungen in polynomialer Zeit. TOMIZAWA [196] entwickelte 1972 ein weiteres Verfahren, das auf der Suche nach kürzesten Wegen basiert.

Implementationen der genannten Inkrementgraphen-Algorithmen konnten aber nicht die Lösungsgeschwindigkeiten primaler Verfahren erreichen, so daß sie heute in der Praxis keine Rolle mehr spielen.

2.3.6 Zusammenfassende Bewertung

Aufgrund ihrer Lösungszeiten haben das Out-of-Kilter-Verfahren von FULKERSON und die Inkrementgraphen-Algorithmen der sechziger und siebziger Jahre für die heutige Praxis kaum eine Bedeutung mehr. Die vielfältigen Arbeiten zur Implementation von Netzwerk-Simplex-Verfahren hatten sicher einen großen Anteil daran, daß sie sich unter den primalen und dualen Verfahren am besten behaupteten. Das primale Netzwerk-Simplex-Verfahren wird bis heute als bestes Lösungsverfahren für lineare Netzwerkflußprobleme angesehen. Allerdings stellt sich angesichts der jüngsten Entwicklungen primal-dualer Verfahren, insbesondere der Relaxation-Methode von BERTSEKAS UND TSENG, die Frage, ob diese Einschätzung weiterhin aufrecht erhalten werden kann.

Dieser Frage wird im folgenden nachgegangen. Dazu werden nach einer Übersicht über mögliche Konzeptionen und Implementationen des primalen Netzwerk-Simplex-Verfahrens im nächsten Kapitel zwei neue Varianten entwickelt, in der die besten der vorgeschlagenen Ideen und Ansätze gebündelt werden. Nicht zuletzt der im Vergleich zu primal-dualen Algorithmen geringere Speicherbedarf und die Möglichkeit, die Optimierung mit einer suboptimalen Lösung vorzeitig abbrechen zu können, sprechen für die Konzeption eines primalen Verfahrens. Ein Simplex-Verfahren bietet darüber hinaus Vorteile bei der Eingliederung in ein Branch-and-Bound-Verfahren, da zur Berechnung von Penalties auf das Simplex-Tableau zurückgegriffen werden kann. Laufzeitvergleiche mit

---

[50]Vgl. zur Definition des *Inkrementgraphens* eines Netzwerkes $(\mathcal{N}, \mathcal{A})$ mit Fluß x DOMSCHKE [61, S. 155f]

der neuesten Implementation der Relaxation-Methode sollen später zeigen, ob primale Verfahren weiterhin konkurrenzfähig sind.

Kapitel 3

Zwei neue primale Verfahren zur Lösung linearer Netzwerkflußprobleme

Nach einem kurzen Überblick über die Konzeption des primalen Netzwerk-Simplex-Verfahrens und Techniken zu seiner Implementation werden in diesem Kapitel zwei primale Algorithmen vorgeschlagen, die neue Implementationen des Netzwerk-Simplex-Verfahrens darstellen. Dabei werden Ideen und Ansätze aus der Literatur miteinander verbunden, die sich als am vielversprechensten erwiesen haben. Das Laufzeitverhalten beider Implementationen wird anhand von in der Literatur verwendeten Testproblemen untersucht und mit einem der schnellsten primal-dualen Algorithmen verglichen.

3.1 Das primale Netzwerk-Simplex-Verfahren

Das Netzwerk-Simplex-Verfahren ist eine Spezialisierung des primalen Simplex-Verfahrens[1] von DANTZIG [55]. Zunächst werden kurz seine Grundlagen geschildert, für umfassendere Darstellungen sei auf die Literatur verwiesen.[2] Anschließend wird auf Arbeiten eingegangen, die sich mit für die Effizienz wichtigen Aspekten wie dem Eröffnungsverfahren und der Auswahl des nächsten Pivotelements beschäftigen.

3.1.1 Konzeption des primalen Netzwerk-Simplex-Verfahrens

Der Netzwerk-Simplex-Algorithmus zur Lösung von (**NFP**) berücksichtigt die oberen Kapazitätsschranken m_{ij} wie das Simplex-Verfahren für beschränkte Variablen[3] nur implizit und behandelt sie in der gleichen Weise wie die Nichtnegativitätsbedingungen. Schreibt man die Flußerhaltungsbedingungen in Matrixform, so ist wie auf Seite 16 die Knoten-

---

[1]Darstellungen des Simplex-Algorithmus finden sich beispielsweise in DANTZIG [56], HADLEY [118], BLOECH [33], MURTY [166], SHAPIRO [184], GASS [78] und SCHRIJVER [183]

[2]Vgl. zur Darstellung des Netzwerk-Simplex-Verfahrens BRADLEY, BROWN UND GRAVES [39], SHAPIRO [184, S.66ff], KENNINGTON UND HELGASON [141, S. 62ff], AHRENS UND FINKE [2], JENSEN UND BARNES [132, S. 186ff] und ROCKAFELLAR [178, S. 251ff].

[3]Vgl. SHAPIRO [184, S. 19]

Pfeil-Inzidenz-Matrix A des Netzwerks $(\mathcal{N}, \mathcal{A})$ zu bilden. Wegen des Rangs[4] von A und der Ausgeglichenheitsvoraussetzung (2.8) kann eine beliebige Zeile von A gestrichen werden. Daß eine solche Streichung bereits vorgenommen wurde, wird im folgenden vorausgesetzt. Eine Matrix B heißt dann eine *Basis* von A, wenn sie aus $|\mathcal{N}| - 1$ linear unabhängigen Spalten von A besteht. Die Pfeile des Netzwerks werden durch die Spalten von A beschrieben. Daher nennt man die zu den Spalten einer Basis B gehörenden Pfeile auch *Basispfeile* und bezeichnet sie mit $\mathcal{A}_B$, es ist $|\mathcal{A}_B| = |\mathcal{N}| - 1$. Die übrigen, sich nicht in der Basis befindenden Pfeile werden mit $\mathcal{A}_N$ bezeichnet. Eine zulässige Lösung x von (NFP) heißt eine zulässige *Basislösung* zur Basis B, falls gilt:

$$0 \leq x_{ij} \leq m_{ij} \qquad \text{für alle} \quad (i,j) \in \mathcal{A}_B,$$

$$x_{ij} \in \{0, m_{ij}\} \qquad \text{für alle} \quad (i,j) \in \mathcal{A}_N.$$

Man unterscheidet die Pfeile aus $\mathcal{A}_N$ weiter, indem man $\mathcal{A}_N^0$ als die Menge derjenigen Pfeile $(i,j) \in \mathcal{A}_N$ definiert, für die $x_{ij} = 0$ ist. Mit $\mathcal{A}_N^m$ bezeichnet man die Menge der Pfeile, für die $x_{ij} = m_{ij}$ gilt.

Mit jeder Basis B läßt sich ein Netzwerk $(\mathcal{N}', \mathcal{A}_B)$ assoziieren, das sich aus den Basispfeilen und den zu ihnen gehörigen Knoten zusammensetzt. Dieses Netzwerk ist ein spannender Baum[5] von $(\mathcal{N}, \mathcal{A})$, insbesondere ist $\mathcal{N}' = \mathcal{N}$. Umgekehrt ist jeder spannende Baum $T(\mathcal{N}, \mathcal{A}')$ von $(\mathcal{N}, \mathcal{A})$ mit einer Basis von A verbunden. Genauer heißt dies, daß zu $T(\mathcal{N}, \mathcal{A}')$ eine Basis B mit $\mathcal{A}' = \mathcal{A}_B$ existiert. Diese beiden Resultate werden im folgenden Satz zusammengefaßt.

Satz 3.1   *Sei A die Knoten-Pfeil-Inzidenz-Matrix eines zusammenhängenden Netzwerks $(\mathcal{N}, \mathcal{A})$. Dann gilt:*
Die Basen von A können mit den spannenden Bäumen von $(\mathcal{N}, \mathcal{A})$ identifiziert werden.

Zum Beweis dieses Satzes sei auf die Literatur verwiesen.[6] Eine äquivalente algebraische Formulierung besagt, daß jede Basis von A durch Zeilen- und Spaltenvertauschungen auf Dreiecksgestalt gebracht werden kann.[7] Dadurch ist es möglich, auf die Speicherung der Matrix B oder ihrer Inversen[8] zu verzichten und stattdessen den Baum $T(\mathcal{N}, \mathcal{A}_B)$ mitzuführen.

---

[4] Der Rang von A ist gleich $|\mathcal{N}| - 1$. Siehe Abschnitt 2.1.3.3

[5] Ein *Baum* $T(\mathcal{N}', \mathcal{A}')$ ist ein Netzwerk $(\mathcal{N}', \mathcal{A}')$, das durch eine der folgenden äquivalenten Eigenschaften definiert ist:
   (i)   Es besitzt $|\mathcal{N}'| - 1$ Pfeile und ist zusammenhängend.
   (ii) Es besitzt $|\mathcal{N}'| - 1$ Pfeile und besitzt keine Zyklen.
   (iii) Es besitzt keine Zyklen, aber durch Hinzufügen eines Pfeils wird genau ein Zyklus erzeugt.
   (iv) Es ist zusammenhängend, aber nach Entfernen eines Pfeils ist es nicht mehr zusammenhängend.
Ein *spannender Baum* eines Netzwerks $(\mathcal{N}, \mathcal{A})$ ist ein Baum $T(\mathcal{N}', \mathcal{A}')$ mit $\mathcal{N}' = \mathcal{N}$.
Vgl. zur Definition SHAPIRO [184, S. 363f], KENNINGTON UND HELGASON [141, S. 52], PAPADIMITRIOU UND STEIGLITZ [173, S. 22] und DOMSCHKE [61, S. 13f]

[6] Vgl. dazu SHAPIRO [184, S. 64], KENNINGTON UND HELGASON [141, S. 58] und AHRENS UND FINKE [2, S. 5]

[7] Vgl. DANTZIG [56, S. 356f], BRADLEY, BROWN UND GRAVES [39, S. 8] und SHAPIRO [184, S. 64]

[8] Das *Revidierte Simplex-Verfahren* führt B^{-1} als Produkt von Matrizen mit, die sich nur in einer Spalte von der Identität unterscheiden. Vgl. SHAPIRO [184, S. 18]

Eine Iteration des Netzwerk-Simplex-Verfahrens besteht nun aus einem Pivotschritt, in dem ein Pfeil aus $\mathcal{A}_N$ neu in die Basis aufgenommen wird und ein Basispfeil dafür die Basis verläßt. Die Wahl des in die Basis eintretenden Pfeils erfolgt so, daß dabei die Gesamtkosten möglichst verringert[9] werden. Für die Pfeile $(i,j) \in \mathcal{A}_B$ werden die reduzierten Kosten $\bar{c}_{ij}$ aus der Bedingung (2.14)[10] zu

$$\bar{c}_{ij} = c_{ij} - u_i + u_j = 0 \tag{3.1}$$

berechnet. Dadurch werden die Dualvariablen u_k eindeutig bestimmt, wenn man zuvor ein u_k mit einem beliebigen Wert initialisiert.[11] Die aktuelle Basislösung ist optimal, wenn die Optimalitätsbedingungen (2.13) und (2.15) erfüllt sind. Andernfalls werden der hereinkommende und der herausgehende Pfeil wie folgt bestimmt:

a) Zur Aufnahme in die Basis wird ein Pfeil $(i,j) \in \mathcal{A}_N$ gewählt, der nicht die Bedingungen (2.13) und (2.15) erfüllt, also für den entweder

$$(i,j) \in \mathcal{A}_N^0 \quad \text{und} \quad \bar{c}_{ij} < 0 \tag{3.2}$$

oder

$$(i,j) \in \mathcal{A}_N^m \quad \text{und} \quad \bar{c}_{ij} > 0 \tag{3.3}$$

gilt. Die Bestimmung eines Pfeils mit diesen Eigenschaften wird *Pricing* genannt.

b) Der die Basis verlassende Pfeil wird in dem eindeutigen Zyklus bestimmt, der im Netzwerk $(\mathcal{N}, \mathcal{A}_B)$ durch Hinzufügen des neu in die Basis aufzunehmenden Pfeils (i,j) erzeugt wird. Die Pfeile dieses Zyklus mit Ausnahme von (i,j) bilden den sogenannten *Basis Equivalent Path* (BEP).[12] Der Fluß auf dem hereinkommenden Pfeil wird erhöht, falls $(i,j) \in A_N^0$ ist, und vermindert, falls $(i,j) \in \mathcal{A}_N^m$ ist. Diese Flußänderung bewirkt wegen der Flußerhaltungsnebenbedingungen auch eine Flußänderung auf dem Zyklus und wird in ihrer Höhe durch einen Pfeil begrenzt, dessen Fluß bis an seine Kapazitätsgrenze erhöht oder bis auf Null vermindert wird. Ein Pfeil mit dieser Eigenschaft heißt *Blocking Arc*[13] und wird zum Verlassen der Basis ausgewählt.[14]

---

[9]Bei *degenerierten* Pivotschritten werden die Gesamtkosten nicht gesenkt. Bis über 90% aller Pivotschritte können bei der Lösung von Netzwerkflußproblemen degeneriert sein. Vgl. BRADLEY, BROWN UND GRAVES [39, S. 18] und MULVEY [163, S. 302]
Zur Degeneriertheit bei Transportproblemen vgl. GAVISH, SCHWEITZER UND SHLIFER [80], HUNG, ROM UND WARREN [123] und BOENCHENDORF [38]

[10]Siehe Seite 19

[11]Durch (3.1) ist ein lineares Gleichungssystem mit $|\mathcal{N}|$ Variablen und $|\mathcal{A}_B| = |\mathcal{N}| - 1$ Gleichungen gegeben, das einen Freiheitsgrad besitzt.

[12]Dies ist der eindeutige Weg in $T(\mathcal{N}, \mathcal{A}_B)$, der die Knoten i und j des hereinkommenden Pfeils verbindet. Vgl. BARR, GLOVER UND KLINGMAN [17, S. 21]

[13]Ein solcher Pfeil „blockiert" eine weitere Flußänderung. Vgl. BARR, GLOVER UND KLINGMAN [17, S. 21]

[14]Es ist möglich, daß dieser Pfeil nicht auf dem Basis Equivalent Path liegt und mit dem neu in die Basis eintretenden Pfeil identisch ist. In diesem Fall wechselt lediglich der Fluß des Pfeils (i,j) von 0 nach m_{ij} oder umgekehrt und die Basis bleibt unverändert. Man spricht dann von einem *außergewöhnlichen* Pivotschritt.

Offen bleibt noch, wie eine erste zulässige Basislösung konstruiert werden kann und welchen Pfeil man zur Aufnahme in die Basis unter den nach a) in Frage kommenden Pfeilen auswählen soll. Diese beiden Aspekte sind jedoch nicht voneinander isoliert zu sehen, sondern sind bei der Konzeption eines effizienten Problemlösers aufeinander abzustimmen, da sie sich wechselseitig beeinflussen.[15]

3.1.1.1 Das Eröffnungsverfahren

Lediglich beim klassischen Transportproblem ist die Bestimmung einer zulässigen Basislösung mit nicht-iterativen Algorithmen möglich. In der Literatur wurde dazu eine Vielzahl von Verfahren angegeben.[16] Unter ihnen hat in der Praxis die *Modifizierte Zeilen-* bzw. *Spaltenminimum-Methode* die größte Bedeutung erlangt. Sie wird als das Eröffnungsverfahren angesehen, das für vollbesetzte klassische Transportprobleme insgesamt die kürzesten Lösungszeiten liefert.[17]

Stehen aber nicht alle Transportverbindungen zur Verfügung oder sind Kapazitätsschranken vorhanden, so ist man auf iterative Startverfahren angewiesen.[18] Denn bei Ausführung eines nicht-iterativen Startverfahrens für das Transportproblem kann es erforderlich sein, eine Verbindung zu benutzen, die entweder überhaupt nicht oder nicht in ausreichender Kapazität zur Verfügung steht. Im ersten Fall kann man sich durch Einführung künstlicher Pfeile mit unbegrenzter Kapazität und unendlich hohen Kosten helfen.[19] Die Zulässigkeit des Problems erweist sich dann erst im Verlauf des Verfahrens, wenn die künstlichen Pfeile nicht mehr der Basis angehören. Im zweiten Fall sind spezielle Startverfahren erforderlich, die die Kapazitätsschranken berücksichtigen.

GLOVER ET AL. [90, S. 807] halten auch für dünnbesetzte unkapazitierte Transportprobleme die Modifizierte Zeilenminimum-Methode für am besten. In [89, S. 199] dehnen GLOVER, KARNEY UND KLINGMAN diese Regel auf kapazitierte Netzwerkflußprobleme aus. BRADLEY, BROWN UND GRAVES [39, S. 20] verwenden eine vollständig aus künstlichen Pfeilen gebildete Startbasis. AHRENS UND FINKE schliessen sich in [2, S. 9] dieser Vorgehensweise an, obwohl sie der Meinung sind, daß sich wenigstens in vielen Spezial-

---

[15]Vgl. SRINIVASHAN UND THOMPSON [190, S. 204] und GRIGORIADIS [114, S. 93 und 99]

[16]Zu den wichtigsten Startverfahren für klassische Transportprobleme zählen die *Nordwesteckenregel* (vgl. CHARNES UND COOPER [48, S. 43], HADLEY [118, S. 293] und DOMSCHKE [61, S. 93]) die *Matrizminimum-Methode* (vgl. DANTZIG [56, S. 309] und HADLEY [118, S. 307]), die *Zeilen-* bzw. *Spaltenminimum-Methode* (vgl. DENNIS [58] und HADLEY [118, S. 306]), die *Modifizierte Zeilen-* bzw. *Spaltenminimum-Methode* (vgl. SRINIVASAN UND THOMPSON [190, S. 203], GLOVER ET AL. [90, S. 806] und DOMSCHKE [61, S. 94]), die *Zeilen-Spalten-Minimum-Methode* (vgl. DENNIS [58] und SRINIVASAN UND THOMPSON [190, S. 203]) und die *Vogelsche Approximationsmethode*, kurz VAM (vgl. REINFELD UND VOGEL [176, S. 59ff], HADLEY [118, S. 308], CHARNES UND COOPER [48, S. 58] und DOMSCHKE [61, S. 96], eine Verbesserung stammt von GOYAL [111]). Alle diese Verfahren gehen von unkapazitierten und vollbesetzten Problemen aus und ermöglichen die Bestimmung einer Startbasis in nur einem Durchgang über die Problemdaten.

[17]SRINIVASAN UND THOMPSON [190, S. 204] und GLOVER ET AL. [90, S. 807] erzielten mit der Modifizierten Zeilenminimum-Methode die besten Resultate. Im Fall $m \leq n$, wenn es also mehr Bedarfs- als Angebotslager gibt, erwies sich für SRINIVASAN UND THOMPSON [190, S. 211] die Modifizierte Spaltenminimum-Methode als günstiger. Diese Regel verwendet auch AHRENS [1] (vgl. auch DOMSCHKE [61, S. 143]).

[18]Vgl. GLOVER, KARNEY UND KLINGMAN [89, S. 198]

[19]Vgl. GLOVER ET AL. [90, S. 807]

fällen eine aufwendigere Bestimmung einer Startbasis lohnt. MULVEY [163, S. 304f] vergleicht in umfangreichen Testrechnungen mit großen kapazitierten Netzwerkflußproblemen die Big-M-Methode[20] mit der Phase I/Phase II-Methode, die sich als weniger effizient herausstellte.[21] HELGASON UND KENNINGTON setzen in [119, 141] ein heuristisches Verfahren ein, um eine zulässige Basislösung aufzufinden. Dabei wird versucht, von den Angebotsknoten ausgehend möglichst schnell kostengünstige Verbindungen zu finden, auf denen große Mengen zu den Bedarfsknoten transportiert werden können. GRIGORIADIS konstruiert in [114, S. 99] zuerst eine Basis aus künstlichen Pfeilen. Die Bewertung der Kosten dieser Pfeile erfolgt im Rahmen der sogenannten *Gradual Penalty*-Methode. Falls in einer optimalen Lösung noch künstliche Pfeile benutzt werden, werden im nächsten Durchgang ihre Kosten erhöht. Das Problem ist unzulässig, wenn nach hinreichenden Kostenerhöhungen immer noch künstlicher Fluß vorliegt. Diese Modifikation der Big-M-Methode scheint eines der effizientesten Eröffnungsverfahren zu sein.

3.1.1.2   Pricing-Strategien

Der Pricing-Strategie kommt ein wesentlicher Einfluß auf das Laufzeitverhalten eines primalen Lösungsverfahrens zu.[22] Verschiedenste Vorschläge wurden zur Auswahl des nächsten neu in die Basis aufzunehmenden Pfeils gemacht. Sie reichen von der Wahl des ersten besten Pfeils, für den (3.2) oder (3.3) gilt[23], bis zur Wahl desjenigen Pfeils, für den $|\bar{c}_{ij}|$ maximal ist[24]. In der Praxis haben sich Strategien bewährt, die zwischen diesen beiden Extremen liegen. In den siebziger Jahren hatte sich zur Lösung von Transport- und Netzwerkflußproblemen gleichermaßen die *Outward Most Negative Rule*[25] durchgesetzt.[26]

---

[20]Vgl. zur Big-M-Methode für Netzwerkflußprobleme SHERALI [185]

MULVEY unterscheidet in Verbindung mit der Big-M-Methode vier Strategien: 0-*Pass*, 1-*Pass*, 4-*Pass* und ∞-*Pass*. Die Bezeichnungen dieser Strategien beziehen sich auf die Anzahl der Durchgänge über die Problemdaten. Die 0-*Pass*-Strategie verwendet eine ausschließlich aus künstlichen Pfeilen bestehende Startbasis. Vgl. auch MULVEY [161, S. 41]

[21]„... its processing times were 31.2% slower than comparable Big-M times on the average. For this and other analyses, we concluded that the Big-M method was more efficient than the Phase I/Phase II and related methods." (MULVEY [163, S. 305])

[22]„As in other large scale mathematical programming problems, network codes can spend more than half of their execution time selecting incoming variables by pricing. Thus, the pricing strategy is crucial to overall performance ..." (BRADLEY, BROWN UND GRAVES [39, S. 20])

„It should be stressed that the choice of a pivot strategy critically affects the computational performance of large networks." (MULVEY [163, S. 296])

„Even with sophisticated strategies, computational experience indicates that pricing could amount to as much as 75% of the total execution time for large MCNF (minimum cost network flow) problems." (GRIGORIADIS [114, S. 92])

[23]Diese Strategie wird *First Negative Rule* genannt. Vgl. DENNIS [58]

[24]Man spricht dann von der *Most Negative Rule*. Vgl. DANTZIG [56, S. 310] und HADLEY [118, S. 291]

[25]Vgl. DENNIS [58]

Hierbei wird knotenweise vorgegangen. Ist ein Knoten gefunden, der mindestens einen ausgehenden Pfeil mit (3.2) oder (3.3) besitzt, so wird unter diesen Pfeilen derjenige gewählt, für den $|c_{ij}|$ am größten ist.

Bei Transportproblemen spricht man von der *Modified Row Most Negative Rule*, da im sogenannten Transporttableau in den **Zeilen** angegeben wird, wie von einem Angebotslager aus die Bedarfslager beliefert werden.

[26]Vgl. SRINIVASAN UND THOMPSON [190, S. 200] und GLOVER ET AL. [90, S. 806]

MULVEY [163, 162] verwendet eine Liste, in der Pfeile gespeichert werden, die Kandidaten für eine Aufnahme in die Basis sind. Ausgehend von der *Outward Most Negative Rule* wird die Kandidatenliste mit Pfeilen gefüllt: Für jeden Knoten wird derjenige ausgehende Pfeil gespeichert, der $|c_{ij}|$ maximiert. Solange es möglich ist, höchstens jedoch für eine vorgegebene Anzahl von Iterationen, wird dann nur die Liste verwendet. Dabei werden der Pfeil, der die Basis verlassen soll, und derjenige aus der Liste, der in die Basis aufgenommen werden soll, einfach ausgetauscht. Anschließend wird die Liste neu aufgebaut.[27]

BRADLEY, BROWN UND GRAVES [39, S. 20] benutzen eine Kandidatenliste variabler Länge, in der aber zu jedem Knoten der beste eingehende Pfeil gespeichert wird. Die Verwaltung der Liste erfolgt in Abhängigkeit von der Anzahl der bereits durchgeführten Pivotschritte unterschiedlich und kann durch Vorgabe verschiedener Parameter gesteuert werden. Ohne eine solche Liste arbeiten AHRENS UND FINKE [2, S. 12]. Sie wählen aber ebenfalls zu jedem Knoten den besten eingehenden Pfeil zur Aufnahme in die Basis aus. Verbesserungen halten sie für möglich.[28] In [1] verwendet AHRENS zur Lösung von Transportproblemen die *s-Nachfolger-Regel*. Dabei wird der in die Basis aufzunehmende Pfeil unter den Verbindungen zu den nächsten $s = \max\{1, \lfloor \frac{n}{m} \rfloor\}$ Bedarfslagern ausgewählt.[29]

GRIGORIADIS [114, S. 92f] benutzt eine *Sample Pricing*-Strategie, bei der jeweils aus einer Teilmenge $\mathcal{A}_s \subset \mathcal{A}$ derjenige Pfeil mit den besten reduzierten Kosten ausgewählt wird. $\mathcal{A}_s$ wird ein *Sample* genannt. In Verbindung mit der Gradual Penalty-Methode wird von sehr guten Lösungszeiten berichtet.

3.1.2 Implementation des primalen Netzwerk-Simplex-Verfahrens

In diesem Abschnitt werden geeignete Datenstrukturen zur Speicherung sowohl der Problemdaten als auch der Basis beschrieben. Anschließend wird ein Überblick über die in der Literatur beschriebenen Implementationen des primalen Netzwerk-Simplex-Verfahrens zur Lösung von Transport- und Netzwerkflußproblemen gegeben. Auf die Konzepte derjenigen Programme, die übereinstimmend als besonders effizient angesehen werden, wird besonders eingegangen.

3.1.2.1 Datenstrukturen zur Speicherung der Problemdaten

Zu den Problemdaten zählen die Angebots- und Bedarfsmengen eines jeden Knotens sowie die Pfeile des Netzwerks mit ihren Start- und Endknoten und ihren Kosten- und Kapazitätsbewertungen. Die Wahl der Datenstrukturen zur Speicherung der Pfeile muß in Abhängigkeit von der eingesetzten Pricing-Strategie[30] getroffen werden. Auch das verwendete Eröffnungsverfahren kann einen Einfluß haben.

---

[27]Bezeichnet z_1 die maximale Anzahl von Iterationen, in denen ausschließlich die Liste benutzt werden darf, und z_2 die Länge der Liste, so entspricht $(z_1, z_2) = (1, 1)$ der *Outward Most Negative Rule* und $(z_1, z_2) = (1, \infty)$ der *Matrix Most Negative Rule*. Vgl. MULVEY [162, S. 269]

[28]„..., we feel that moderate gains in efficiency might still be possible in the pricing section. ... we are not sure about candidate queues as the final answer ..." (AHRENS UND FINKE [2, S. 29])

[29]Vgl. auch DOMSCHKE [61, S. 147]

[30]„It should be noted that data structure design must go hand in hand with pivot strategy selection." (MULVEY [162, S. 267])

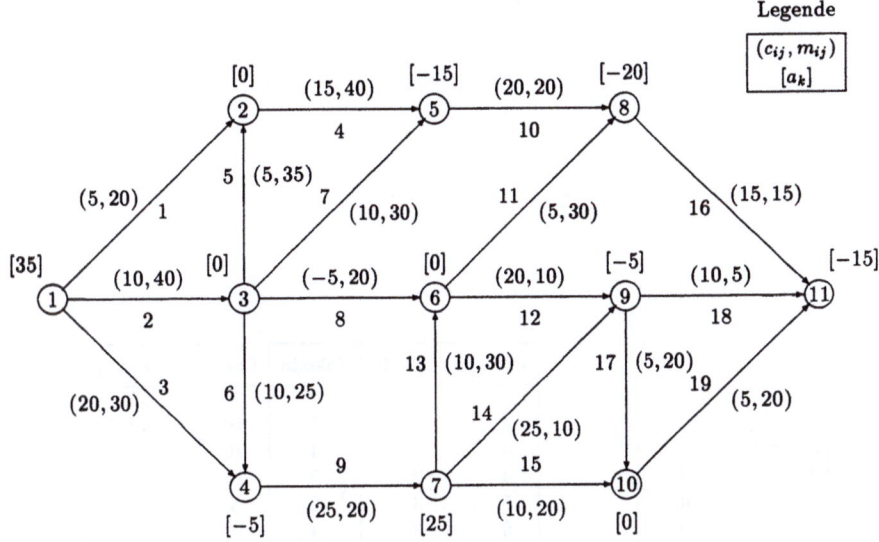

Abbildung 3.1: Problembeispiel

Die Angebots- und Bedarfsmengen können in einer Liste Supply der Länge $|\mathcal{N}|$ gespeichert werden. Später wird darauf eingegangen, wie auf diese Liste verzichtet werden kann, wenn zur Eröffnung eine Startbasis, die ausschließlich aus künstlichen Pfeilen besteht, konstruiert wird.[31]

Eine erste Möglichkeit zur Speicherung der zu den Pfeilen gehörigen Daten ist die Verwendung von Listen FromNode, ToNode, Cost und Capacity, die für jeden Pfeil Startknoten, Endknoten, Kosten und Kapazität speichern. Diese Pfeillisten haben jeweils die Länge $|\mathcal{A}|$. Wie sie für das Beispiel aus Abbildung 3.1 aussehen, zeigt Tabelle 3.1. Kommen Algorithmen zur Anwendung, die eine willkürliche Reihenfolge der Pfeile[32] erfordern, so bietet sich diese Pfeil-orientierte Speicherung an. Liegen p Knotenbewertungen und q Pfeilbewertungen vor, so werden

$$p\,|\mathcal{N}| + (q+2)|\mathcal{A}|$$

Speicherplätze benötigt.

Für Startknoten-orientierte Algorithmen wie die Zeilenminimum-Methode zur Eröffnung und die *Outward Most Negative Rule* zum Pricing bietet sich dagegen eine zusammenhängende Speicherung von Pfeilen mit gleichem Startknoten an.[33] Die Endknoten,

---

[31]Siehe Seite 59

[32]Dies ist beispielsweise bei der Sample Pricing-Strategie von GRIGORIADIS [115, 116, 114] der Fall, die eine feste, aber beliebige Reihenfolge der Pfeile voraussetzt. Siehe Seite 34

[33]Eine solche Speicherung wird auch *Forward Star* genannt. Vgl. MULVEY [162, S. 267]

Pfeil	FromNode	ToNode	Cost	Capacity
1	1	2	5	20
2	1	3	10	40
3	1	4	20	30
4	2	5	15	40
5	3	2	5	35
6	3	4	10	25
7	3	5	10	30
8	3	6	-5	20
9	4	7	25	20
10	5	8	20	20
11	6	8	5	30
12	6	9	20	10
13	7	6	10	30
14	7	9	25	10
15	7	10	10	20
16	8	11	15	15
17	9	10	5	20
18	9	11	10	5
19	10	11	5	20

Knoten	Supply
1	35
2	0
3	0
4	-5
5	-15
6	0
7	25
8	-20
9	-5
10	0
11	-15

Tabelle 3.1: Pfeil-orientierte Speicherung der Problemdaten aus Abbildung 3.1

Knoten	Supply	FromNode-Index
1	35	1
2	0	4
3	0	5
4	-5	9
5	-15	10
6	0	11
7	25	13
8	-20	16
9	-5	17
10	0	19
11	-15	20
12		20

Pfeil	ToNode	Cost	Capacity
1	2	5	20
2	3	10	40
3	4	20	30
4	5	15	40
5	2	5	35
6	4	10	25
7	5	10	30
8	6	-5	20
9	7	25	20
10	8	20	20
11	8	5	30
12	9	20	10
13	6	10	30
14	9	25	10
15	10	10	20
16	11	15	15
17	10	5	20
18	11	10	5
19	11	5	20

$20 = |\mathcal{A}| + 1$

Tabelle 3.2: Startknoten-orientierte Speicherung der Problemdaten aus Abbildung 3.1

Kosten und Kapazitäten der entsprechend sortierten Pfeile werden wieder in den Pfeillisten ToNode, Cost und Capacity gespeichert. Anstatt aber für jeden Pfeil den Startknoten selbst zu speichern, wird in einer Liste FromNodeIndex der Länge $|\mathcal{N}| + 1$ für jeden Knoten der Index des ersten von ihm ausgehenden Pfeils in den Pfeillisten notiert. Der $(|\mathcal{N}| + 1)$-te Eintrag wird gleich $|\mathcal{A}| + 1$ gesetzt. Besitzt ein Knoten k keine ausgehenden Pfeile, so ist damit FromNodeIndex(k) = FromNodeIndex($k+1$). Tabelle 3.2 zeigt diese Listen für das Beispiel aus Abbildung 3.1. Der Speicherbedarf ist für p Knotenbewertungen und q Pfeilbewertungen gleich

$$(p+1)|\mathcal{N}| + (q+1)|\mathcal{A}| + 1$$

und damit niedriger als bei Pfeil-orientierter Speicherung, denn es gilt $|\mathcal{A}| \geq |\mathcal{N}| - 1$ für zusammenhängende Netzwerke, in der Praxis ist jedoch meist $|\mathcal{A}| \gg |\mathcal{N}|$. Eine Endknoten-orientierte Speicherung der Problemdaten, wie sie in Verbindung mit der Spaltenminimum-Methode oder der *Inward Most Negative Rule* verwendet wird, kann analog vorgenommen werden.[34]

---

[34]Vgl. BRADLEY, BROWN UND GRAVES [39, S. 13f] und AHRENS UND FINKE [2, S. 9]

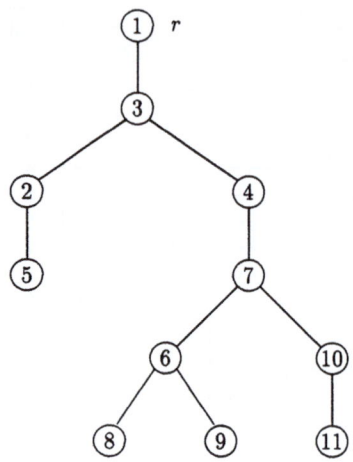

Abbildung 3.2: Eine Basis des Problembeispiels aus Abbildung 3.1

3.1.2.2 Datenstrukturen zur Speicherung der Basis

Satz 3.1[35] ermöglicht die Speicherung der Basis B in Form eines spannenden Baums $T(\mathcal{N}, \mathcal{A}_B)$. Es ist üblich, einen Knoten r als *Wurzel* dieses Baumes auszuzeichnen und ihn als „höchsten" Knoten zu betrachten. Die übrigen Knoten werden als unter ihm hängend dargestellt. Sind i und j zwei verschiedene Knoten und liegt j auf dem eindeutigen Weg von i nach r, so heißt j ein *Vorgänger* von i und i heißt ein *Nachfolger* von j. *Unmittelbare Vorgänger* und *Nachfolger* sind Start- und Endknoten desselben Pfeils. Mit $T(k)$ bezeichnet man denjenigen Teilbaum von $T(\mathcal{N}, \mathcal{A}_B)$, der den Knoten k zur Wurzel hat und neben ihm alle seine Nachfolger beinhaltet. Abbildung 3.2 zeigt den Baum einer Basis mit $r = 1$ für das Problembeispiel aus Abbildung 3.1.

Zur Speicherung des Baums $T(\mathcal{N}, \mathcal{A}_B)$ wurden in der Literatur die verschiedensten Listenfunktionen vorgeschlagen.[36] Besonders häufig werden die folgenden Listen verwendet:[37]

- Die *Predecessor*-Liste gibt für jeden Knoten den unmittelbaren Vorgänger auf dem Weg zur Wurzel r an. Man setzt `Predecessor`$(r) = 0$.

---

[35]Siehe Seite 30

[36]Vgl. JOHNSON [133], SRINIVASHAN UND THOMPSON [189], BRADLEY, BROWN UND GRAVES [39], GLOVER, KARNEY UND KLINGMAN [88], GLOVER, KLINGMAN UND STUTZ [100] und BARR, GLOVER UND KLINGMAN [17]

[37]Vgl. zur Definition auch ALI ET AL. [5], JACOBSEN [130] und KENNINGTON UND HELGASON [141, S. 207f]

Knoten	Predecessor	Thread	ReverseThread	Depth	Successors	LastSuccessor
1	0	3	11	0	11	11
2	3	5	3	2	2	5
3	1	2	1	1	10	11
4	3	7	5	2	7	11
5	2	4	2	3	1	5
6	7	8	7	4	2	9
7	4	6	4	3	6	11
8	6	9	6	5	1	8
9	6	10	8	5	1	9
10	7	11	9	4	2	11
11	10	1	10	5	1	11

Tabelle 3.3: Listenfunktionen zur Speicherung der Basis aus Abbildung 3.2

- Die *Thread*-Liste[38] durchläuft die Knoten eines Baums oder Teilbaums in *Preorder*-Reihenfolge, die rekursiv wie folgt definiert ist:[39] Besuche zuerst die Wurzel r. Durchlaufe dann den Teilbaum eines jeden unmittelbaren Nachfolgers von r, soweit vorhanden, wieder in *Preorder*-Reihenfolge. Dabei ist die Reihenfolge, in der die einzelnen Nachfolger besucht werden, beliebig.

- Der *Reverse Thread* ist die Umkehrfunktion des Threads. Es gilt

$$\text{ReverseThread}(\text{Thread}(k)) = k \quad \text{und} \quad \text{Thread}(\text{ReverseThread}(k)) = k.$$

- Die *Depth*-Liste gibt für jeden Knoten die Anzahl der Vorgänger an. Dies ist für den Knoten k die Anzahl der Pfeile auf dem Weg von k zur Wurzel r, für die $\text{Depth}(r) = 0$ ist.

- Die Listenfunktion *Number of Successors*, kurz *Successors*, gibt die Anzahl der Nachfolger an. Für den Knoten k ist dies die Anzahl der Knoten im Teilbaum $T(k)$.

- Die *Last Successor*-Liste gibt für jeden Knoten k den letzten Knoten im Teilbaum $T(k)$ in Thread-Reihenfolge an. Es ist

$$\text{LastSuccessor}(k) = \underbrace{\text{Thread}(\text{Thread}(\dots \text{Thread}}(k)\dots)).$$
$$(\text{Successors}(k) - 1)\text{-mal}$$

Tabelle 3.3 zeigt diese Listenfunktionen für den Baum aus Abbildung 3.2.

Die folgenden Listenstrukturen wurden zur Speicherung der Basis in der Literatur vorgeschlagen. Es handelt sich dabei um Kombinationen der oben aufgeführten Listenfunktionen. Mit der von GLOVER UND KLINGMAN [92] entwickelten *Predecessor Index*-

---

[38]*Thread* bedeutet im Deutschen „Faden". Man kann sich die Knoten des Baums als von ihm „aufgefädelt" vorstellen.
[39]Vgl. WIRTH [204, S. 228]

Methode wurde die Verwendung von Listenfunktionen zur effizienteren Lösung von Transportproblemen angeregt. In Verbindung mit der Stepping Stone-Methode[40] wurde dabei
zuerst die Predecessor-Liste benutzt. Die *Augmented Predecessor Index*-Methode (API)
stammt von GLOVER, KARNEY UND KLINGMAN [88] und stellt eine Spezialisierung der
Triple-Label-Methode von ELLIS JOHNSON[41] auf Transportprobleme dar. Sie speichert
neben einer Successor- und einer Brother-Liste[42] nur die Predecessor-Liste. GLOVER,
KLINGMAN UND STUTZ [100] stellten die *Augmented Threaded Index*-Methode (ATI)
vor, die die Listenfunktionen Predecessor und Thread verwendet. Sie wurde von vielen Autoren mit anderen Methoden verglichen[43] und setzte sich Anfang der siebziger
Jahre durch. Die ATI-Methode wurde später um die Depth-Liste erweitert und in die-
ser Form in vielen Implementationen eingesetzt.[44] GRIGORIADIS [114] speicherte über
die Listenfunktionen der erweiterten ATI-Methode hinaus zusätzlich den Reverse Thread.
Das Mitführen des Reverse Thread wurde Anfang der achtziger Jahre zum Standard.
Zu diesem Zeitpunkt standen den Implementatoren schon größere Speicherressourcen zur
Verfügung, so daß weniger eine sparsame Speicherverwendung als das Erreichen schneller
Lösungszeiten im Vordergrund stand. Von BARR, GLOVER UND KLINGMAN [17] wurde
die *Extended Threaded Index*-Methode (XTI) entwickelt. Sie speichert den Basisbaum
in den Listen Predecessor, Thread, Successors und Last Successor. Vergleichsrechnungen
ergaben, daß die XTI-Methode der erweiterten ATI-Methode überlegen ist. Daher wurde
sie in vielen Programmen, teilweise ebenfalls um den Reverse Thread erweitert, benutzt.[45]

3.1.2.3 Implementationen des primalen Netzwerk-Simplex-Verfahrens

Zahlreiche Programme, die den primalen Netzwerk-Simplex-Algorithmus implementieren,
wurden zuerst für Transportprobleme und später für das lineare kapazitierte Netzwerkflußproblem entwickelt. Tabelle 3.4 gibt eine Übersicht über die in der Literatur vorgestellten
Implementationen zur Lösung von klassischen Transportproblemen sowie von dünnbe-
setzten kapazitierten und unkapazitierten Transportproblemen. Dabei werden die zur
Speicherung der Basis verwendeten Listenfunktionen und der Speicherbedarf der Programme mit angegeben. Die in Tabelle 3.5 aufgeführten Programme dokumentieren die
Arbeiten an effizienten Implementationen von Lösungsverfahren für lineare Netzwerkflußprobleme. Es wird nach der verwendeten Listenstruktur differenziert, da sie die Effizienz
eines Programms sehr beeinflußt. Hinweise auf Ergebnisse durchgeführter Laufzeitvergli-
che sind ebenfalls zu finden.

---

[40]Siehe Seite 24

[41]Vgl. JOHNSON [133]

[42]Diese beiden Listenfunktionen werden heute aus Effizienzgründen in der Praxis nicht mehr eingesetzt.
Daher wurde auf ihre Beschreibung verzichtet.

[43]Vgl. SRINIVASAN UND THOMPSON [190], GLOVER, KARNEY UND KLINGMAN [89], ALI ET AL. [5], JA-
COBSEN [130], MULVEY [163], KENNINGTON UND HELGASON [141] und BARR, GLOVER UND KLINGMAN
[17]

[44]Vgl. dazu die Programme GNET/Depth von BRADLEY, BROWN UND GRAVES [39], NETFLO von
KENNINGTON UND HELGASON [141] und NET von AHRENS UND FINKE [2]

[45]Vgl. das Programm ARC-II von BARR, GLOVER UND KLINGMAN [17] sowie die Programme NET/LP
und LP/N von GLOVER UND KLINGMAN [95, 97] zur Lösung von Netzwerkflußproblemen mit allgemeinen
linearen Nebenbedingungen. Letztere Programme führen auch den Reverse Thread mit.

Lösung von	Entwickler	verwendete Listen	Speicherbedarf	Bemerkungen
klassischen Transportproblemen	SRINIVASAN UND THOMPSON (1973) [190]	[a]	$\geq (7m + 7n) + 1mn$	
	AHRENS (1977) [1, 2]	Predecessor	$4|\mathcal{N}| + 2mn$	
dünnbesetzten kapazitierten Transportproblemen	GLOVER, KARNEY, KLINGMAN UND NAPIER (1974) [90]	Predecessor, Thread	$(8m + 7n) + 3|\mathcal{A}|$	Testrechnungen nur mit unkapazitierten Problemen
	LANGELY, KENNINGTON UND SHETTY (1974) [154]	Predecessor, Successor, Brother	$10|\mathcal{N}| + 3mn$	
	BRADLEY, BROWN UND GRAVES (1977) [39]	Predecessor, Thread, Depth	$6|\mathcal{N}| + 3|\mathcal{A}|$	Programm TNET (Spezialisierung von GNET/Depth)
dünnbesetzten unkapazitierten Transportproblemen	BARR (1981) [14]	Predecessor, Thread	$4|\mathcal{N}| + 2|\mathcal{A}|$	Programm SUPERT-2

Tabelle 3.4: Übersicht über primale Programme zur Lösung von Transportproblemen

[a]Hier wurde die Basis in einer Liste L mit den fünf Einträgen i, j, x_{ij}, Index in L der nächsten Basiszelle in Zeile i, Index in L der nächsten Basiszelle in Spalte j. Die Listen I bzw. J notierten den Index in L der ersten Basiszelle in Zeile i bzw. Spalte j, die Listen U bzw. V speicherten die Dualvariablen.

In der Literatur wird das Programm RNET von GRIGORIADIS [115, 116, 114] überwiegend als schnellstes angesehen.[46] Dies läßt vermuten, daß die dort verwendete Sample
Pricing-Strategie in Verbindung mit der Gradual Penalty-Methode zur Eröffnung eine
der besten Kombinationen von Eröffnungsverfahren und Pricing-Strategie ist. In diesem Zusammenhang sind die Problemdaten Pfeil-orientiert zu speichern.[47] Auch die Listenstruktur zur Speicherung der Basis bestehend aus Predecessor, Thread, Depth und
Reverse Thread scheint eine effiziente Durchführung des Basiswechsels zu ermöglichen.

Das Programm ARC-II erzielt mit RNET vergleichbare Lösungsgeschwindigkeiten.[48]
Es verwendet zur Basisspeicherung die XTI-Methode ohne den Reverse Thread, die der
API-Methode überlegen ist. Zu vermuten, aber noch ungeklärt ist, daß die XTI-Methode
mit Reverse Thread auch effizienter als die API-Methode mit Depth und Reverse Thread
ist. Um verschiedene Listenstrukturen vergleichbar zu machen, statteten BARR, GLOVER
UND KLINGMAN ARC-II mit demselben Eröffnungsverfahren und derselben Pricing-Strategie wie die Programme PNET und PNET-I aus.[49] Dies war die Kombination der Modifizierten Zeilenminimum-Methode mit der *Outward Most Negative Rule*[50], die aber dem
Vorgehen von GRIGORIADIS im Programm RNET unterlegen zu sein scheint.

In den beiden folgenden Abschnitten werden zwei neue Implementationen vorgestellt,
die beide die Pricing-Strategie und das Eröffnungsverfahren von RNET übernehmen. Entsprechend werden die Problemdaten Pfeil-orientiert gespeichert. Das erste Verfahren, das
LPArc-I genannt wird, benutzt die Listenfunktionen Predecessor, Thread, Depth und Reverse Thread, deren Update aber effizienter realisiert wurde als von GRIGORIADIS in [114]
dargestellt. Mit dem zweiten Verfahren, LPArc-II, soll der oben gestellten Frage nachgegangen werden, ob durch Verwendung der XTI-Methode mit Reverse Thread weitere Verbesserungen möglich sind. Daß insgesamt schnellere Lösungsgeschwindigkeiten möglich
sind, als sie von RNET oder ARC-II erreicht werden, deuten GLOVER UND KLINGMAN
[96] an, die das kommerzielle Programm ARCNET etwas schneller einschätzen. In der
Literatur liegt jedoch keine Beschreibung von ARCNET vor.

3.2   Das Lösungsverfahren LPArc-I

Das erste der beiden in der vorliegenden Arbeit entwickelten primalen Netzwerk-Simplex-
Verfahren wird LPArc-I genannt. Es implementiert die Sample Pricing-Strategie und zur
Eröffnung die Gradual Penalty-Methode von GRIGORIADIS [115, 114]. Die Problemdaten
werden Pfeil-orientiert gespeichert, zur Speicherung der Basis werden die Listenfunktionen
Predecessor, Thread, Depth und Reverse Thread verwendet.

---

[46]BERTSEKAS UND TSENG schreiben 1988 in [29, S. 105]: „Our own experiments ... suggest that
for general minimum-cost flow problems RNET is at least as fast and probably faster than any other
noncommercial simplex code ...“

KENNINGTON UND HELGASON [141] verglichen RNET mit ihrem eigenen Programm NETFLO. Über
die Lösungszeiten für die ersten 35 Standard-NETGEN-Benchmarks (siehe Anhang A.1) sagen sie auf
Seite 255: „RNET ... produced the shortest times that we have seen on these 35 test problems.“

[47]Siehe Seite 35

[48]GLOVER UND KLINGMAN schreiben in [96, S. 446]: „The results of this test ... indicate ... that
ARC-II and RNET are comparable in solution speed.“

[49]Vgl. BARR, GLOVER UND KLINGMAN [17, S. 30]

[50]Vgl. GLOVER, KARNEY UND KLINGMAN [89, S. 200]

Listen-struktur	Entwickler	Programm	verwendete Listen	Speicher-bedarf	Bemerkungen
Augmented Predecessor Index (API) [88]	GLOVER, KARNEY UND KLINGMAN (1974) [89]	PNET	Predecessor, Successor, Brother	$6\lvert\mathcal{N}\rvert + 3\lvert\mathcal{A}\rvert$	
Augmented Threaded Index (ATI) [100]	GLOVER, KARNEY UND KLINGMAN (1974) [89]	PNET-I	Predecessor, Thread	$5\lvert\mathcal{N}\rvert + 3\lvert\mathcal{A}\rvert$	10% schneller als PNET [89, 100]
	MULVEY (1975) [161, 163, 162]	LPNET		$\leq 7\lvert\mathcal{N}\rvert + 3\lvert\mathcal{A}\rvert$	
–	KENNINGTON UND HELGASON (1976) [119, 141]	NETFLO	Predecessor, Thread, Depth	$6\lvert\mathcal{N}\rvert + 3\lvert\mathcal{A}\rvert$	
	BRADLEY, BROWN UND GRAVES (1977) [39]	GNET/Depth		$6\lvert\mathcal{N}\rvert + 3\lvert\mathcal{A}\rvert$	ungefähr so schnell wie PNET-I [96, S. 446]
	AHRENS UND FINKE (1980) [2]	NET		$7\lvert\mathcal{N}\rvert + 3\lvert\mathcal{A}\rvert$	
–	GRIGORIADIS (1979) [115, 116, 114]	RNET	Predecessor, Thread, Depth, Reverse Thread	$7\lvert\mathcal{N}\rvert + 4\lvert\mathcal{A}\rvert$	deutlich schneller als NETFLO [141, S. 255]
Extended Threaded Index (XTI) [17]	BARR, GLOVER UND KLINGMAN (1979) [17]	ARC-II	Predecessor, Thread, Successors, Last Successor	$7\lvert\mathcal{N}\rvert + 3\lvert\mathcal{A}\rvert$	doppelt so schnell wie PNET-I [17, S. 32] und ähnlich schnell wie RNET [96, S. 446]
–	GLOVER, KLINGMAN, MEAD UND MOTE (1980)	ARCNET	keine Angabe	$7\lvert\mathcal{N}\rvert + 4\lvert\mathcal{A}\rvert$ [160, S. 254]	kommerzielles Programm schneller als RNET [96, S. 447]

Tabelle 3.5: Übersicht über Programme zur Lösung von kapazitierten Netzwerkflußproblemen nach verwendeten Listenstrukturen

Im ersten Unterabschnitt werden die verwendeten Datenstrukturen beschrieben und globale Variable definiert. Dann werden die einzelnen Routinen des Verfahrens in einem Pseudo-Code dargestellt. Dabei wird von ganzzahligen Kostenwerten c_{ij} ausgegangen. Auf Vorkehrungen zum Ausgleich von Rundungsfehlern bei reellwertigen Kosten wird zum Abschluß eingegangen.

3.2.1   Datenstrukturen und globale Variable

Zur genauen Beschreibung der Implementation von LPArc-I ist die Definition weiterer Listenfunktionen erforderlich.

Mit den Listenstrukturen zur Speicherung der Basis aus Abschnitt 3.1.2 kann nur ein ungerichteter Baum beschrieben werden. Daher ist noch die Orientierung der Basispfeile im Baum zu speichern. In einer *Basic Arc Direction*-Liste `Direction` der Länge $|\mathcal{N}|$ läßt sich die Orientierung des Basispfeils l zwischen den Knoten k und `Predecessor`(k) wie folgt notieren:

$$\text{Direction}(k) := \begin{cases} -1, & \text{falls} \quad l = (\text{Predecessor}(k), k) \\ +1, & \text{falls} \quad l = (k, \text{Predecessor}(k)) \end{cases}$$

Man setzt `Direction`$(r) := +1$. Damit auf die Bewertungen der Basispfeile schnell zugegriffen werden kann, führt man ihre Indices in den Pfeillisten in einer Liste `ArcIndex` der Länge $|\mathcal{N}|$ mit. `ArcIndex`(k) gibt dann den Index des Basispfeils zwischen den Knoten k und `Predecessor`(k) an. Ist dieser Pfeil künstlich, so wird dies durch `ArcIndex`$(k) = 0$ ausgedrückt, da künstliche Pfeile nicht explizit gespeichert werden. Ebenso setzt man `ArcIndex`$(r) := 0$.

Für die Flußvariablen von Pfeilen aus $\mathcal{A}_N$ ist lediglich zu speichern, ob $(i,j) \in \mathcal{A}_N^0$ oder $(i,j) \in \mathcal{A}_N^m$ gilt, so daß eine *Arc Status*-Liste `ArcStatus` der Länge $|\mathcal{A}|$ für jeden Pfeil l wie folgt definiert werden kann:

$$\text{ArcStatus}(l) := \begin{cases} -1, & \text{falls} \quad l \in \mathcal{A}_N^m \\ +1, & \text{sonst} \end{cases}$$

Die zu den Basispfeilen gehörigen Flußwerte lassen sich in einer Liste `Flow` der Länge $|\mathcal{N}|$ speichern. Dabei gibt `Flow`(k) den Fluß auf dem Basispfeil zwischen den Knoten k und `Predecessor`(k) an. Man setzt `Flow`$(r) := 0$. Die letzte noch benötigte Liste dient der Aufnahme der Dualvariablen u_k, die in der Knotenliste `Dual` gespeichert werden.

Abbildung 3.3 vervollständigt die Basis aus Abbildung 3.2[51] um die Fluß- und Dualvariablen, die man für $\mathcal{A}_N = \mathcal{A}_N^0$ und $u_r = 0$ [52] erhält. Tabelle 3.6 zeigt die eben definierten Listen für diese Basis. Einen zusammenfassenden Überblick über die von LPArc-I verwendeten Datenstrukturen gibt Tabelle 3.7.

Der Wertebereich der Listen `Direction` und `ArcStatus` umfaßt zwei Zustände. Daher ist es möglich, diese Listen nicht explizit mitzuführen, sondern ihre Zustände durch das Vorzeichen der Einträge in den Listen `Predecessor` und `Capacity` zu repräsentieren, die ursprünglich nur positive Werte haben. Da LPArc-I eine Startbasis aus künstlichen Pfeilen

---

[51]Siehe Seite 38
[52]Siehe Seite 31

Pfeil	ArcStatus
1	+1
2	+1
3	+1
4	+1
5	+1
6	+1
7	+1
8	+1
9	+1
10	+1
11	+1
12	+1
13	+1
14	+1
15	+1
16	+1
17	+1
18	+1
19	+1

Knoten	ArcIndex	Flow	Direction	Dual
1	0	0	+1	0
2	5	15	-1	-15
3	2	35	-1	-10
4	6	20	-1	-20
5	4	15	-1	-30
6	13	25	-1	-55
7	9	15	-1	-45
8	11	20	-1	-60
9	12	5	-1	-75
10	15	15	-1	-55
11	19	15	-1	-60

Tabelle 3.6: Listen zur Basis aus Abbildung 3.3

Liste	Länge	Wertebereich	Inhalt
FromNode	$|\mathcal{A}|$	$\mathcal{N}$	Startknoten i
ToNode	$|\mathcal{A}|$	$\mathcal{N}$	Endknoten j
Cost	$|\mathcal{A}|$	Z bzw. R	Kosten c_{ij}
Capacity	$|\mathcal{A}|$	N	Kapazitätsschranken m_{ij}
Supply	$|\mathcal{N}|$	Z	Angebots-/Bedarfsmengen a_k
Predecessor	$|\mathcal{N}|$	$\mathcal{N}$	Predecessor
Thread	$|\mathcal{N}|$	$\mathcal{N}$	Thread
ReverseThread	$|\mathcal{N}|$	$\mathcal{N}$	Reverse Thread
Depth	$|\mathcal{N}|$	N	Depth
Direction	$|\mathcal{N}|$	$\{-1,+1\}$	Orientierung der Basispfeile
ArcIndex	$|\mathcal{N}|$	$\mathcal{A} \cup \{0\}$	Indices der Basispfeile
Flow	$|\mathcal{N}|$	Z_+	Fluß auf den Basispfeilen
ArcStatus	$|\mathcal{A}|$	$\{-1,+1\}$	Zugehörigkeit zu $\mathcal{A}_N^m$
Dual	$|\mathcal{N}|$	Z bzw. R	Dualvariable u_k

Tabelle 3.7: Datenstrukturen von LPArc-I

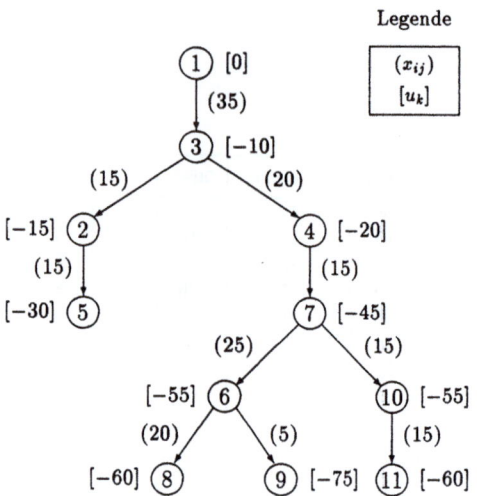

Abbildung 3.3: Die Basis aus Abbildung 3.2 mit Fluß- und Dualvariablen

konstruiert, kann auf die Liste Supply ebenfalls verzichtet werden, denn die Angebots-
und Bedarfsmengen initialisieren die Liste Flow[53] und werden anschließend nicht mehr
benötigt. Damit sind zur Speicherung der Datenstrukturen von LPArc-I insgesamt

$$7|\mathcal{N}| + 4|\mathcal{A}|.$$

Speicherplätze erforderlich.

Globale Variable und Parameter sind in Tabelle 3.8 aufgeführt. Auf sie kann von allen
Routinen aus zugegriffen werden. Weitere Variable und Parameter werden für die Sample
Pricing-Strategie und die Gradual Penalty-Methode benötigt und später definiert.

Über den Parameter Root kann die Wurzel r des die Basis repräsentierenden Baums
vorgegeben werden, die im Laufe des Verfahrens fest bleibt. Der Parameter Large, der eine
obere Schranke für die Kapazitätsschranken m_{ij} angibt, dient der impliziten Berücksichtigung unkapazitierter Verbindungen. Unter der Voraussetzung, daß $m_{ij} <$ Large für alle
kapazitierten Verbindungen (i, j) gilt, kann für unkapazitierte Verbindungen $m_{ij} =$ Large
spezifiziert werden. Ist dann im Verlauf des Verfahrens der Fluß auf einem unkapazitierten Pfeil über den Wert Large hinaus zu erhöhen, so liegt ein nach unten unbeschränktes
Problem vor.

---

[53]Siehe Seite 59

Name	Inhalt	Typ
Nodes	Anzahl $|\mathcal{N}|$ der Knoten	
Arcs	Anzahl $|\mathcal{A}|$ der Pfeile	Parameter
Root	Wurzel r der Basis	
Large	Obere Schranke für die m_{ij}	
Status	Problemstatus („unzulässig", „optimal", ...)	
TotalCost	Gesamtkosten	
ArtificialFlow	Summe der Flüsse auf künstlichen Pfeilen	
InArc	neu in die Basis aufzunehmender Pfeil	
OutNode	ArcIndex(OutNode) verläßt die Basis	Variable
JoinNode	Knoten zur Bestimmung des Basis Equivalent Path	
DualIncr	Änderung der Dualvariablen	
FlowIncr	Flußänderung im Basis Equivalent Path	
UpPath	Flag zur Richtung der Flußänderung	

Tabelle 3.8: Globale Variable und Parameter

3.2.2 Der Algorithmus

Die Darstellung der Routinen, aus denen sich LPArc-I zusammensetzt, erfolgt in einem Pseudo-Code, der zunächst beschrieben wird. Anschließend werden die Routinen angegeben, die die einzelnen Komponenten des Verfahrens implementieren. Anhand des Problembeispiels aus Abbildung 3.1[54] werden die einzelnen Schritte veranschaulicht. Da das Pricing am Anfang eines jeden Pivotschritts steht, beginnt die Darstellung mit dieser Komponente des Verfahrens.

3.2.2.1 Die Darstellung im Pseudo-Code

In den folgenden Abschnitten wird der Algorithmus zur Implementation in einer höheren Programmiersprache in einem Pseudo-Code angegeben. Da die Sprache Pascal strukturierte Darstellungen von Programmen besonders unterstützt und in Pascal geschriebene Programmtexte gut lesbar sind, orientiert sich der hier verwendete Pseudo-Code so eng an dieser Hochsprache, daß zu seiner Beschreibung auf Darstellungen der Sprache Pascal[55] verwiesen werden kann. Viele Routinen, die im folgenden angegeben werden, lassen sich sofort in gültigen Pascal-Programmtext übertragen. Diese detaillierte Darstellungsweise wurde gewählt, weil oftmals algorithmische Feinheiten für die Effizienz des Verfahrens entscheidend sind. Die tatsächliche Implementation erfolgte aus Geschwindigkeitsgründen in FORTRAN.

---

[54]Siehe Seite 35
[55]Vgl. etwa WIRTH [204]

Name	Inhalt	Typ
Frequency	Frequenz f	Parameter
NumberOfSamples	Anzahl $\bar{s}$ der Samples	Variable
Sample	aktueller Sample s	

Tabelle 3.9: Globale Variable und Parameter der Sample Pricing-Strategie

3.2.2.2 Das Pricing

Die Sample Pricing-Strategie von GRIGORIADIS [114, S. 92f] wählt jeweils aus einer Teilmenge der Pfeile denjenigen Pfeil mit den besten[56] reduzierten Kosten zur Aufnahme in die Basis aus. Zur Unterteilung der Pfeilmenge $\mathcal{A}$ in $\bar{s}$ disjunkte Samples $\mathcal{A}_s$ wird eine feste, aber beliebige Reihenfolge der Pfeile in den Pfeillisten vorausgesetzt. Man definiert den Sample $\mathcal{A}_s$ durch die Menge

$$\mathcal{A}_s := \{l \in \mathcal{A} : l = s + m\bar{s}\,;\ m = 0, 1, \ldots, \lfloor(|\mathcal{A}| - s)/\bar{s}\rfloor\},\qquad s = 1, \ldots, \bar{s}.$$

Befindet sich nun in $\mathcal{A}_s$ kein günstiger Pfeil zur Aufnahme in die Basis, so sucht man in $\mathcal{A}_{(s\,\mathrm{mod}\,\bar{s})+1}$ weiter. Hat man in insgesamt $\bar{s}$ aufeinanderfolgenden $\mathcal{A}_s$ keine Pfeile mit entsprechenden reduzierten Kosten finden können, so ist eine optimale Lösung gefunden. Die Anzahl $\bar{s}$ der Samples wird über einen *Frequenz*-Parameter f, der in Prozent von $|\mathcal{A}|$ ausgedrückt wird, mittels

$$\bar{s} := \max\{1, \lceil f\,|\mathcal{A}|\,/\,100\rceil\} \tag{3.4}$$

vorgegeben. Übliche Vorgaben für f liegen im Bereich von 1 bis 8,5% von $|\mathcal{A}|$. Je nach Problemklasse sind unterschiedliche Werte günstiger. In Abschnitt 3.4.4 wird auf die besten Werte, die in umfangreichen Testrechnungen ermittelt wurden, eingegangen.

Die Prozedur SelectInArc bestimmt einen Pfeil InArc, der sich zur Aufnahme in die Basis eignet. Seine reduzierten Kosten DualIncr werden beim Update der Dualvariablen benötigt. Liegt bereits eine optimale Lösung vor, so wird InArc = 0 zurückgegeben.

```
procedure SelectInArc(var InArc, var DualIncr);
begin
   SampleCount := 0;                  { Anzahl aufeinanderfolgender optimaler Samples }
   InArc := 0;                        { Pfeil zur Aufnahme in die Basis }
   DualIncr := 0;                     { reduzierte Kosten für diesen Pfeil }

   { Falls noch kein Pfeil gefunden ist und Optimalität noch nicht erwiesen ist, ... }
   while ((InArc = 0) and (SampleCount < NumberOfSamples)) do
   begin
      { ... überprüfe den nächsten Sample }
      Sample := (Sample mod NumberOfSamples) + 1;               { nächster Sample }
```

---

[56]D. h. mit minimalem $\bar{c}_{ij} < 0$ für $(i,j) \in \mathcal{A}_N^0$ bzw. maximalen $\bar{c}_{ij} > 0$ für $(i,j) \in \mathcal{A}_N^m$. Siehe Seite 31

```
{ Bestimme den Pfeil mit besten reduzierten Kosten im Sample }
Arc := Sample;                              { erster Pfeil im Sample }
while (Arc <= Arcs) do
begin
  { Berechne die reduzierten Kosten c̄ᵢⱼ }
  ReducedCost := Cost(Arc) - Dual(FromNode(Arc)) + Dual(ToNode(Arc));
  { Ist der Pfeil ein besserer Kandidat zur Aufnahme in die Basis? }
  if (ArcStatus(Arc) * ReducedCost < -|DualIncr|) then
      begin InArc := Arc; DualIncr := ReducedCost; end;   { Speichere Kandidaten }
  Arc := Arc + NumberOfSamples;                     { nächster Pfeil im Sample }
end; { while }

  SampleCount := SampleCount + 1;    { Zähle aufeinanderfolgende optimale Samples }
end; { while }
end;
```

3.2.2.3 Die Wahl des die Basis verlassenden Pfeils

Nach Bestimmung von `InArc` ist auf dem Basis Equivalent Path ein Blocking Arc zu lokalisieren. Kann dort keiner gefunden werden, ist ein außergewöhnlicher Pivotschritt durchzuführen, in dem `InArc` selbst der Blocking Arc ist. Zum Durchlaufen des Basis Equivalent Path werden die Wege von `FromNode(InArc)` und `ToNode(InArc)` in Richtung der Wurzel bis zu ihrem ersten gemeinsamen Knoten `JoinNode` zurückverfolgt. Diese beiden Wege werden abhängig davon, ob sich `InArc` mit Fluß 0 oder mit Fluß an der Kapazitätsgrenze außerhalb der Basis befand, *Up Path* bzw. *Down Path* genannt. Auf dem Up Path ist für Pfeile, die zur Wurzel zeigen, der Fluß zu erhöhen und für Pfeile, die von der Wurzel weg zeigen, der Fluß zu vermindern. Auf dem Down Path ist genau umgekehrt zu verfahren.

In der Prozedur `SelectOutArc` durchlaufen `UpPathNode` und `DownPathNode` diese beiden Wege bis zum ersten gemeinsamen Knoten `JoinNode`, der nur dann erreicht sein kann, wenn `Depth(UpPathNode) = Depth(DownPathNode)` gilt. Ist noch `UpPathNode <> DownPathNode`, wird auf demjenigen Weg weiter in Richtung der Wurzel vorgerückt, für den der aktuelle Depth-Wert höher ist. In `OutNode` wird der Knoten des aktuellen Kandidaten zum Verlassen der Basis gespeichert. Der herausgehende Pfeil wäre dann der Pfeil `ArcIndex(OutNode)`. `FlowIncr` gibt an, welche Flußänderung auf ihm möglich ist, und `UpPath` notiert, auf welchem der beiden Teile des Basis Equivalent Path `OutNode` liegt. Wird kein Blocking Arc auf dem Basis Equivalent Path gefunden, so wird `OutNode = 0` zurückgegeben. In degenerierten Pivotschritten ist `FlowIncr = 0`. In diesem Fall wird auf die Ermittlung des gemeinsamen Knotens `JoinNode` verzichtet, da er später nicht benötigt wird. Dadurch wird eine erhebliche Beschleunigung der häufig auftretenden[57] degenerierten Pivots erreicht.

---

[57]Vgl. Fußnote 9 auf Seite 31

```
procedure SelectOutArc(InArc, var OutNode, var UpPath, var FlowIncr);
begin
  OutNode := 0;                                      { außergewöhnlicher Pivotschritt }
  FlowIncr := Capacity(InArc);          { ist gleich Large, falls InArc unkapazitiert ist }

  if (ArcStatus(InArc) > 0) then
    begin UpPathNode := ToNode(InArc);   DownPathNode := FromNode(InArc); end
  else
    begin UpPathNode := FromNode(InArc); DownPathNode := ToNode(InArc);   end;

  while ((FlowIncr > 0) and (UpPathNode <> DownPathNode)) do
  begin
    if (Depth(UpPathNode) > Depth(DownPathNode)) then
    begin                                                            { Up Path }
      if (Direction(UpPathNode) < 0) then                  { Flußverminderung }
        ArcFlow := Flow(UpPathNode)
      else if (ArcIndex(UpPathNode) <> 0) then                    { Flußerhöhung }
        ArcFlow := Capacity(ArcIndex(UpPathNode)) - Flow(UpPathNode)
      else
        ArcFlow := Large;                      { Künstliche Pfeile sind unkapazitiert. }
      if (ArcFlow < FlowIncr) then                  { Möglicher Blocking Arc gefunden? }
        begin FlowIncr := ArcFlow; OutNode := UpPathNode; UpPath := True; end;
      UpPathNode := Predecessor(UpPathNode);          { nächster Knoten auf dem Up Path }
    end
    else
    if ((Depth(UpPathNode) < Depth(DownPathNode)) or
        (UpPathNode <> DownPathNode)) then
    begin                                                            { Down Path }
      if (Direction(DownPathNode) > 0) then                { Flußverminderung }
        ArcFlow := Flow(DownPathNode)
      else if (ArcIndex(DownPathNode) <> 0) then                  { Flußerhöhung }
        ArcFlow := Capacity(ArcIndex(DownPathNode)) - Flow(DownPathNode)
      else
        ArcFlow := Large;                      { Künstliche Pfeile sind unkapazitiert. }
      if (ArcFlow < FlowIncr) then                  { Möglicher Blocking Arc gefunden? }
        begin FlowIncr := ArcFlow; OutNode := DownPathNode; UpPath := False; end;
      DownPathNode := Predecessor(DownPathNode);   { nächster Knoten auf dem Down Path }
    end;
  end; { while }

  if (FlowIncr >= Large) then
    Status := „unbeschränkter Fluß in negativem Zyklus";
  if (FlowIncr <> 0) then                          { nicht-degenerierter Pivotschritt }
    JoinNode := UpPathNode;
end;
```

Anhand des Problembeispiels soll dieses Vorgehen verdeutlicht werden. In der Basis aus Abbildung 3.3 bietet sich der Pfeil, der von Knoten 5 nach 8 führt, zur Aufnahme in die Basis an, denn es ist $(5,8) \in \mathcal{A}_N^0$ und $\bar{c}_{58} = -10 < 0$. Die Pfeile des zugehörigen Basis Equivalent Path sind in Abbildung 3.4 fett dargestellt. Daneben sind die Richtungen der Flußänderung auf diesen Pfeilen angegeben. Die maximale Flußänderung wird durch den Pfeil von 4 nach 7 bestimmt, für den der Fluß nur um FlowIncr = 15 Einheiten

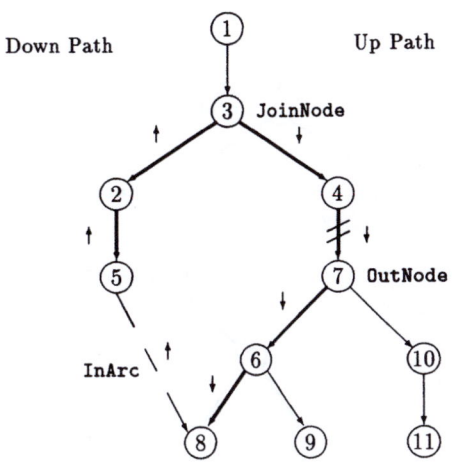

Abbildung 3.4: Die Basis aus Abbildung 3.3 mit dem Basis Equivalent Path

vermindert werden kann. Daher ist OutNode = 7 und UpPath = True, da OutNode auf dem UpPath liegt.

In dem Fall, daß es auf dem Basis Equivalent Path mehrere Blocking Arcs gibt, wählt die Prozedur SelectOutArc denjenigen Knoten, der am weitesten vom Knoten JoinNode entfernt ist. Dies wird durch das „echt kleiner"-Zeichen in der Abfrage ArcFlow < FlowIncr erreicht, die damit nur die Speicherung des jeweils ersten Kandidaten für einen Blocking Arc ermöglicht. Durch dieses Vorgehen wird erreicht, daß der beim Basiswechsel neu zu ordnende Teilbaum $T(\text{OutNode})$ möglichst klein ist und daher der Aufwand zu seiner Umstrukturierung verringert wird.

Durch diese Regel wird **keine** Vorkehrung zur Verhinderung des Kreisens des Simplex-Verfahrens getroffen. Da das Kreisen in der Praxis fast nie zu beobachten ist und die aus der Literatur bekannten Regeln[58], die die Endlichkeit des Netzwerk-Simplex-Verfahren garantieren, insgesamt einen höheren Rechenaufwand erfordern, wurde hier wie auch bei RNET auf die Einbeziehung solcher Regeln verzichtet.

---

[58]CUNNINGHAM [52] gab die folgende Regel zur Verhinderung des Kreisens an: Auf dem durch Hinzufügen des in die Basis aufzunehmenden Pfeils erzeugten Zyklus ist der erste Blocking Arc zu wählen, der erreicht wird, wenn man den Zyklus bei JoinNode beginnend in Richtung der Flußerweiterung durchläuft. Diese Richtung verläuft von ToNode(InArc) nach FromNode(InArc), falls ArcStatus(InArc) = +1 ist, und in entgegengesetzter Richtung, falls ArcStatus(InArc) = -1 ist. Die Regel gewährleistet, daß bei degenerierten Pivots die Summe der Dualvariablen echt verkleinert wird. BRADLEY, BROWN UND GRAVES [39, S. 25] stellten fest, daß dies auch dann für über 90% der degenerierten Pivotschritte gilt, wenn CUNNINGHAM's Regel **nicht** angewendet wird. Diese Beobachtung zusammen mit der geringen Wahrscheinlichkeit für das Auftreten des Kreisens stellt den praktischen Einsatz solcher Regeln in Frage.

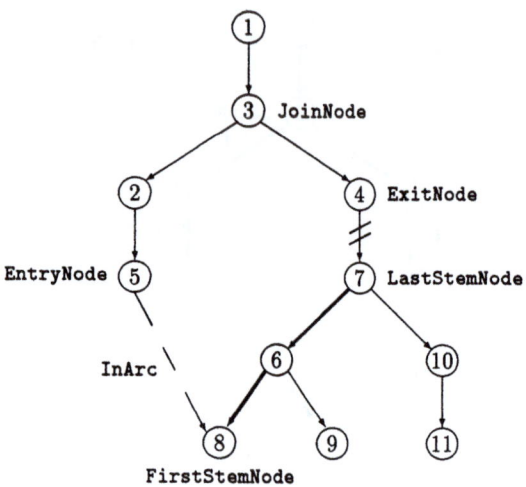

Abbildung 3.5: Die Basis aus Abbildung 3.4 mit dem Pivot-Stamm

Wichtig ist weiterhin, daß `SelectOutArc` eine Erhöhung des Flusses auf künstlichen Pfeilen, die auf dem Basis Equivalent Path liegen, **nicht** ausschließt. Dadurch ist es möglich, daß das Verfahren für das ursprüngliche Problem unzulässige Basislösungen aufsucht.

3.2.2.4   Der Basiswechsel

Bei der Durchführung des Basiswechsels werden die Knoten `EntryNode`, `ExitNode`, `FirstStemNode` und `LastStemNode` benötigt, die in Abbildung 3.5 eingezeichnet sind und von der Prozedur `Pivot` zunächst bestimmt werden. Die fett dargestellten Pfeile bilden mit ihren zugehörigen Knoten den sogenannten *Pivot-Stamm*. Nachdem der Pfeil `ArcIndex(OutNode)` die Basis verlassen hat, ist der Teilbaum $T(\text{OutNode})$, der aus dem Pivot-Stamm und den zu ihm gehörigen Teilbäumen besteht, so umzuordnen, daß er unter den Knoten `EntryNode` gehängt werden kann. Dies ist Aufgabe der Prozedur `UpdatePivotStem`. Nur bei nicht-degenerierten Pivotschritten ist dann noch die Änderung der Flußvariablen auf dem Teil des Basis Equivalent Path erforderlich, der nicht zum Pivot-Stamm gehört. Dies sind die Wege von `ExitNode` und `EntryNode` zum Knoten `JoinNode`. Sie werden jeweils von der Prozedur `UpdateFlow` durchlaufen. Auf letzterem Weg ist die Richtung der Flußänderung umzukehren.

```
procedure Pivot(InArc, OutNode, UpPath, FlowIncr, var DualIncr);
begin
  if (UpPath xor (ArcStatus(InArc) > 0)) then      { zu InArc gehörige Knoten benennen }
  begin
    EntryNode := ToNode(InArc);   FirstStemNode := FromNode(InArc);
  end
  else
  begin
    EntryNode := FromNode(InArc); FirstStemNode := ToNode(InArc);
    DualIncr := -DualIncr;                    { Änderung der Dualvariablen anpassen }
  end;

  if (OutNode = 0) then                        { Außergewöhnlicher Pivotschritt? }
  begin
    ExitNode := FirstStemNode;               { ExitNode ist zu InArc gehöriger Knoten }
    ArcStatus(InArc) := -ArcStatus(InArc);          { InArc wechselt seinen Status }
  end
  else
  begin
    ExitNode := Predecessor(OutNode);        { zu OutNode gehörigen Knoten benennen }
    LastStemNode := OutNode;
    ArcStatus(InArc) := +1;                         { InArc kommt in die Basis }
    if (ArcIndex(OutNode) = 0) then          { Verläßt ein künstlicher Pfeil die Basis? }
      ArtificialFlow := ArtificialFlow - Flow(OutNode)
    else
      if (UpPath xor (Direction(OutNode) < 0)) then    { ArcIndex(OutNode) verläßt ... }
        ArcStatus(ArcIndex(OutNode)) := -1;      { ... die Basis an der Kapazitätsgrenze }
    { Update des Pivot-Stamms }
    UpdatePivotStem(EntryNode, FirstStemNode, LastStemNode);
  end;

  { Im degenerierten Fall bleibt außerhalb des Pivot-Stamms alles unverändert }
  if (FlowIncr <> 0) then                      { nicht-degenerierter Pivotschritt? }
  begin
    TotalCost := TotalCost - FlowIncr * |DualIncr|;   { Verringerung der Gesamtkosten }
    { Update der Flußvariablen auf dem restlichen Basis Equivalent Path }
    UpdateFlow(ExitNode,  JoinNode, FlowIncr);         { Verlängerung des Pivot-Stamms }
    UpdateFlow(EntryNode, JoinNode, -FlowIncr);          { umgekehrte Richtung der ... }
  end;                                         { ... Flußänderung auf dem anderen Teil des BEP }
end;
```

Am aufwendigsten gestaltet sich die Umstrukturierung des Pivot-Stamms. Die Prozedur UpdatePivotStem geht den Pivot-Stamm von FirstStemNode ausgehend durch. Dabei werden die jeweiligen linken und rechten Teilbäume zum Update der Dualvariablen und der Depth-Liste durchlaufen und die Thread- und Reverse Thread-Liste wird so korrigiert, daß nach dem Update ein vorhandener linker Teilbaum vor einem rechten Teilbaum und dieser vor dem umstrukturierten Pivot-Stamm „aufgefädelt" ist. Bis auf die Dualvariablen und die Werte der Depth-Liste können dabei die rechten und linken Teilbäume in sich unverändert bleiben. Für die Knoten des Pivot-Stamms selbst werden darüber hinaus die Werte der Listen Predecessor, ArcIndex, Direction und Flow angepaßt. Zum Schluß wird der neu geordnete Teilbaum T(FirstStemNode) mit dem Basisbaum verbunden. Hierzu werden die vor der Umstrukturierung gespeicherten Knoten InTie und OutTie benötigt.

```
procedure UpdatePivotStem(EntryNode, FirstStemNode, LastStemNode);
begin
  InTie := ReverseThread(LastStemNode);          { Speichere Anschlußknoten für den ... }
  OutTie := Thread(EntryNode);                        { ... neu zu ordnenden Teilbaum }

  StemNode := FirstStemNode;                          { erster Knoten des Pivot-Stamms }
  NextStemNode := Predecessor(StemNode);

  StemArc := ArcIndex(StemNode);               { Speichere Listen-Werte von StemNode }
  StemFlow := Flow(StemNode);
  StemDirection := Direction(StemNode);

  DepthIncr := Depth(EntryNode) - Depth(FirstStemNode) + 1;
  UpdateDualDepth(StemNode, DualIncr, DepthIncr);
  { Durchlaufe rechten Teilbaum von StemNode }
  RightSubtree(StemNode, Thread(StemNode), LastRight, FirstNextRight, DepthIncr);
  Thread(LastRight) := NextStemNode;      { Thread von rechtem Teilbaum zum Pivot-Stamm }
  ReverseThread(NextStemNode) := LastRight;
  LastNode := LastRight;                          { Speichere letzten Knoten im Teilbaum }

  while (StemNode <> LastStemNode) do
  begin
    { nächster Knoten im Pivot-Stamm }
    PrevStemNode := StemNode;
    StemNode := NextStemNode;
    NextStemNode := Predecessor(StemNode);
    Predecessor(StemNode) := PrevStemNode;

    { Update der Listen für StemNode }
    UpdateStemArcIndex(StemNode, PrevArc, StemArc);
    UpdateStemDirection(StemNode, PrevDirection, StemDirection);
    UpdateStemFlow(StemNode, PrevFlow, StemFlow, PrevArc, PrevDirection, FlowIncr);

    DepthIncr := DepthIncr + 2;
    UpdateDualDepth(StemNode, DualIncr, DepthIncr);
    { Durchlaufe linken Teilbaum von StemNode }
    LeftSubtree(StemNode, PrevStemNode, LastLeft, DepthIncr);
    if (Depth(FirstNextRight) > Depth(StemNode)) then { Gibt es einen rechten Teilbaum? }
    begin
      Thread(LastLeft) := FirstNextRight;        { Thread von linkem zu rechtem Teilbaum }
      ReverseThread(FirstNextRight) := LastLeft;
      { Durchlaufe rechten Teilbaum von StemNode }
      RightSubtree(StemNode, FirstNextRight, LastRight, FirstNextRight, DepthIncr);
      Thread(LastRight) := NextStemNode; { Thread von rechtem Teilbaum zum Pivot-Stamm }
      ReverseThread(NextStemNode) := LastRight;
      LastNode := LastRight;                          { Speichere letzten Knoten im Teilbaum }
    end
    else                                           { kein rechter Teilbaum vorhanden }
    begin
      Thread(LastLeft) := NextStemNode;    { Thread von linkem Teilbaum zum Pivot-Stamm }
      ReverseThread(NextStemNode) := LastLeft;
      LastNode := LastLeft;                          { Speichere letzten Knoten im Teilbaum }
    end;
  end;  { while }
```

```
{ Verbindung des neu strukturierten Teilbaums mit dem restlichen Baum }
if (OutTie <> LastStemNode) then
begin
  Thread(LastNode) := OutTie;              { Thread zum rechten Teilbaum von EntryNode }
  ReverseThread(OutTie) := LastNode;
  Thread(InTie) := FirstNextRight;         { Thread vom rechten Teilbaum von EntryNode }
  ReverseThread(FirstNextRight) := InTie;
end
else
begin
  Thread(LastNode) := FirstNextRight;
  ReverseThread(FirstNextRight) := LastNode;
end;
Thread(EntryNode) := FirstStemNode;        { Thread von EntryNode zum Pivot-Stamm }
ReverseThread(FirstStemNode) := EntryNode;

{ Update der Listen für FirstStemNode }
Predecessor(FirstStemNode) := EntryNode;
ArcIndex(FirstStemNode) := InArc;
if (FirstStemNode = FromNode(InArc)) then  { Orientierung von InArc in der Basis }
  Direction(FirstStemNode) := -1
else
  Direction(FirstStemNode) := +1;
if (ArcStatus(InArc) > 0) then                              { Fluß auf InArc }
  Flow(FirstStemNode) := FlowIncr
else
  Flow(FirstStemNode) := Capacity(InArc) - FlowIncr;
end;
```

Bevor auf die von `UpdatePivotStem` benutzten Routinen eingegangen wird, soll anhand der Basis aus Abbildung 3.5 verdeutlicht werden, wie der Baum umstrukturiert werden muß. Abbildung 3.6 zeigt die neue Basis, die man nach Durchführung des Basiswechsels erhält. Man sieht, daß die Orientierung des Pivot-Stamms umgekehrt wurde und er mit seinem ursprünglich tiefsten Knoten 8 an den `EntryNode` 5 gehängt wurde. Seine Teilbäume $T(9)$ und $T(10)$ blieben bis auf die Änderung ihrer Dualvariablen und ihrer Depth-Werte in sich unverändert.

Die folgenden Routinen werden von `UpdatePivotStem` zum Update der Dualvariablen und der Depth-Liste in linken und rechten Teilbäumen des Pivot-Stamms benutzt. Die Prozedur `LeftSubtree` durchläuft den linken Teilbaum von `LeftNode`, bis `EndNode` erreicht ist. Zurückgegeben wird der letzte Knoten `LastLeft` des Teilbaums.

```
procedure LeftSubtree(LeftNode, EndNode, var LastLeft, DepthIncr);
begin
  while (Thread(LeftNode) <> EndNode) do           { Gehört Thread(LeftNode) }
  begin                                            { noch zum Teilbaum ? }
    LeftNode := Thread(LeftNode);                  { nächster Knoten des Teilbaums }
    UpdateDualDepth(LeftNode, DualIncr, DepthIncr);
  end;
  LastLeft := LeftNode;                            { Speichere letzten Knoten des Teilbaums }
end;
```

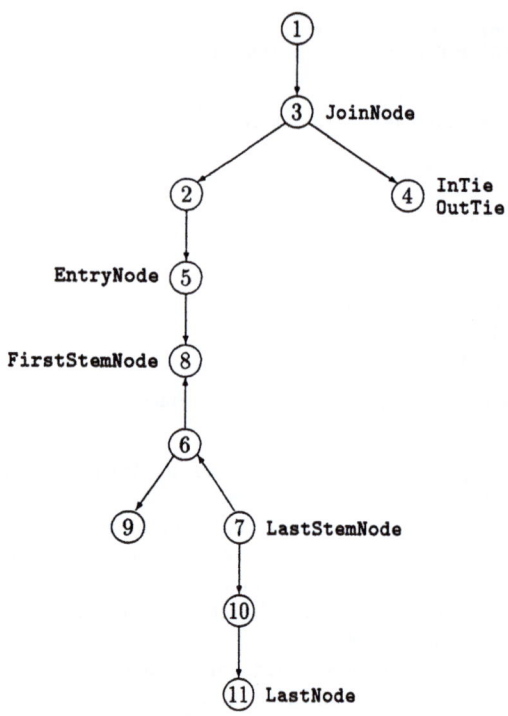

Abbildung 3.6: Die Basis aus Abbildung 3.5 nach dem Basiswechsel

Der rechte Teilbaum des Knotens `RightRoot` wird beginnend ab `FirstRight` von der Prozedur `RightSubtree` durchlaufen, die den letzten Knoten `LastRight` des Teilbaums und den ersten Knoten `FirstNextRight` des nächsten rechten Teilbaums des Pivot-Stamms zurückgibt.

```
procedure RightSubtree(RightRoot, RightNode, var LastRight, var FirstNextRight,
                       DepthIncr);
begin
  while (Depth(RightNode) > Depth(RightRoot)) do       { Gehört RightNode noch zum }
  begin                                                { Teilbaum von RightRoot ? }
    UpdateDualDepth(RightNode, DualIncr, DepthIncr);
    LastRight := RightNode;                  { Speichere letzten Knoten des Teilbaums }
    RightNode := Thread(RightNode);              { nächster Knoten des Teilbaums }
  end;
  FirstNextRight := RightNode;         { erster Knoten des nächsten rechten Teilbaums }
end;
```

Die Korrektur der Dualvariablen und der Depth-Liste erfolgt in der Prozedur `UpdateDualDepth` durch Addition von `DualIncr` bzw. `DepthIncr`. Die Variable `DualIncr` gibt die reduzierten Kosten des in die Basis hereinkommenden Pfeils an, um die sich die Dualvariablen im Pivot-Stamm und seinen Teilbäumen betragsmäßig ändern. Sie wurde in der Prozedur `SelectInArc`[59] bestimmt und ihr Vorzeichen in der Prozedur `Pivot`[60] so korrigiert, daß nach der Umstrukturierung für alle Basispfeile die reduzierten Kosten wieder gleich Null sind. Die Variable `DepthIncr` wird in `UpdatePivotStem`[61] initialisiert und beim Durchlaufen des Pivot-Stamms für jeden Knoten so angepaßt, daß ihr Wert die jeweilige Änderung der Depth-Werte für die zugehörigen Teilbäume angibt.

```
procedure UpdateDualDepth(Node, DualIncr, DepthIncr);
begin
  Dual(Node)  := Dual(Node)  + DualIncr;
  Depth(Node) := Depth(Node) + DepthIncr;
end;
```

Zum Update von zum Pivot-Stamm selbst gehörigen Werten dienen die folgenden Prozeduren. `UpdateStemArcIndex` korrigiert die Liste `ArcIndex`. Wegen der Umkehrung der Orientierung auf dem Pivot-Stamm wird `ArcIndex(StemNode)` der Wert des vorher besuchten Knotens, der in `PrevArc` zwischengespeichert wurde, zugewiesen.

```
procedure UpdateStemArcIndex(StemNode, var PrevArc, var StemArc);
begin
  PrevArc := StemArc;
  StemArc := ArcIndex(StemNode);
  ArcIndex(StemNode) := PrevArc;
end;
```

---

[59]Siehe Seite 48
[60]Siehe Seite 53
[61]Siehe Seite 54

`UpdateStemDirection` verfährt mit der `Direction`-Liste ähnlich, kehrt aber ihr Vorzeichen um. Dies drückt die Umkehrung der Flußrichtung auf dem Pivot-Stamm aus.

```
procedure UpdateStemDirection(StemNode, var PrevDirection, var StemDirection);
begin
  PrevDirection := StemDirection;
  StemDirection := Direction(StemNode);
  Direction(StemNode) := -PrevDirection;        { Vorzeichenänderung wegen Flußumkehrung }
end;
```

Die Prozedur `UpdateStemFlow` schließlich ist für die Korrektur der Flußvariablen auf dem Pivot-Stamm verantwortlich. Dabei hängt es von der Lage des die Basis verlassenden Pfeils und der Flußrichtung des jeweiligen Pfeils auf dem Pivot-Stamm ab, ob der Fluß zu erhöhen oder zu vermindern ist. Außerdem ist die globale Variable `ArtificialFlow`, die die Summe der Flüsse auf künstlichen Pfeilen angibt, zu korrigieren, wenn sich künstliche Pfeile auf dem Pivot-Stamm befinden.

```
procedure UpdateStemFlow(StemNode, var PrevFlow, var StemFlow,
                 PrevArc, PrevDirection, FlowAugmentation);
begin
  if (not UpPath) then                     { Richtung der Flußänderung hängt von UpPath ab }
    FlowAugmentation := -FlowAugmentation;

  PrevFlow := StemFlow + PrevDirection * FlowAugmentation;
  if (PrevArc = 0) then                            { Flußänderung auf künstlichem Pfeil? }
    ArtificialFlow := ArtificialFlow + PrevDirection * FlowAugmentation;
  StemFlow := Flow(StemNode);
  Flow(StemNode) := PrevFlow;
end;
```

Im Gegensatz hierzu wird bei RNET [114, S. 96] auf den Update der Flußvariablen während des Durchlaufens des Pivot-Stamms verzichtet. Stattdessen werden dort die Flüsse gesondert auf dem gesamten Basis Equivalent Path korrigiert. Bei diesem Vorgehen ist allerdings der Pivot-Stamm selbst insgesamt zweimal zu durchlaufen: zuerst zum Update der Flußvariablen und anschließend zu seiner Umstrukturierung. Dieser doppelte Aufwand wird bei LPArc-I durch gleichzeitige Anpassung der Flußvariablen bei der Neuordnung des Pivot-Stamms vermieden.

Die Flußänderung auf den übrigen Pfeilen des Basis Equivalent Path kann ganz ähnlich implementiert werden. Nachdem die Flußvariablen auf dem Pivot-Stamm schon in `UpdateStemFlow` korrigiert wurden, verbleiben noch die Wege von `ExitNode` zu `JoinNode` und von `EntryNode` zu `JoinNode`, die von der Prozedur `UpdateFlow` durchlaufen werden können. Diese Routine paßt die Flußvariablen auf einem Weg in Richtung Wurzel von `StartNode` nach `EndNode` um den Wert `FlowAugmentation` an. Dabei werden wie eben die Lage des die Basis verlassenden Pfeils und die Flußrichtung der Pfeile auf dem Weg berücksichtigt.

```
procedure UpdateFlow(StartNode, EndNode, FlowAugmentation);
begin
   if (not UpPath) then                      { Richtung der Flußänderung hängt von UpPath ab }
     FlowAugmentation := -FlowAugmentation;

   Node := StartNode;                                            { erster Knoten }
   while (Node <> EndNode) do                              { letzter Knoten erreicht? }
   begin
     Flow(Node) := Flow(Node) + Direction(Node) * FlowAugmentation;
     if (ArcIndex(Node) = 0) then              { Flußänderung auf künstlichem Pfeil? }
       ArtificialFlow := ArtificialFlow + Direction(Node) * FlowAugmentation;
     Node := Predecessor(Node);                            { nächster Knoten }
   end; { while }
end;
```

Damit sind alle Routinen zur Durchführung eines Basiswechsels beschrieben. Es verbleibt noch die Darstellung des Eröffnungsverfahrens sowie die Zusammenfassung der angegebenen Routinen zum Programm LPArc-I.

3.2.2.5 Das Eröffnungsverfahren

LPArc-I verwendet als Eröffnungsverfahren die Gradual Penalty-Methode (GPM) von GRIGORIADIS [114, S. 99], die von einer ausschließlich aus künstlichen Pfeilen bestehenden Startbasis ausgeht. Die Kostenbewertungen der künstlichen Pfeile werden durch eine Variable Penalty bestimmt, die zunächst für den ersten Durchgang berechnet wird, aber in weiteren Durchgängen stark erhöht wird. Dabei wird unter einem Durchgang oder *Pass* eine Lösung des Problems mit festem Penalty-Wert verstanden. Die Anzahl der Durchgänge wird in der Variable Pass festgehalten. Diese Penalty[62] für den Fluß auf einem künstlichen Pfeil ist zu Beginn nicht sehr hoch. Dies resultiert aus der Beobachtung, daß für Probleme, die zulässige Lösungen besitzen, ein hoher Penalty-Wert im allgemeinen nicht erforderlich ist, um eine Lösung zu erhalten, in der es keine Flüsse auf künstlichen Pfeilen gibt. In solchen Fällen wird die Kostenfunktion durch die Verwendung einer hohen Penalty wie bei der Big-M-Methode unnötig verzerrt. Dies hat meist eine höhere Anzahl von erforderlichen Pivotschritten zur Folge. Durch die Parameter Penalty0 und Penalty1 kann der anfängliche Penalty-Wert sowie die Stärke seines Anstiegs in folgenden Durchgängen vorgegeben werden. MaxPenalty gibt den Penalty-Wert an, der zur Feststellung unzulässiger Probleme ausreicht. Ein Problem besitzt dann keine zulässige Lösung, wenn nach dem Durchgang mit Penalty = MaxPenalty noch echt positive Flüsse auf künstlichen Pfeilen existieren. Tabelle 3.10 faßt die Parameter und globalen Variablen der Gradual Penalty-Methode zusammen.

Bevor auf die Berechnung der Penalty-Werte eingegangen wird, soll die Konstruktion einer Basis aus künstlichen Pfeilen beschrieben werden, die in der Prozedur ComputeStartBasis durchgeführt wird. Diese Routine setzt voraus, daß die Flow-Liste mit den Werten der Supply-Liste initialisiert wurde. Dadurch kann auf die Speicherung von Supply verzichtet werden und die Flüsse auf den künstlichen Pfeilen werden betragsmäßig durch die Werte der Flow-Liste bestimmt. Eine Ausnahme von dieser

---

[62]Im Deutschen könnte man von „Strafkosten" sprechen.

Name	Inhalt	Typ
Penalty0	Höhe der anfänglichen Penalty	Parameter
Penalty1	Stärke des Anstiegs der Penalty	
Pass	aktueller Durchgang der Gradual Penalty-Methode	
Penalty	aktuelle Penalty	
OldPenalty	Penalty des vorherigen Durchgangs	Variable
MaxPenalty	maximale Penalty	
MinCost	Minimum der c_{ij}	
MaxCost	Maximum der c_{ij}	

Tabelle 3.10: Globale Variable und Parameter der Gradual Penalty-Methode

Flußinitialisierung bildet das Vorhandensein von Pfeilen mit negativen Kostenbewertungen. Solche Pfeile werden mit Fluß an der Kapazitätsgrenze außerhalb der Basis plaziert. Dies hat eine Anpassung der Angebots- bzw. Bedarfsmengen der zugehörigen Knoten und damit auch der Flüsse auf den künstlichen Pfeilen zur Folge.

Zur Konstruktion der Startbasis ist jeweils ein Durchgang über die Pfeillisten und ein Durchgang über die Knotenlisten erforderlich. Bei diesen Durchgängen wird versucht, offensichtlich unzulässige Probleme zu erkennen. Darüber hinaus werden globale Variablen initialisiert und der erste Durchgang der Gradual Penalty-Methode vorbereitet.

```
procedure ComputeStartBasis;
begin
  TotalCost := 0; ArtificialFlow := 0;                    { Initialisiere globale Variablen }
  NumberOfSamples := max{1, ⌈ Frequency * Arcs / 100 ⌉};        { siehe (3.4) auf Seite 48 }

  for Arc := 1 to Arcs do
  begin
    if (Cost(Arc) >= 0) then
      ArcStatus(Arc) := +1                                      { Plaziere Arc in 𝒜_N^0 }
    else
    begin
      ArcStatus(Arc) := -1;                                     { Plaziere Arc in 𝒜_N^m }
      Flow(FromNode(Arc)) := Flow(FromNode(Arc)) - Capacity(Arc);
      Flow(ToNode(Arc))   := Flow(ToNode(Arc))   + Capacity(Arc);
      TotalCost := TotalCost + Cost(Arc) * Capacity(Arc);
    end;
    „verschiedene Tests zur Überprüfung der Zulässigkeit des Problems"
  end;
  if „Unzulässigkeit festgestellt" then Status := „unzulässig";

  MinCost := min{ Cost(Arc) }; MaxCost := max{ Cost(Arc) }
  MaxPenalty := 1 + (Nodes - 1) max{ |MinCost|, |MaxCost| };
  OldPenalty := 0;
  ComputePenalty(Pass, Penalty);                          { Berechne ersten Penalty-Wert }
```

```
for Node := 1 to Nodes do
begin
  ArcIndex(Node) := 0;                          { Alle Pfeile der Basis sind künstlich. }
  Predecessor(Node) := Root;                       { Predecessor ist stets die Wurzel }
  if (Node <> Nodes) then
  begin                             { Thread von aktuellem Knoten zu nächstem Knoten }
    Thread(Node) := Node + 1; ReverseThread(Node + 1) := Node;
  end;
  Depth(Node) := 1;                                   { Depth ist stets gleich 1 }
  if (Flow(Node) >= 0) then                        { Bestimme die Flußrichtung }
  begin                                    { Node ist Angebots- oder Umladeknoten }
    Direction(Node) := +1; Dual(Node) := Penalty;
  end
  else
  begin                                               { Node ist Bedarfsknoten }
    Direction(Node) := -1; Dual(Node) := -Penalty; Flow(Node) := -Flow(Node);
  end
  ArtificialFlow := ArtificialFlow + Flow(Node);
  „verschiedene Tests zur Überprüfung der Zulässigkeit des Problems"
end;
if „Unzulässigkeit festgestellt" then Status := „unzulässig";

{ Korrektur und Vervollständigung der Thread-Verbindungen }
if (Root <> 1) then
begin                                      { Thread von erstem Knoten zur Wurzel }
  Thread(Root) := 1; ReverseThread(1) := Root;
end;
if (Root <> Nodes) then
begin                                     { Thread von letztem Knoten zur Wurzel }
  Thread(Nodes) := Root; ReverseThread(Root) := Nodes;
end;
if ((Root <> 1) and (Root <> Nodes)) then
begin                        { Thread vom Knoten vor der Wurzel zum Knoten nach der Wurzel }
  Thread(Root - 1) := Root + 1; ReverseThread(Root + 1) := Root - 1;
end;

{ Korrektur der Listen für Root }
Predecessor(Root) := 0; Depth(Root) := 0; Dual(Root) := 0;

ArtificialFlow := ArtificialFlow - Flow(Root);      { Korrektur der künstlichen Flüsse }
TotalCost := TotalCost + Penalty * ArtificialFlow;   { Berechnung der Gesamtkosten }
end;
```

Wie die von der Prozedur `ComputeStartBasis` konstruierte Basis für das Problembeispiel aus Abbildung 3.1 aussieht, zeigt Abbildung 3.7. Man beachte, daß wegen $c_{36} < 0$ die Flüsse auf den Verbindungen zwischen Knoten 3 und der Wurzel sowie zwischen Knoten 6 und der Wurzel um $m_{36} = 20$ Einheiten korrigiert wurden. Daraufhin war die Flußrichtung zwischen Knoten 3 und der Wurzel umzukehren.

In der Funktion `ComputePenalty` werden die Kosten der künstlichen Pfeile für den Durchgang `Pass` berechnet. Dabei gehen die Parameter `Penalty0` und `Penalty1` ein. GRIGORIADIS empfiehlt in [114, S. 99] die Werte `Penalty0 = 1.0` und `Penalty1 = 1.5`. Gibt man `Penalty0 >= MaxPenalty` vor, so erhält man die Big-M-Methode. Die Änderung der Kosten macht die Neuberechnung der Dualvariablen erforderlich, die von der

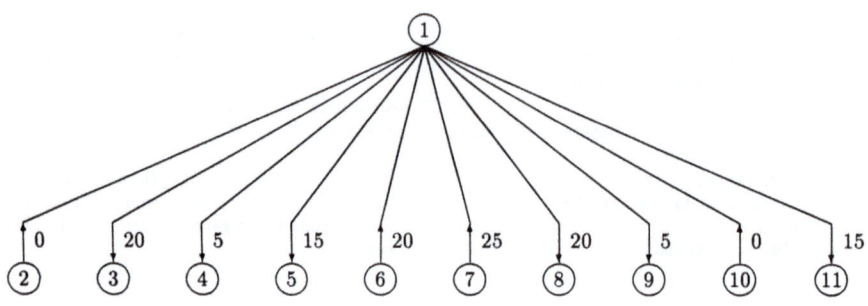

Abbildung 3.7: Die Startbasis für das Beispiel aus Abbildung 3.1

Prozedur `ComputeDuals` ausgeführt wird.

```
procedure ComputePenalty(Pass, var Penalty);
begin
  K := Penalty0 * Penalty1 ** ⌊2 ** (Pass-2)⌋);
  if (MaxCost > MinCost) then
    Penalty := min{ Large, MinCost + (MaxCost - MinCost) * K }
  else  { MaxCost = MinCost }
    Penalty := min{ Large, (|MinCost| + 1) * K };
  Sample := 0;                        { Beginne beim Pricing wieder mit dem ersten Sample }
  ComputeDuals;                                       { Berechne die Dualvariablen neu }
end;
```

Da man bei der Berechnung der Dualvariablen einen Freiheitsgrad[63] hat, wird in der Prozedur `ComputeDuals` die duale Variable der Wurzel gleich Null gesetzt. Anschließend wird der Baum in Thread-Reihenfolge durchlaufen und die jeweilige Knotenvariable aus der des Vorgängers und den Kosten des zugehörigen Pfeils berechnet. Dies geschieht so, daß die reduzierten Kosten für die Basispfeile gleich Null sind.

```
procedure ComputeDuals;
begin
  Dual(Root) := 0;                         { willkürliche Bestimmung der Dualvariablen von Root }
  Node := Thread(Root);                        { Beginne beim Thread-Nachfolger der Wurzel }
  while (Node <> Root) do                           { wieder bei der Wurzel angekommen? }
  begin
    if (ArcIndex(Node) = 0) then                                       { künstlicher Pfeil? }
      Dual(Node) := Dual(Predecessor(Node)) + Direction(Node) * Penalty
    else
      Dual(Node) := Dual(Predecessor(Node)) + Direction(Node) * Cost(ArcIndex(Node));
    Node := Thread(Node);                                             { nächster Knoten }
  end;
end;
```

---

[63]Vgl. Fußnote 11 auf Seite 31

3.2.2.6   Das Programm LPArc-I

Zum Abschluß werden die bislang angegebenen Routinen zum Programm LPArc-I zusammengefaßt. Neben den Datenstrukturen aus Tabelle 3.7[64] werden die Parameter und Variable aus den Tabellen 3.8, 3.9 und 3.10[65] benutzt. Eingabedaten sind neben den Problemdaten, die durch die Listen FromNode, ToNode, Cost, Capacity und Supply bzw. Flow beschrieben werden, die Parameter Nodes, Arcs, Root, Frequency, Penalty0, Penalty1 und Large. In Status wird angegeben, ob eine optimale Basis gefunden werden konnte oder aus welchem Grund dies nicht möglich war. Ein Optimum wird als Basislösung in den Listen Predecessor, Thread, ReverseThread, Depth, Direction, ArcIndex, Flow, ArcStatus und Dual zurückgegeben. Die zugehörigen Gesamtkosten finden sich in TotalCost.

```
program LPArcI;
begin
  Status := „ok";
  Pass := 1;                                              { erster GPM-Durchgang }

  ComputeStartBasis;                     { Konstruiere Startbasis aus künstlichen Pfeilen }
  while ((Status = „ok") and (Penalty < MaxPenalty)) do            { GPM-Durchgang }
  begin
    SelectInArc(InArc, DualIncr);                { Wähle neu in die Basis aufzunehmenden Pfeil }
    if (InArc <> 0) then
    begin
      SelectOutArc(InArc, OutNode, UpPath, FlowIncr);    { Wähle den herausgehenden Pfeil }
      if (Status <> „unbeschränkter Fluß in negativem Zyklus") then
        Pivot(InArc, OutNode, UpPath, FlowIncr, DualIncr);    { Führe Basiswechsel durch }
    end
    else                                   { optimale Lösung des aktuellen GPM-Durchgangs }
      if (ArtificialFlow = 0) then                  { Kein Fluß auf künstlichen Pfeilen? }
        Status := „optimal"
      else                                          { künstlicher Fluß noch vorhanden }
      begin
        Pass := Pass + 1;                              { nächster GPM-Durchgang }
        OldPenalty := Penalty;          { Speichere Penalty-Wert des vorherigen Durchgangs }
        ComputePenalty(Pass, Penalty);             { Berechne neuen Penalty-Wert }
        { Korrektur der Gesamtkosten }
        TotalCost := TotalCost + (Penalty - OldPenalty) * ArtificialFlow;
      end;
  end; { while }
end;
```

3.2.2.7   Reellwertige Kostenkoeffizienten

Sind die Kostenkoeffizienten c_{ij} nicht mehr ganzzahlig, sondern reellwertig, so müssen die Ausdrücke, in denen sie auftreten, in Fließkomma-Arithmetik berechnet werden. Dies hat zur Folge, daß auch die Dualvariablen als reelle Variablen zu vereinbaren sind, denn sie werden durch $\bar{c}_{ij} = 0$ aus den c_{ij} berechnet. Im Verlauf des Verfahrens ist dann

---

[64]Siehe Seite 45
[65]Siehe Seite 47, 48 und 60

Name	Inhalt	Typ
`ToleranceRC`	Toleranzwert für die reduzierten Kosten	Parameter
`UpdateDualsSteps`	Intervall für Neuberechnung der Dualvariablen	

Tabelle 3.11: Zusätzliche Parameter der Version für reellwertige Kosten

mit Rundungsfehlern zu rechnen, die die Dualvariablen und damit auch die reduzierten Kosten verfälschen können. Dies betrifft vor allen Dingen das Pricing, bei dem anhand der reduzierten Kosten der Fortgang des Verfahrens durch Wahl des nächsten in die Basis aufzunehmenden Pfeils bestimmt wird. Die primalen Variablen bleiben hiervon unberührt und können weiterhin in Integer-Arithmetik berechnet werden.

Um beim Pricing Fehlentscheidungen zu verhindern, ist es erforderlich, die auftretenden Rundungsfehler zu kontrollieren. In anspruchsvollen LP-Programmen werden dazu absolute und relative Fehler mit vorgegebenen Toleranzwerten verglichen.[66] Bei Vorliegen nicht akzeptabler Fehler und in ausgewählten Intervallen von Pivotschritten werden dann nach einer Reinversion der Basis die primale und duale Lösung neu berechnet.

LPArc-I wurde zur Lösung von Problemen mit reellwertigen Kosten um die regelmäßige Neuberechnung der Dualvariablen erweitert. Durch einen Parameter `UpdateDualsSteps` kann vorgegeben werden, nach wievielen Pivotschritten eine vollständige Neuberechnung erfolgen soll. Sie wird von der Prozedur `ComputeDuals`[67] durchgeführt. Weiterhin ist ein Parameter `ToleranceRC` > 0 vorzugeben, der als Toleranzwert für die reduzierten Kosten verwendet wird. Tabelle 3.11 zeigt diese beiden neuen Parameter.

In der modifizierten Version der Prozedur `SelectInArc` können zur Aufnahme in die Basis nur Pfeile ausgewählt werden, für die entweder

$$(i,j) \in \mathcal{A}_N^0 \quad \text{und} \quad \bar{c}_{ij} < -\texttt{ToleranceRC}$$

oder

$$(i,j) \in \mathcal{A}_N^m \quad \text{und} \quad \bar{c}_{ij} > +\texttt{ToleranceRC}$$

gilt. Auf eine regelmäßige und vollständige Überprüfung von

$$|\bar{c}_{ij}| \leq \texttt{ToleranceRC} \quad \text{für alle} \quad (i,j) \in \mathcal{A}_B \tag{3.5}$$

wurde bei LPArc-I verzichtet, denn dazu wäre entweder ein vollständiges Durchlaufen des Basisbaums oder eine entsprechende Überprüfung in der Prozedur `UpdateDualDepth`[68] erforderlich. Die erste Alternative scheidet sofort aus, da ihr Aufwand genauso hoch ist

---

[66]MURTAGH gibt in [164, S. 171] eine Übersicht über in LP-Programmen verwendete Toleranzen. Außerdem werden Bedingungen angegeben, deren Einhaltung im Laufe der Verfahren regelmäßig überprüft wird. Werden vorgegebene Toleranzwerte überschritten, so ist meist die Basis neu zu berechnen. Beispiele hierfür sind die Einhaltung primaler Zulässigkeit und das Verschwinden der reduzierten Kosten für Basisvariable. Standardvorgaben für die Toleranzwerte sowie die Auswirkungen einer alternativen Wahl werden angesprochen.

[67]Siehe Seite 62

[68]Siehe Seite 57

wie die pauschale Neuberechnung der Dualvariablen. Auch die zweite Alternative wurde verworfen, da sie den Aufwand für den Basiswechsel erheblich erhöht. Stattdessen wurde in der Prozedur `SelectInArc` eine heuristische Regel implementiert. Dabei werden die Kandidaten zur Aufnahme in die Basis, die in `InArc` — meist nur vorübergehend — gespeichert werden, daraufhin überprüft, ob sie bereits der Basis angehören. Ist dies der Fall, so sind die reduzierten Kosten nicht mehr zuverlässig, da (3.5) verletzt ist. Daher werden dann die Dualvariablen mit Hilfe von `ComputeDuals`[69] neu berechnet und das Pricing mit dem ersten Sample von vorn begonnen.

```
procedure SelectInArc(var InArc, var DualIncr);
begin
  SampleCount := 0;                    { Anzahl aufeinanderfolgender optimaler Samples }
  InArc := 0;                          { Pfeil zur Aufnahme in die Basis }
  DualIncr := ToleranceRC;     { betragsmäßig minimale reduzierte Kosten für diesen Pfeil }

  { Falls noch kein Pfeil gefunden ist und Optimalität noch nicht erwiesen ist, ... }
  while ((InArc = 0) and (SampleCount < NumberOfSamples)) do
  begin
    { ... überprüfe den nächsten Sample }
    Sample := (Sample mod NumberOfSamples) + 1;                    { nächster Sample }

    { Bestimme den Pfeil mit besten reduzierten Kosten im Sample }
    Arc := Sample;                                        { erster Pfeil im Sample }
    while (Arc <= Arcs) do
    begin
      { Berechne die reduzierten Kosten c̄_ij }
      ReducedCost := Cost(Arc) - Dual(FromNode(Arc)) + Dual(ToNode(Arc));
      { Ist der Pfeil ein besserer Kandidat zur Aufnahme in die Basis? }
      if (ArcStatus(Arc) * ReducedCost < -|DualIncr|) then
        { Falls der Pfeil bereits der Basis angehört, ... }
        if ((ArcIndex(FromNode(Arc)) = Arc) or (ArcIndex(ToNode(Arc)) = Arc)) then
          { ... sind die reduzierten Kosten sehr unzuverlässig }
          „Berechne die Dualvariablen neu und beginne das Pricing von vorn"
        else
          begin InArc := Arc; DualIncr := ReducedCost; end;     { Speichere Kandidaten }
      Arc := Arc + NumberOfSamples;                      { nächster Pfeil im Sample }
    end;  { while }

    SampleCount := SampleCount + 1;         { Zähle aufeinanderfolgende optimale Samples }
  end;  { while }
end;
```

Diese heuristische Überprüfung von (3.5) hat sich bei zahlreichen Testrechnungen zusammmen mit der regelmäßigen Neuberechnung der Dualvariablen bewährt. Als besonders günstig erwies sich die Parameterkombination `UpdateDualsSteps` = 500 und `ToleranceRC` = 1E-5, falls die Dualvariablen in doppelter Genauigkeit berechnet werden.

---

[69]Siehe Seite 62

3.3 Das Lösungsverfahren LPArc-II

Wie am Ende von Abschnitt 3.1 angekündigt, unterscheidet sich das ebenfalls hier ent-wickelte Lösungsverfahren LPArc-II von LPArc-I durch die Verwendung einer anderen Listenstruktur zur Speicherung der Basis. LPArc-II benutzt die von BARR, GLOVER UND KLINGMAN [17] vorgestellte Extended Threaded Index-Methode, die den Basisbaum mit Hilfe der Listenfunktionen Predecessor, Thread, Successors und Last Successor spei-chert. Die XTI-Methode wird hier um den Reverse Thread erweitert. Ein weiterer wich-tiger Unterschied zu LPArc-I ist aber, daß beim Basiswechsel die Wurzel des Baums gewechselt werden kann, damit nur der kleinere der beiden Teilbäume, in die die Basis nach Entfernung des herausgehenden Pfeils zerfällt, umstrukturiert werden muß. Mit der Listenfunktion Successors ist schnell zu ermitteln, welcher Teilbaum weniger Knoten besitzt.

Bei der folgenden Beschreibung der Implementation von LPArc-II werden nur die-jenigen Komponenten des Verfahrens dargestellt, die sich von LPArc-I unterscheiden. Routinen, die bereits im vorherigen Abschnitt beschrieben wurden, werden nicht geson-dert aufgeführt. Auch werden nur die Variable erwähnt, die zusätzlich zu den Variablen von LPArc-I verwendet werden.

3.3.1 Datenstrukturen und globale Variable

Die von LPArc-II verwendeten Datenstrukturen sind großteils mit denen von LPArc-I identisch. Der einzige Unterschied ist, daß anstelle der Depth-Liste hier die Listen Successors und LastSuccessor mitgeführt werden. Dadurch ist der Speicherbedarf von LPArc-II größer: Für die Datenstrukturen werden insgesamt

$$8|\mathcal{N}| + 4|\mathcal{A}|$$

Speicherplätze benötigt. Eine vollständige Übersicht über die verwendeten Listen gibt Tabelle 3.12.

Neben den in den Tabellen 3.8, 3.9 und 3.10[70] aufgeführten Parametern und globalen Variablen wird zusätzlich ein Flag RootChange benötigt, das anzeigt, ob während des Basiswechsels die Wurzel des Baums gewechselt wird. Während der Parameter Root aus Tabelle 3.8 für LPArc-I die Wahl der Wurzel, die im Verlauf des Verfahrens fest blieb, gestattete, kann durch ihn bei LPArc-II nur die Wurzel der Startbasis vorgegeben werden. Da sich die Wurzel ändern kann, ist Root für LPArc-II eine Variable, die die aktuelle Wurzel des Baums speichert. Tabelle 3.13 zeigt die Variablen der Vollständigkeit halber.

3.3.2 Der Algorithmus

Zum Pricing verwendet LPArc-II ebenfalls SelectInArc[71]. Daher kann die Beschreibung mit der Wahl des aus der Basis herausgehenden Pfeils begonnen werden.

---

[70]Siehe Seite 47, 48 und 60
[71]Siehe Seite 48

Liste	Länge	Wertebereich	Inhalt
FromNode	$|\mathcal{A}|$	$\mathcal{N}$	Startknoten i
ToNode	$|\mathcal{A}|$	$\mathcal{N}$	Endknoten j
Cost	$|\mathcal{A}|$	Z bzw. R	Kosten c_{ij}
Capacity	$|\mathcal{A}|$	N	Kapazitätsschranken m_{ij}
Supply	$|\mathcal{N}|$	Z	Angebots-/Bedarfsmengen a_k
Predecessor	$|\mathcal{N}|$	$\mathcal{N}$	Predecessor
Thread	$|\mathcal{N}|$	$\mathcal{N}$	Thread
ReverseThread	$|\mathcal{N}|$	$\mathcal{N}$	Reverse Thread
Successors	$|\mathcal{N}|$	N	Successors
LastSuccessor	$|\mathcal{N}|$	$\mathcal{N}$	Last Successor
Direction	$|\mathcal{N}|$	$\{-1, +1\}$	Orientierung der Basispfeile
ArcIndex	$|\mathcal{N}|$	$\mathcal{A} \cup \{0\}$	Indices der Basispfeile
Flow	$|\mathcal{N}|$	Z_+	Fluß auf den Basispfeilen
ArcStatus	$|\mathcal{A}|$	$\{-1, +1\}$	Zugehörigkeit zu $\mathcal{A}_N^m$
Dual	$|\mathcal{N}|$	Z bzw. R	Dualvariable u_k

Tabelle 3.12: Datenstrukturen von LPArc-II

Name	Inhalt	Typ
Root	Wurzel r der Basis	Variable
RootChange	Flag zur Anzeige eines Wechsels der Wurzel	

Tabelle 3.13: Zusätzliche globale Variable

3.3.2.1   Die Wahl des die Basis verlassenden Pfeils

Die Prozedur SelectOutArc[72] verwendet zur Lokalisierung des ersten Knotens JoinNode, der sowohl zum Up Path als auch zum Down Path gehört, die hier nicht vorhandene Depth-Liste.   In gleicher Weise läßt sich aber auch die Successors-Liste verwenden. Denn wie bei der Depth-Version von SelectOutArc ist Successors(UpPathNode) = Successors(DownPathNode) eine notwendige Bedingung für das Erreichtsein des gemeinsamen Knotens JoinNode. Ist dieser Knoten noch nicht gefunden, ist also noch UpPathNode <> DownPathNode, so wird bei der Successors-Version auf demjenigen Weg weiter in Richtung der Wurzel vorgerückt, für den der aktuelle Successors-Wert **niedriger** ist. Bis auf diesen Unterschied kann dann SelectOutArc genauso wie auf Seite 50 implementiert werden, wenn man die Depth-Liste durch die Successors-Liste ersetzt.

3.3.2.2   Der Basiswechsel

Die Prozedur Pivot zum Basiswechsel ähnelt derjenigen von LPArc-I[73]. Der wesentliche Unterschied besteht darin, daß hier ein Wechsel der Wurzel des Baums durchgeführt wird, wenn dadurch der Aufwand zum Basiswechsel verringert werden kann.   Nachdem der Pfeil ArcIndex(OutNode) aus dem Baum entfernt wurde, besteht die Basis aus zwei Teilbäumen: dem Baum $T(\text{OutNode})$ und dem Baum $T(\text{Root}) \setminus T(\text{OutNode})$, der aus den restlichen Knoten und Pfeilen besteht.   Die Listenfunktionen werden zunächst so korrigiert, daß diese beiden Teilbäume zu nicht miteinander verbundenen, unabhängigen Bäumen werden. Dies ist Aufgabe der Prozeduren UpdateRootTree für $T(\text{Root}) \setminus T(\text{OutNode})$ und UpdateOutTree für $T(\text{OutNode})$. Anschließend kann derjenige Teilbaum gewählt werden, der umstrukturiert werden soll. Dieser Teilbaum wird T_{lower} genannt, da er unter den anderen Teilbaum T_{upper} gehängt werden muß. Bei LPArc-I war stets $T_{lower} = T(\text{OutNode})$ und $T_{upper} = T(\text{Root}) \setminus T(\text{OutNode})$, hier ist auch die umgekehrte Zuordnung möglich. Dann ist aber die Wurzel zu wechseln, denn wegen $T_{upper} = T(\text{OutNode})$ wird der Knoten OutNode zur neuen Wurzel des gesamten Baums. In jedem Fall ist T_{lower} so umzustrukturieren, daß derjenige Knoten zur Wurzel dieses Teilbaums wird, der zum hereinkommenden Pfeil gehört. Dies übernimmt die Prozedur ReRootLowerTree, die den Pivot-Stamm durchläuft und in etwa dasselbe wie die Prozedur UpdatePivotStem[74] leistet. Bei den bis hierhin ausgeführten Updates wurden die Dualvariablen ausgespart. Dies wird von BARR, GLOVER UND KLINGMAN [17, S. 25] empfohlen, wenn T_{lower} in bestimmter Weise[75] ausgewählt wird. Die Prozedur UpdateDuals führt den Update der Dualvariablen in T_{lower} durch. Nun werden die beiden Teilbäume von ConnectLowerAndUpperTree miteinander verbunden. In nicht-degenerierten Pivotschritten werden zum Abschluß noch die Flußvariablen auf den nicht zum Pivot-Stamm gehörigen Teilen des Basis Equivalent Path von der Prozedur UpdateFlow[76] korrigiert. Je nachdem, ob die Wurzel gewechselt wurde, sind dazu verschiedene Teilstücke zu durchlaufen.

---

[72]Siehe Seite 50
[73]Siehe Seite 53
[74]Siehe Seite 54
[75]Vgl. die Beschreibung zu SelectLowerTree auf Seite 71
[76]Siehe Seite 58

```
procedure Pivot(InArc, OutNode, UpPath, FlowIncr, var DualIncr);
begin
  if (UpPath xor (ArcStatus(InArc) > 0)) then          { zu InArc gehörige Knoten benennen }
  begin
    EntryNode := ToNode(InArc);   FirstStemNode := FromNode(InArc);
  end
  else
  begin
    EntryNode := FromNode(InArc); FirstStemNode := ToNode(InArc);
    DualIncr := -DualIncr;                          { Änderung der Dualvariablen anpassen }
  end;

  if (OutNode = 0) then                           { Außergewöhnlicher Pivotschritt? }
  begin
    ExitNode := FirstStemNode;                      { ExitNode ist zu InArc gehöriger Knoten }
    ArcStatus(InArc) := -ArcStatus(InArc);               { InArc wechselt seinen Status }
    RootChange := False;
  end
  else
  begin
    ExitNode := Predecessor(OutNode);            { zu OutNode gehörigen Knoten benennen }
    ArcStatus(InArc) := +1;                              { InArc kommt in die Basis }
    if (ArcIndex(OutNode) = 0) then          { Verläßt ein künstlicher Pfeil die Basis? }
      ArtificialFlow := ArtificialFlow - Flow(OutNode)
    else
      if (UpPath xor (Direction(OutNode) < 0)) then       { ArcIndex(OutNode) verläßt ... }
        ArcStatus(ArcIndex(OutNode)) := -1;        { ... die Basis an der Kapazitätsgrenze }

    UpdateRootTree(ExitNode, OutNode, JoinNode);       { Update für $T(Root) \setminus T(OutNode)$ }
    UpdateOutTree(OutNode);                              { Update für $T(OutNode)$ }
    SelectLowerTree(EntryNode, FirstStemNode, LastStemNode);       { Wähle $T_{lower}$ }
    ReRootLowerTree(FirstStemNode, LastStemNode);       { Wurzel wird FirstStemNode }
    UpdateDuals(FirstStemNode, DualIncr);           { Update der Dualvariablen in $T_{lower}$ }
    ConnectLowerAndUpperTree(FirstStemNode, EntryNode);   { Hänge $T_{lower}$ unter $T_{upper}$ }
  end;

  { Im degenerierten Fall bleibt außerhalb des Pivot-Stamms alles unverändert }
  if (FlowIncr <> 0) then                        { nicht-degenerierter Pivotschritt? }
  begin
    TotalCost := TotalCost - FlowIncr * |DualIncr|;    { Verringerung der Gesamtkosten }
    { Update der Flußvariablen auf dem restlichen Basis Equivalent Path }
    if RootChange then
    begin
      UpdateFlow(ExitNode,  JoinNode, -FlowIncr);
      UpdateFlow(EntryNode, OutNode,  -FlowIncr);
    end
    else
    begin
      UpdateFlow(ExitNode,  JoinNode, FlowIncr);        { Verlängerung des Pivot-Stamms }
      UpdateFlow(EntryNode, JoinNode, -FlowIncr);            { umgekehrte Richtung der ... }
    end;                                   { ... Flußänderung auf dem anderen Teil des BEP }
  end;
end;
```

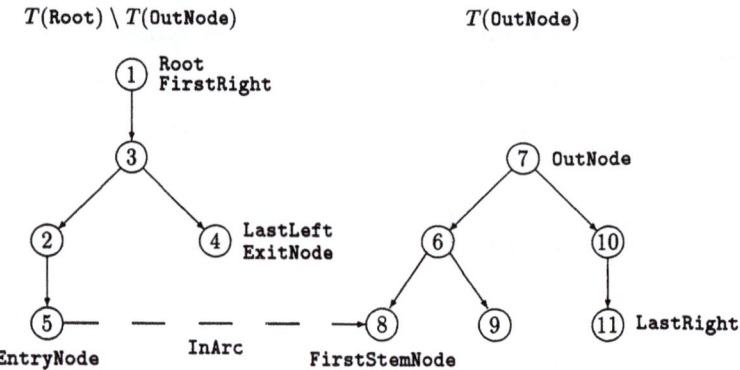

Abbildung 3.8: Die Basis aus Abbildung 3.4 nach Entfernung des herausgehenden Pfeils mit den Teilbäumen $T(\texttt{Root}) \setminus T(\texttt{OutNode})$ und $T(\texttt{OutNode})$

Bevor die Implementationen von `UpdateRootTree` und `UpdateOutTree` beschrieben werden, soll anhand der Basis aus Abbildung 3.4[77] veranschaulicht werden, in welche Teilbäume sich die Basis nach Entfernung von `ArcIndex(OutNode)` teilt. Abbildung 3.8 zeigt die Basis nach dem Update von $T(\texttt{Root}) \setminus T(\texttt{OutNode})$ und $T(\texttt{OutNode})$.

Die Prozedur `UpdateRootTree` korrigiert die Listenstruktur so, daß der Teilbaum $T(\texttt{Root}) \setminus T(\texttt{OutNode})$ zu einem eigenständigen Baum wird. Dazu muß $T(\texttt{OutNode})$ von Thread und Reverse Thread übersprungen werden. Der Last Successor ändert sich auf dem Weg von `ExitNode` zur Wurzel, bis der erste Knoten, der einen rechten Teilbaum besitzt, ereicht ist. Die Anzahl der Nachfolger ist auf diesem Weg für alle Knoten bis zur Wurzel um die Anzahl der Knoten in $T(\texttt{OutNode})$ zu korrigieren.

```
procedure UpdateRootTree(ExitNode, OutNode, JoinNode);
begin
  { Update von Thread und ReverseThread }
  LastLeft := ReverseThread(OutNode);              { Knoten vor OutNode in Thread-Reihenfolge }
  FirstRight := Thread(LastSuccessor(OutNode));    { erster Knoten im nächsten rechten ... }
                                                   { ... Teilbaum über OutNode }
  Thread(LastLeft) := FirstRight;                  { Überspringe T(OutNode) }
  ReverseThread(FirstRight) := LastLeft;

  { Update von LastSuccessor für Vorgänger von ExitNode ohne rechte Teilbäume }
  FirstRightRoot := Predecessor(FirstRight); { Wurzel des rechten Teilbaums über OutNode }
  if (FirstRightRoot = 0) then                      { Gab es keinen rechten Teilbaum? }
  begin
    FirstRightRoot := Root;
    LastSuccessor(FirstRightRoot) := LastLeft;
  end;
```

---
[77]Siehe Seite 51

```
Node := ExitNode;                                    { Beginne bei ExitNode }
while (Node <> FirstRightRoot) do
begin
  LastSuccessor(Node) := LastLeft;
  Node := Predecessor(Node);                         { nächster Knoten }
end;


{ Update von Successors für alle Vorgänger von ExitNode }
Node := ExitNode;                                    { Beginne bei ExitNode }
while (Node <> 0 { = Predecessor(Root) }) do         { War die Wurzel schon erreicht? }
begin
  Successors(Node) := Successors(Node) - Successors(OutNode);
  Node := Predecessor(Node);                         { nächster Knoten }
end;
end;
```

Um den Teilbaum $T(\text{OutNode})$ in den Listenfunktionen vom restlichen Baum zu lösen, ist lediglich der Predecessor seiner Wurzel auf Null zu setzen und sein letzter Knoten über den Thread mit ihr zu verbinden. Dies übernimmt die Prozedur UpdateOutTree.

```
procedure UpdateOutTree(OutNode);
begin
  Predecessor(OutNode) := 0;                         { Wurzel von T(OutNode) ist OutNode }

  LastRight := LastSuccessor(OutNode);               { letzter Knoten in Thread-Reihenfolge }
  Thread(LastRight) := OutNode;                      { Thread von letztem Knoten zur Wurzel }
  ReverseThread(OutNode) := LastRight;
end;
```

Die Regel zur Wahl des umzustrukturierenden Teilbaums T_{lower} hängt vor allen Dingen davon ab, zu welchem Zeitpunkt die Dualvariablen korrigiert werden.[78] BARR, GLOVER UND KLINGMAN untersuchten mehrere Alternativen.[79] Sie stellten fest, daß sich die besten Lösungzeiten ergeben, wenn derjenige Teilbaum mit den wenigsten Knoten zur Umstrukturierung gewählt wird und die Korrektur der Dualvariablen nicht in Verbindung mit

---

[78]Zur Korrektur der Dualvariablen ist einer der Teilbäume zu durchlaufen. Wird dazu der umzustrukturierende Teilbaum gewählt, werden dabei auch die Knoten besucht, die zum Update der Thread-Liste benötigt werden. Daher können dann diese beiden Operationen miteinander verbunden werden. Bei LPArc-I mußte in UpdatePivotStem (siehe Seite 54) so vorgegangen werden, da dort die Listenfunktion Last Successor zur Lokalisierung von letzten Knoten in rechten Teilbäumen nicht zur Verfügung stand.

Wird die Korrektur der Dualvariablen nicht mit den übrigen Update-Operationen verbunden, sollte derjenige Teilbaum zur Umstrukturierung gewählt werden, der auf den Wegen zwischen EntryNode und Root bzw. zwischen FirstStemNode und OutNode die wenigsten Knoten hat. Mit dieser Wahl wird die Länge des Pivot-Stamms minimiert. In diesem Fall sollten die Dualvariablen in demjenigen Teilbaum korrigiert werden, der die wenigsten Knoten enthält. Dies kann auch der Teilbaum sein, der nicht umzustrukturiert wurde.

Vgl. BARR, GLOVER UND KLINGMAN [17, S. 25]

[79]In [17, S. 24f] wurden verglichen:
1. Wahl des Teilbaums mit dem kürzesten Pivot-Stamm, Update der Dualvariablen im Teilbaum mit den wenigsten Knoten
2. Wahl des Teilbaums mit dem kürzesten Pivot-Stamm, integrierter Update der Dualvariablen
3. Wahl des Teilbaums mit den wenigsten Knoten, integrierter Update der Dualvariablen
4. Wahl des Teilbaums mit den wenigsten Knoten, Update der Dualvariablen nicht integriert

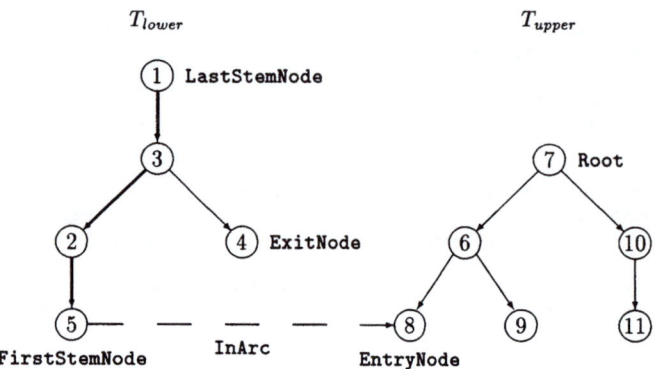

Abbildung 3.9: Die Basis aus Abbildung 3.8 nach Wahl von T_{lower} mit dem Pivot-Stamm

den übrigen Update-Operationen durchgeführt wird.[80] In der Prozedur SelectLowerTree wird dieses Vorgehen übernommen. Wird $T_{lower} = T(\text{Root}) \setminus T(\text{OutNode})$ gewählt, ändert sich auch die Lage des Pivot-Stamms in bezug auf den Up Path bzw. Down Path.

```
procedure SelectLowerTree(var EntryNode, var FirstStemNode, var LastStemNode);
begin                              { Wahl desjenigen Baums mit den wenigsten Knoten }
  if (Successors(Root) > Successors(OutNode)) then
    begin                 { T_lower := T(OutNode), T_upper := T(Root) \ T(OutNode) }
      LastStemNode := OutNode;
      RootChange := False;
    end
  else
    begin                 { T_lower := T(Root) \ T(OutNode), T_upper := T(OutNode) }
      LastStemNode := Root;
      Root := OutNode;
      RootChange := True;
      UpPath := not UpPath;                        { veränderte Lage des Pivot-Stamms }
      DualIncr := -DualIncr;               { Änderung der Dualvariablen anpassen }
      „Vertausche EntryNode und FirstStemNode"
    end;
end;
```

Im Beispiel aus Abbildung 3.8[81] wählt die Prozedur SelectLowerTree den Teilbaum $T(\text{Root}) \setminus T(\text{OutNode})$ zur Umstrukturierung, da er weniger Knoten enthält, und ein Wechsel der Wurzel wird erforderlich. Damit ist auch die Lage des Pivot-Stamms festgelegt. Die zu ihm gehörigen Pfeile sind in Abbildung 3.9 fett dargestellt.

---

[80]Vgl. BARR, GLOVER UND KLINGMAN [17, S. 30]
In der vorherigen Fußnote ist dies die Alternative 4.
[81]Siehe Seite 70

Die Prozedur `ReRootLowerTree` strukturiert den Teilbaum T_{lower} so um, daß der Knoten `FirstStemNode` zu seiner neuen Wurzel wird. Dazu wird der Pivot-Stamm ähnlich wie in `UpdatePivotStem`[82] von `FirstStemNode` bis `LastStemNode` durchlaufen. Unterschiedlich ist jedoch die Verarbeitung linker und rechter Teilbäume, die hier nicht durchlaufen werden. Dies ist möglich, da die Dualvariablen separat korrigiert werden und die Liste Last Successor zur Verfügung steht, die die Lokalisierung von letzten Knoten in rechten Teilbäumen ermöglicht. Außerdem wird in `ReRootLowerTree` ein Update der Successors- und Last Successor-Listen durchgeführt.

```
procedure ReRootLowerTree(FirstStemNode, LastStemNode);
begin
  StemNode := FirstStemNode;
  NextStemNode := Predecessor(StemNode);

  StemArc := ArcIndex(StemNode);
  StemFlow := Flow(StemNode);
  StemDirection := Direction(StemNode);
  StemSuccessors := Successors(StemNode);

  NextLastLeft := ReverseThread(StemNode);        { letzter Knoten im nächsten linken Teilbaum }
  NextNextLastLeft := ReverseThread(NextStemNode);   { letzter Knoten im übernächsten ... }
                                                     { ... linken Teilbaum }
  LastRight := LastSuccessor(StemNode);              { letzter Knoten im rechten Teilbaum }
  FirstNextRight := Thread(LastRight);          { erster Knoten im nächsten rechten Teilbaum }
  Thread(LastRight) := NextStemNode;        { Thread von rechtem Teilbaum zum Pivot-Stamm }
  ReverseThread(NextStemNode) := LastRight;
  LastNode := LastRight;

  while (StemNode <> LastStemNode) do
  begin
    { nächster Knoten im Pivot-Stamm }
    PrevStemNode := StemNode;
    StemNode := NextStemNode;
    NextStemNode := Predecessor(StemNode);
    Predecessor(StemNode) := PrevStemNode;

    UpdateStemArcIndex(StemNode, PrevArc, StemArc);
    UpdateStemDirection(StemNode, PrevDirection, StemDirection);
    UpdateStemFlow(StemNode, PrevFlow, StemFlow, PrevArc, PrevDirection);
    UpdateStemSuccessors(StemNode, PrevSuccessors, StemSuccessors, LastStemNode);

    LastLeft := NextLastLeft;                        { letzter Knoten im linken Teilbaum }
    NextLastLeft := NextNextLastLeft;
    NextNextLastLeft := ReverseThread(NextStemNode);
```

---

[82]Siehe Seite 54

```
  if (Predecessor(FirstNextRight) = StemNode) then   { Gibt es einen rechten Teilbaum? }
  begin
    Thread(LastLeft) := FirstNextRight;        { Thread von linkem zu rechtem Teilbaum }
    ReverseThread(FirstNextRight) := LastLeft;
    LastRight := LastSuccessor(StemNode);                      { rechter Teilbaum }
    FirstNextRight := Thread(LastRight);
    Thread(LastRight) := NextStemNode; { Thread von rechtem Teilbaum zum Pivot-Stamm }
    ReverseThread(NextStemNode) := LastRight;
    LastNode := LastRight;                     { Speichere letzten Knoten im Teilbaum }
  end
  else
  begin
    Thread(LastLeft) := NextStemNode;   { Thread von linkem Teilbaum zum Pivot-Stamm }
    ReverseThread(NextStemNode) := LastLeft;
    LastNode := LastLeft;                      { Speichere letzten Knoten im Teilbaum }
  end;
end;  { while }

Thread(LastNode) := FirstStemNode;          { Thread von letztem Knoten zur neuen Wurzel }
ReverseThread(FirstStemNode) := LastNode;

{ Update von LastSuccessor }
if (Successors(LastStemNode) <> Successors(PrevStemNode)) then
  LastNode := Successors(LastStemNode)
else                                        { LastStemNode besitzt keine Teilbäume }
  Successors(LastStemNode) := LastNode;
{ Durchlaufe den Pivot-Stamm von LastStemNode bis FirstStemNode }
StemNode := LastStemNode;
while (StemNode <> FirstStemNode) do
begin
  StemNode := Predecessor(StemNode);                  { Predecessor ist schon upgedated! }
  Successors(LastStemNode) := LastNode
end;

{ Update der Listen für FirstStemNode }
Predecessor(FirstStemNode) := 0;
Successors(FirstStemNode) := StemSuccessors;          { = Successors(LastStemNode) ... }
ArcIndex(FirstStemNode) := InArc;                              { ... vor dem Update }
if (FirstStemNode = FromNode(InArc)) then      { Orientierung von InArc in der Basis }
  Direction(FirstStemNode) := -1
else
  Direction(FirstStemNode) := +1;
if (ArcStatus(InArc) > 0) then                                { Fluß auf InArc }
  Flow(FirstStemNode) := FlowIncr
else
  Flow(FirstStemNode) := Capacity(InArc) - FlowIncr;
end;
```

Die Prozeduren UpdateStemArcIndex, UpdateStemDirection und UpdateStemFlow sind mit den gleichnamigen Prozeduren aus LPArc-I identisch.[83] Für die Knoten des Pivot-Stamms übernimmt die Prozedur UpdateStemSuccessors die Korrektur der Successors-Liste, die wegen der Umkehrung des Pivot-Stamms wie folgt durchzuführen ist:

---

[83]Siehe Seite 57

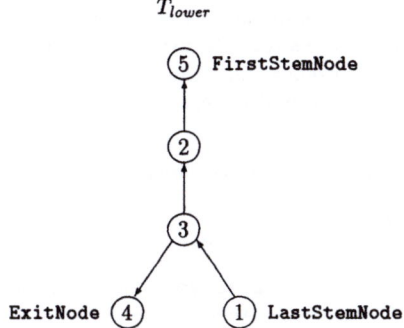

Abbildung 3.10: T_{lower} aus Abbildung 3.9 nach der Umstrukturierung

```
procedure UpdateStemSuccessors(StemNode, var PrevSuccessors, var StemSuccessors,
                               LastStemNode);
begin
  PrevSuccessors := StemSuccessors;
  StemSuccessors := Successors(StemNode);
  Successors(StemNode) := Successors(LastStemNode) - PrevSuccessors;
end;
```

Abbildung 3.10 zeigt, wie durch das „Re-Rooting" von T_{lower} die Orientierung des Pivot-Stamms umgekehrt wurde. Wurzel von T_{lower} ist nun der Knoten FirstStemNode.

Zum Update der Dualvariablen in einem Teilbaum dient die Prozedur UpdateDuals. Sie korrigiert ausgehend von einer Wurzel RootNode alle Dualvariablen des Teilbaums $T(\text{RootNode})$ um den Wert DualIncr. Voraussetzung ist eine nur diesen Teilbaum beschreibende Thread-Liste. Für beide Teilbäume der Basis ist diese Voraussetzung erfüllt, so daß mit RootNode = FirstStemNode die Dualvariablen von T_{lower} korrigiert werden können.

```
procedure UpdateDuals(RootNode, DualIncr);
begin
  Dual(RootNode) := Dual(RootNode) + DualIncr;

  Node := Thread(RootNode);
  while (Node <> RootNode) do
  begin
    Dual(Node) := Dual(Node) + DualIncr;
    Node := Thread(Node);
  end;
end;
```

Nach der Umstrukturierung von T_{lower} können nun die beiden Teilbäume durch den Pfeil InArc miteinander verbunden werden. Dazu wird der Knoten EntryNode, der zu

T_{upper} gehört, zum Vorgänger der Wurzel von T_{lower} gemacht. Diese Verbindung macht eine Korrektur der Successors- und Last Successor-Listen für die Knoten von T_{upper} erforderlich, die auf dem Weg von EntryNode zur Wurzel liegen. Dabei kann ähnlich vorgegangen werden wie in der Prozedur UpdateRootTree[84]. Zum Abschluß werden die beiden Teilbäume auch in den Thread- und Reverse Thread-Listen miteinander verbunden.

```
procedure ConnectLowerAndUpperTree(FirstStemNode { T_lower }, EntryNode { T_upper });
begin
  { Update von Predecessor }
  Predecessor(FirstStemNode) := EntryNode;    { T_lower unter den Knoten EntryNode hängen }

  { Update von LastSuccessor in T_upper für Vorgänger von EntryNode ohne rechte Teilbäume }
  FirstRightRoot := Predecessor(Thread(EntryNode));    { Wurzel des rechten Teilbaums ... }
  if (FirstRightRoot = 0) then                              { ... über EntryNode }
  begin                                            { kein rechter Teilbaum vorhanden }
    FirstRightRoot := Root;
    LastSuccessor(Root) := LastSuccessor(FirstStemNode);
  end;

  Node := EntryNode;                                     { Beginne bei EntryNode }
  while (Node <> FirstRightRoot) do
  begin
    LastSuccessor(Node) := LastSuccessor(FirstStemNode);
    Node := Predecessor(Node);                            { nächster Knoten }
  end;

  { Update von Successors in T_upper für alle Vorgänger von EntryNode }
  Node := EntryNode;                                     { Beginne bei EntryNode }
  while (Node <> 0 { = Predecessor(Root) }) do         { War die Wurzel schon erreicht? }
  begin
    Successors(Node) := Successors(Node) + Successors(FirstStemNode);
    Node := Predecessor(Node);                            { nächster Knoten }
  end;

  { Update von Thread und ReverseThread }
  Thread(LastSuccessor(FirstStemNode)) := Thread(EntryNode);    { Thread von T_lower ... }
  ReverseThread(Thread(EntryNode)) := LastSuccessor(FirstStemNode);  { ... nach T_upper }
  Thread(EntryNode) := FirstStemNode;                  { Thread von T_upper nach T_lower }
  ReverseThread(FirstStemNode) := EntryNode;
end;
```

Nach Ausführung von ConnectLowerAndUpperTree ist der Basiswechsel abgeschlossen. Wie die neue Basis für das Beispiel aus Abbildung 3.9[85] aussieht, zeigt Abbildung 3.11.

3.3.2.3 Alternative Updates beim Basiswechsel

BARR, GLOVER UND KLINGMAN [17, S. 23f] regen eine Modifikation des Updates der Successors-Liste an, da in Pivotschritten, in denen die Wurzel nicht gewechselt wird, die Successors-Werte auf dem Weg vom Knoten JoinNode zur Wurzel unnötigerweise

---

[84]Siehe Seite 70
[85]Siehe Seite 72

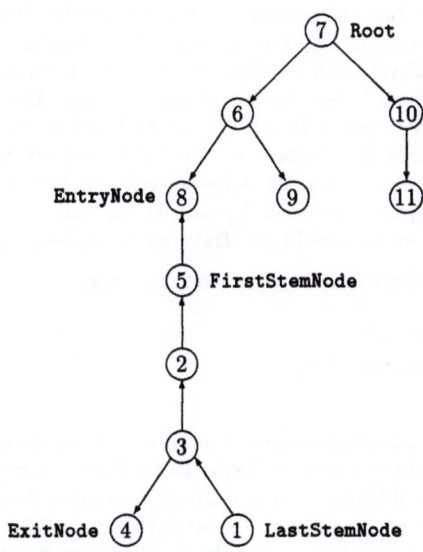

Abbildung 3.11: Die Basis aus Abbildung 3.9 nach dem Basiswechsel

zweimal korrigiert werden. In der Prozedur `UpdateRootTree`[86] wird zunächst der Wert `Successors(OutNode)` von den Successors-Werten der Knoten auf diesem Weg abgezogen, da der Teilbaum $T(\texttt{OutNode})$ vom Basisbaum gelöst wurde. Ein Wechsel der Wurzel findet nicht statt, wenn $T_{lower} = T(\texttt{OutNode})$ gewählt wird. Dann bleibt der Weg von `JoinNode` zur Wurzel und damit auch die zugehörigen Successors-Werte unverändert, die aber schon modifiziert wurden. Diese Korrektur wird nun in der Prozedur `ConnectLowerAndUpperTree`[87] wieder rückgängig gemacht, indem der Wert `Successors(FirstStemNode)` addiert wird, der nach der Umstrukturierung wie zuvor `Successors(OutNode)` die Anzahl der Knoten in T_{lower} angibt.

Daher wurde ein *Restricted Update* der Successors-Liste implementiert, bei dem in allen Pivotschritten eine Korrektur der Successors-Werte auf dem Weg von `JoinNode` zur Wurzel in der Prozedur `UpdateRootTree` ausgespart wurde. Wird die Wurzel nicht gewechselt, ist auf diesem Weg kein Update erforderlich, andernfalls wird er in der Prozedur `ReRootLowerTree`[88] durchgeführt. Dies ist möglich, da in diesem Fall der Weg von `JoinNode` zur alten Wurzel Teil des Pivot-Stamms ist. Der Restricted Update der Successor-Liste erfordert in **jeder** Iteration, also auch bei degenerierten Pivotschritten, die Kenntnis des Knotens `JoinNode`. Aus diesem Grund ist die `while`-Schleife in `SelectOutArc`[89] zu modifizieren. Anstatt bei degenerierten Pivots auf die Ermittlung von `JoinNode` zu verzichten, sind dann der Up und Down Path solange zu durchlaufen, bis der erste gemeinsame Knoten erreicht ist. Dazu ist die Anweisung

```
while ((FlowIncr > 0) and (UpPathNode <> DownPathNode)) do
```

in `SelectOutArc` durch

```
while (UpPathNode <> DownPathNode) do
```

zu ersetzen.

Da die Ermittlung von `JoinNode` einen erheblichen Mehraufwand in degenerierten Pivotschritten verursacht, wurde eine neue Variante des Update der Successors-Liste implementiert, die den Restricted Update nur in nicht-degenerierten Pivotschritten, in denen die Wurzel fest bleibt, ausführt. Dann kann `SelectOutArc` unverändert bleiben, denn auf die Kenntnis von `JoinNode` kann dann wieder in degenerierten Pivotschritten verzichtet werden. Dieses Vorgehen wird *Conditional Restricted Update* genannt.

In Abschnitt 3.4.3 werden die beiden Varianten des Restricted Update mit dem vollen Update der Successors-Liste, wie er in den Prozeduren im vorigen Unterabschnitt dargestellt wurde, in Testrechnungen verglichen.

3.3.2.4 Das Eröffnungsverfahren

Zur Eröffnung kann im wesentlichen wieder die Prozedur `ComputeStartBasis`[90] von LPArc-I verwendet werden. Anstelle der Depth-Liste sind jedoch die Successors- und Last Successor-Listen zu initialisieren. Dazu setzt man für die Wurzel

---

[86]Siehe Seite 70
[87]Siehe Seite 76
[88]Siehe Seite 73
[89]Siehe Seite 50
[90]Siehe Seite 60

```
Successors(Root)    := Nodes;                 { Alle Knoten hängen unter der Wurzel. }
LastSuccessor(Root) := ReverseThread(Root);   { letzter Knoten in Thread-Reihenfolge }
```

und für die übrigen Knoten

```
Successors(Node)    := 1;         { Es gibt nur einen Knoten im Teilbaum T (Node). }
LastSuccessor(Node) := Node;   { letzter Knoten in Thread-Reihenfolge im Teilbaum T (Node) }
```

Ansonsten kann die Prozedur ComputeStartBasis unverändert übernommen werden.

3.3.2.5 Das Programm LPArc-II

Da die Unterschiede zwischen LPArc-I und LPArc-II hauptsächlich den Basiswechsel betreffen, der von der Prozedur Pivot[91] durchgeführt wird, kann die Zusammenfassung der einzelnen Routinen zum Programm LPArc-II genauso wie im Programm LPArc-I[92] erfolgen. Auf die gesonderte Beschreibung des Hauptprogrammes von LPArc-II wird daher hier verzichtet.

3.4 Analyse des Laufzeitverhaltens

Zunächst wird auf die Realisierung der Implementation der beiden LPArc-Programme unter Microsoft Windows eingegangen. Nach einer kurzen Übersicht über die Probleme, mit denen Testrechnungen durchgeführt wurden, wird angegeben, mit welcher der Alternativen aus Abschnitt 3.3.2.3 zum Update der Successors-Liste LPArc-II die besten Laufzeiten erzielt wurden. Neue Standardwerte für den Frequenz-Parameter f der Sample Pricing-Strategie wurden in umfangreichen Testrechnungen für beide LPArc-Programme ermittelt. Mit diesen Standardwerten wurden LPArc-I und die beste Variante von LPArc-II dem primal-dualen Verfahren RELAXT-III gegenübergestellt. Dabei wird LPArc-II indirekt auch mit dem primalen Programm RNET verglichen.

3.4.1 Die Durchführung der Laufzeitvergleiche

Zur Laufzeitermittlung wurde die Microsoft Windows-Applikation Arc entwickelt. Sie dient der Integration der Problemlöser LPArc-I/II und RELAXT-III[93] sowie des Problemgenerators NETGEN[94]. Zur detaillierten Beschreibung der Applikation Arc wird auf Kapitel 6 verwiesen.[95] Die LPArc-Programme wurden ausgehend von den Beschreibun-

---

[91]Siehe Seite 69

[92]Siehe Seite 63

[93]Diese Version von RELAX wurde im April 1990 von BERTSEKAS UND TSENG implementiert und in [30] vorgestellt.

[94]NETGEN wurde von KLINGMAN, NAPIER UND STUTZ [147] entwickelt. Mit diesem Problemgenerator können kapazitierte und unkapazitierte Transport- und Umladeprobleme sowie Zuordnungsprobleme erzeugt werden.

[95]Die dort beschriebene Windows-Applikation FixArc unterscheidet sich von Arc nur durch die eingebundenen Problemlöser und -generatoren. Ihre Benutzeroberfläche ist mit derjenigen von Arc im wesentlichen identisch.

gen in den vorherigen Abschnitten in FORTRAN[96] implementiert. Da die von NETGEN
erzeugten Probleme ganzzahlige Kostenkoeffizienten besitzen und RELAXT-III in der Ori-
ginalversion auch nur solche Probleme lösen kann, wurden hier die ganzzahligen Versionen
der LPArc-Programme verwendet, in denen die Erweiterungen für reellwertige Kosten aus
Abschnitt 3.2.2.7 nicht implementiert sind. Für die Parameter **Penalty0** und **Penalty1**
wurden den LPArc-Programmen die von GRIGORIADIS [114, S. 99] empfohlenen Werte 1, 0
und 1, 5 vorgegeben. Die Rechnungen wurden auf einem PC 486DX/33 unter Microsoft
Windows 3.0, das im Standard-Modus betrieben wurde[97], durchgeführt.

3.4.2 Verwendete Testprobleme

Die insgesamt 158 verschiedenen Probleme, die mit dem Problemgenerator NETGEN[98]
für die Testrechnungen erzeugt wurden, unterteilen sich in die folgenden fünf Gruppen,
von denen die ersten vier aus der Literatur stammen. Die genauen Spezifikationen der
einzelnen Probleme sowie ihre optimalen Zielfunktionswerte finden sich in Anhang A.

- Standard-NETGEN-Benchmarks [147, S. 818] (Probleme 1 bis 40)
  Hierbei handelt es sich um 10 Transport-, 5 Zuordnungs-, 12 kapazitierte und 8 unkapazitierte Umladeprobleme sowie 5 große Umladeprobleme mit bis zu 8000 Knoten
  und bis zu 35000 Pfeilen.

- Benchmarks nach GRIGORIADIS [114, S. 107] (Probleme 1G bis 40G)
  Diese Gruppe unterscheidet sich von den Standard-NETGEN-Benchmarks nur dadurch, daß die Pfeile mit höheren Kosten belastet werden.

- Benchmarks nach BERTSEKAS UND TSENG [30, S. 8] (Probleme 1B bis 20B)
  Hierbei handelt es sich um 5 Zuordnungs- und 15 Transportprobleme bis zu einer
  Größe von 3000 Knoten und 30000 Pfeilen.

- Benchmarks des *Extended Set* nach ALI, PADMAN UND THIAGARAJAN [6, S. 169f]
  (Probleme 1E bis 29E)
  Diese Gruppe stellt eine Erweiterung der Standard-Benchmarks um 12 Transport-
  und 17 Umladeprobleme dar. Das größte Problem besteht dabei aus 8000 Knoten
  und 40000 Pfeilen.

- Benchmarks des Extended Set mit veränderter Kostenstruktur
  (Probleme 1EG bis 29EG)
  Analog zum Vorgehen von GRIGORIADIS [114] wurden die Probleme des Extended
  Set mit höheren Kosten erzeugt.

---

[96]Die Programme LPArc-I/II wurden mit Microsoft FORTRAN 5.1 zu Dynamic Link Libraries compiliert. Zur Optimierung des Programmcodes wurde die Option /Ot1 angegeben, die eine schnelle
Ausführung des generierten Codes favorisiert und Programmschleifen optimiert.

[97]Im Standard-Modus sind genauere Zeitmessungen möglich als im erweiterten Modus für 386-PCs.
Da darüber hinaus mit dem in jedem PC als Zeitgeber programmierten 8254-Baustein standardmäßig
nur bis auf 55 ms genaue Zeitmessungen vorgenommen werden können, wurde dieser Baustein zur Mes-
sung der Laufzeiten umprogrammiert. Dabei wurde die Routine GetLowTickCount von JONGERIUS [134]
verwendet, die bis auf eine Millisekunde genaue Zeitmessungen ermöglicht.

[98]Es wurde die revidierte Version von NETGEN verwendet. Auf diese Version wird in Anhang A.1
eingegangen.

Problemklasse	Problemgröße	RNET [114]	LPArc-I	LPArc-II
Zuordnungsprobleme		2,1	2,1	2,7
Transportprobleme	klein bis mittelgroß	2,1	2,0	2,2
	groß	—	0,9	1,0
kapazitierte Umladeprobleme	mittelgroß	7,1	7,9	8,3
unkapazitierte Umladeprobleme	mittelgroß	4,3	4,7	5,0
Umladeprobleme	groß	1,2	2,3	2,7

Tabelle 3.14: Standardwerte für den Frequenz-Parameter f in Prozent von $|\mathcal{A}|$

3.4.3 Vergleich der alternativen Updates beim Basiswechsel von LPArc-II

Beim Vergleich des vollen Update der Successors-Liste, wie er in Abschnitt 3.3.2.2 beschrieben wurde, mit den alternativen Updates aus Abschnitt 3.3.2.3 stellte sich folgendes heraus. Der Restricted Update von BARR, GLOVER UND KLINGMAN [17, S. 23f] lieferte mit großem Abstand die längsten Lösungszeiten. Dies liegt sicherlich daran, daß bei seiner Durchführung der Knoten JoinNode auch in degenerierten Pivotschritten bestimmt werden muß. Vor allen Dingen ergab sich für Umladeprobleme, bei denen im Gegensatz zu Transportproblemen in der Regel über 90% der Pivotschritte degeneriert sind, ein unbefriedigendes Laufzeitverhalten.

Bei Verwendung des hier vorgeschlagenen Conditional Restricted Update ergab sich eine erhebliche Beschleunigung der Laufzeiten, da degenerierte Pivots wieder schneller ausgeführt werden konnten. Da aber umgekehrt nur sehr wenige Iterationen nicht degeneriert sind, kam der Vorteil des nur in diesen Pivotschritten ausgeführten Restricted Update nicht so stark zum Tragen, daß die Lösungszeiten des vollen Update der Successors-Liste übertroffen werden konnten. Der Conditional Restricted Update und der volle Update lieferten im wesentlichen vergleichbare Lösungsgeschwindigkeiten, bei kleinen und mittelgroßen Problemen war der Conditional Restricted Update geringfügig schneller.

Da die Lösung großer Probleme in der vorliegenden Arbeit im Vordergrund stehen soll, wurde für alle folgenden Testrechnungen mit LPArc-II der volle Update der Successors-Liste implementiert.

3.4.4 Neue Standardwerte für den Frequenz-Parameter

Wie schon in Abschnitt 3.1.1.2 erwähnt, hat das Pricing einen wesentlichen Einfluß auf das Laufzeitverhalten einer Implementation des primalen Netzwerk-Simplex-Verfahrens. Zur Untersuchung dieses Einflusses wurde daher das Laufzeitverhalten der LPArc-Programme bei der Lösung des Testproblems 1 der Standard-NETGEN-Benchmarks mit dem Microsoft Source Profiler analysiert. Dabei zeigte sich, daß LPArc-I 53,2% und LPArc-II 51,0% der gesamten Lösungszeit zum Pricing benötigte. Allein die Ausführung der Anweisung

```
ReducedCost := Cost(Arc) - Dual(FromNode(Arc)) + Dual(ToNode(Arc));
```

zur Berechnung der reduzierten Kosten nahm 12,8% bzw. 13,0% der Gesamtlaufzeit in

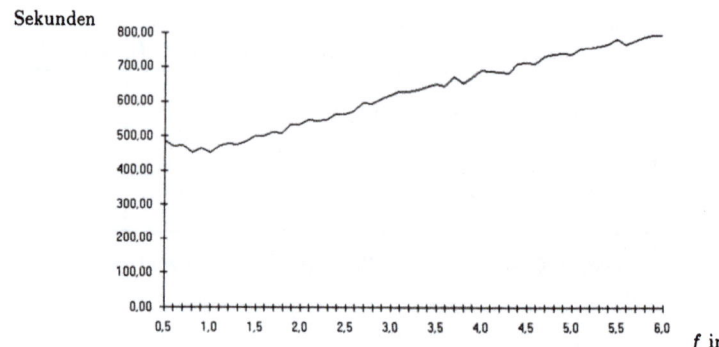

Abbildung 3.12: Summierte Lösungszeiten von LPArc-II für die Transportprobleme 6B
bis 20B in Abhängigkeit vom Frequenz-Parameter f

Anspruch. Diese Zahlen motivieren eine weitere Optimierung der Pricing-Strategie, die
bei den LPArc-Programmen durch die Wahl des Frequenz-Parameters f möglich ist.
GRIGORIADIS [114, S. 104] wählt diesen Frequenz-Parameter f im Bereich von 1,0
bis 8,5% von $|\mathcal{A}|$ und gibt für verschiedene Problemklassen Standardwerte an. Diese
Werte schienen aber für beide LPArc-Programme, besonders aber für LPArc-II, noch
verbesserbar zu sein. Daher wurden alle 158 Testprobleme von LPArc-I und LPArc-II
mit Parameterwerten im Bereich von 1,0 bis 8,5% bzw. für große Probleme im Bereich
von 0,5 bis 6,0% gelöst. Die Bereiche wurden dabei mit einer Schrittweite von 0,1%
durchgegangen. Nach Durchführung dieser 23016 Testrechnungen[99] konnten neue Standardwerte für f ermittelt werden, die sich von den GRIGORIADIS-Werten unterscheiden.
Tabelle 3.14 führt die Werte für RNET unf die LPArc-Programme auf. Im Vergleich zu
LPArc-I waren für LPArc-II durchweg leicht höhere Werte günstiger.

Bei der Ermittlung dieser Standardwerte zeigte sich ferner, daß die Wahl von f bei
Problemen ohne Umladeknoten wie Transport- und Zuordnungsproblemen einen deutlich
stärkeren Einfluß auf die Lösungszeiten hat als bei den übrigen Problemen. Die Abbildungen 3.12 und 3.13 verdeutlichen dies. Während bei großen Transportproblemen mit
wachsendem f ab etwa 1,0% ein monotoner Anstieg der Lösungszeiten zu beobachten ist,
bleiben die Lösungszeiten für große Umladeprobleme im Bereich von 1,5 bis 5,0% relativ
unverändert. Diese Sensibilität der Gradual Penalty-Methode auf die Wahl von f bei
Transportproblemen wurde von GRIGORIADIS nicht beobachtet. Sie unterstreicht aber
die Bedeutung einer guten Wahl des Frequenz-Parameters f.

3.4.5 Laufzeitvergleiche

Mit den neuen Standardwerten für den Frequenz-Parameter konnten nun LPArc-I und
LPArc-II miteinander verglichen werden. Von Interesse war dabei, ob die Wechsel der

---

[99]Auf einem PC 486DX/33 waren dafür rund 55 Stunden Rechenzeit erforderlich.

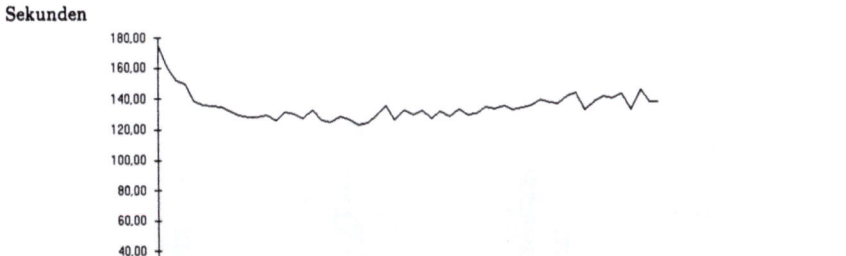

Abbildung 3.13: Summierte Lösungszeiten von LPArc-II für die Umladeprobleme 36 bis 40 in Abhängigkeit vom Frequenz-Parameter f

Wurzel, die LPArc-II durchschnittlich nur bei 1,4% aller Pivotschritte ausführte, insgesamt einen Laufzeitvorteil gegenüber LPArc-I bewirken konnten. Es stellte sich aber heraus, daß LPArc-II im Durchschnitt über die 158 Testprobleme rund 10% schneller lief. Bei einigen Problemklassen lieferten beide Programme in etwa gleiche Lösungszeiten, während bei großen Problemen LPArc-II deutlich besser abschnitt. Die Abbildungen 3.14 und 3.15 zeigen dies für große Transport- und Umladeprobleme.

Wie am Ende von Abschnitt 2.3 erwähnt, stellt sich aufgrund der jüngsten Implementationen primal-dualer Verfahren die Frage, ob primale Verfahren weiterhin konkurrenzfähig sind. Dazu wurden die LPArc-Programme dem Programm RELAXT-III von BERTSEKAS UND TSENG [30] gegenübergestellt. Dieses Programm stellt zur Zeit die schnellste Implementation der Relaxation-Methode[100] dar. Bei den Laufzeitvergleichen ergab sich nun, daß zwar im Schnitt über alle Probleme RELAXT-III noch der schnellere Problemlöser ist, für bestimmte Problemklassen die LPArc-Programme aber kürzere Lösungszeiten liefern. Dies gilt besonders für Probleme mit relativ hohen Kosten wie beispielsweise die kapazitierten Umladeprobleme 16G bis 27G, für die Abbildung 3.16 die Überlegenheit beider LPArc-Programme veranschaulicht. Bei Problemen, die auch Umladequellen und Umladesenken besitzen, wird dies am deutlichsten, wie anhand der Probleme 20G bis 23G zu sehen ist. Bei Zuordnungsproblemen ist nach wie vor RELAXT-III deutlich überlegen. Abbildung 3.17 zeigt dies für die Probleme 11 bis 15 der Standard-NETGEN-Benchmarks.

BERTSEKAS UND TSENG verglichen in [30] die Laufzeiten von RELAXT-III mit dem Problemlöser RNET, der als schnellster primaler Lösungsalgorithmus gilt[101]. Die hier durchgeführten Vergleiche von RELAXT-III insbesondere mit LPArc-II zeigen, daß die von BERTSEKAS UND TSENG beobachtete Überlegenheit primal-dualer Lösungsverfahren

---

[100]Eine erste Implementation der Relaxation-Methode zur Lösung von linearen Netzwerkflußproblemen stellt das Programm RELAX dar, das in [28] von BERTSEKAS UND TSENG im Quelltext angegeben wurde.
[101]Siehe Abschnitt 3.1.2.3 auf Seite 40

Sekunden

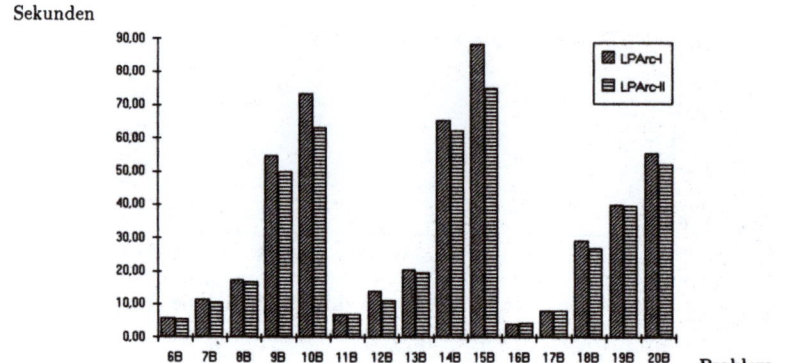

Abbildung 3.14: Lösungszeiten der LPArc-Programme für die Transportprobleme 6B bis 20B

Sekunden

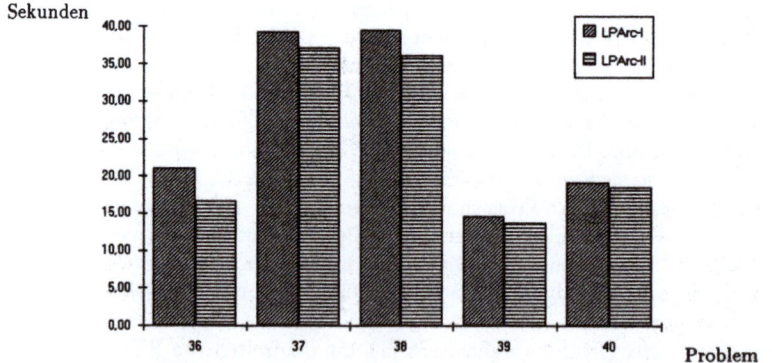

Abbildung 3.15: Lösungszeiten der LPArc-Programme für die Umladeprobleme 36 bis 40

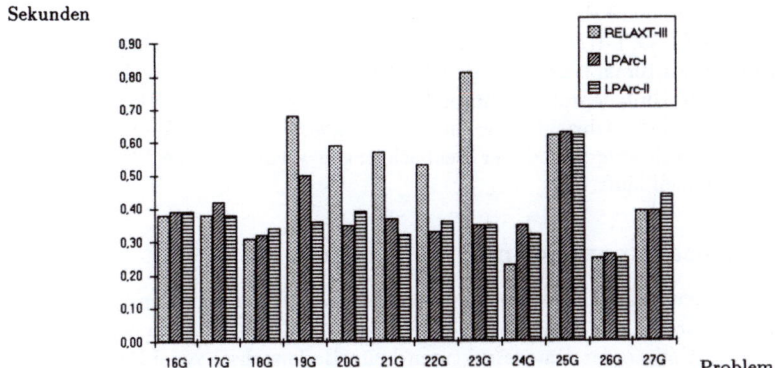

Abbildung 3.16: Lösungszeiten für die Umladeprobleme 16G bis 27G

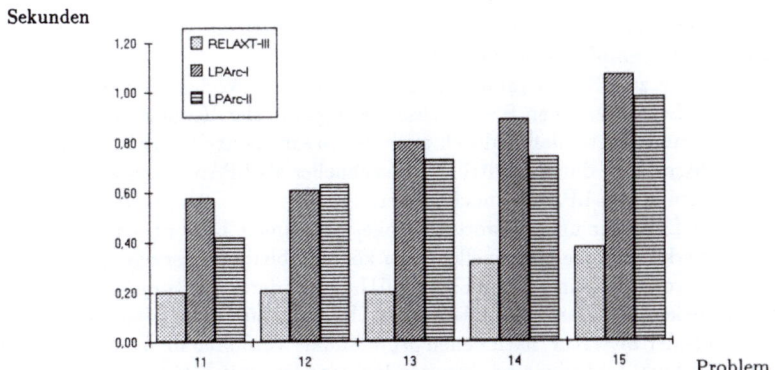

Abbildung 3.17: Lösungszeiten für die Zuordnungsprobleme 11 bis 15

über primale Verfahren deutlich gesunken ist. Während in [30] RNET im Schnitt über die dort gerechneten Probleme[102] RNET 5,95mal langsamer als RELAXT-III war, ist dieser Vorsprung mit LPArc-II bei den hier durchgeführten Rechnungen mit denselben Problemen auf den Faktor 2,11 gesunken. Im Durchschnitt über alle 158 Testprobleme war LPArc-II nur um den Faktor 1,67 langsamer. Die Tabelle 3.15 zeigt die gesunkene Überlegenheit von RELAXT-III für die ersten 35 Standard-NETGEN-Benchmarks. RNET löste diese Probleme 3,10mal langsamer als RELAXT-III, während LPArc-II nur 1,55mal langsamer war. Die Umladeprobleme 16 bis 27 wurden von RELAXT-III und LPArc-II etwa gleich schnell gelöst. Obwohl keine direkten Vergleiche mit RNET durchgeführt werden konnten, läßt sich aufgrund dieser Beobachtungen vermuten, daß LPArc-II mindestens doppelt so schnell läuft.

3.4.6   Zusammenfassende Bewertung

Mit den hier entwickelten Implementationen LPArc-I/II des primalen Netzwerk-Simplex-Verfahrens wurden zahlreiche Testprobleme gelöst. Zuerst wurden verschiedene Alternativen zum Update der Datenstrukturen beim Basiswechsel von LPArc-II miteinander verglichen. Dabei stellte sich heraus, daß der volle Update der Successors-Liste für große Probleme die besten Lösungszeiten liefert. Die von BARR, GLOVER UND KLINGMAN [17] angeregte Alternative eines Restricted Update erwies sich insbesondere für Probleme mit hoher Degeneriertheit als wenig effizient. Die hier vorgestellte Variante eines Conditional Restricted Update schnitt nur für kleine und mittelgroße Probleme am besten ab.

Beide LPArc-Programme verwenden zur Auswahl des nächsten in die Basis aufzunehmenden Pfeils die Sample Pricing-Strategie von GRIGORIADIS [114, S. 92f], die durch den Frequenz-Parameter f bestimmt wird. Für diesen Parameter wurden neue Standardwerte ermittelt. Dabei wurde sowohl nach Problemgröße und -struktur differenziert als auch zwischen LPArc-I und LPArc-II unterschieden. Mit diesen neuen Werten werden von den LPArc-Programmen kürzere Lösungszeiten erzielt als dies bei Verwendung der von GRIGORIADIS empfohlenen Werte der Fall ist.

Im Gegensatz zu LPArc-I kann LPArc-II durch einen Wechsel der Wurzel des Basisbaums den Aufwand für einen Basiswechsel verringern. Der Vergleich der Lösungszeiten beider Programme zeigte, daß dadurch auch die Gesamtlaufzeit verkürzt wird: Der Problemlöser LPArc-II lief durchschnittlich 10% schneller als LPArc-I, bei großen Problemen war der Vorsprung von LPArc-II noch größer.

Die in der Literatur unbeantwortete Frage, ob primale oder primal-duale Verfahren lineare Netzwerkflußprobleme schneller lösen können, bleibt weiter offen, denn beim Vergleich der LPArc-Programme mit RELAXT-III, einem der schnellsten primal-dualen Verfahren, konnte kein Programm für alle Testprobleme die kürzesten Lösungszeiten erzielen. Ergebnisse aus der Literatur, nach denen primal-duale Verfahren im Vergleich zu primalen Verfahren fast 6mal schneller sind, konnten insbesondere mit LPArc-II widerlegt werden: Im Schnitt über die hier gerechneten Testprobleme war RELAXT-III nur noch 1,67mal schneller als LPArc-II, Probleme mit hohen Kosten wurden von den LPArc-Programmen schneller gelöst. Für die optimale Lösung von Umladeproblemen mit bis zu 8000 Knoten

---

[102]BERTSEKAS UND TSENG [30] führten Testrechnungen mit den ersten 35 Problemen der Standard-NETGEN-Benchmarks und den von ihnen erzeugten Problemen 1B bis 20B durch.

Problem	μVAX Workstation 2000 [30, S. 6]			PC 486DX/33			
	RELAXT-III Sek.	RNET Sek.	Ver- hältnis	RELAXT-III Sek.	LPArc-II f	Sek.	Ver- hältnis
1	1,22	2,94	2,41	0,19	2,2	0,31	1,63
2	0,97	3,32	3,42	0,19	2,2	0,32	1,68
3	1,54	4,80	3,12	0,26	2,2	0,40	1,54
4	1,28	5,16	4,03	0,26	2,2	0,53	2,04
5	1,79	5,73	3,20	0,37	2,2	0,54	1,46
6	2,03	8,20	4,04	0,42	2,2	0,78	1,86
7	2,76	11,23	4,07	0,54	2,2	0,87	1,61
8	2,91	13,58	4,67	0,62	2,2	1,04	1,68
9	2,83	16,69	5,90	0,56	2,2	1,05	1,88
10	2,08	14,57	7,00	0,64	2,2	1,18	1,84
Durchschnitt			4,19				1,72
11	0,82	4,32	5,27	0,20	2,7	0,42	2,10
12	0,98	6,23	6,36	0,21	2,7	0,63	3,00
13	1,36	6,70	4,93	0,20	2,7	0,73	3,65
14	1,42	8,79	6,19	0,32	2,7	0,74	2,31
15	1,88	8,65	4,60	0,38	2,7	0,98	2,58
Durchschnitt			5,47				2,73
16	1,76	3,26	1,85	0,33	8,3	0,36	1,09
17	1,98	3,40	1,72	0,56	8,3	0,41	0,73
18	1,25	2,57	2,06	0,24	8,3	0,35	1,46
19	3,08	3,30	1,07	0,63	8,3	0,48	0,76
20	2,47	3,33	1,35	0,45	8,3	0,38	0,84
21	2,77	4,53	1,64	0,55	8,3	0,49	0,89
22	2,58	3,08	1,19	0,48	8,3	0,35	0,73
23	2,53	3,41	1,35	0,51	8,3	0,38	0,75
24	1,11	2,59	2,33	0,24	8,3	0,38	1,58
25	1,73	5,11	2,95	0,36	8,3	0,62	1,72
26	1,35	2,26	1,67	0,27	8,3	0,27	1,00
27	1,06	2,69	2,54	0,35	8,3	0,34	0,97
Durchschnitt			1,81				1,04
28	4,61	6,07	1,32	0,84	5,0	0,89	1,06
29	4,16	8,12	1,95	0,64	5,0	0,79	1,23
30	4,77	8,16	1,71	0,91	5,0	0,99	1,09
31	3,13	9,84	3,14	0,60	5,0	1,08	1,80
32	6,82	12,97	1,90	1,25	5,0	1,45	1,16
33	5,47	14,22	2,60	1,00	5,0	1,28	1,28
34	6,09	14,74	2,42	1,13	5,0	1,60	1,42
35	6,13	15,40	2,51	1,04	5,0	1,92	1,85
Durchschnitt			2,19				1,36
Insgesamt			3,10				1,55

Tabelle 3.15: Lösungszeiten für die ersten 35 Probleme der Standard-NETGEN-Bench-marks im Vergleich

und 40000 Pfeilen waren mit LPArc-II auf einem PC 486DX/33 maximal 52 Sekunden erforderlich. Ein indirekter Vergleich mit RNET, dem anerkanntermaßen schnellsten primalen Problemlöser, ergab eine deutliche Überlegenheit von LPArc-II.

Trotz der schnellen Lösungszeiten, die das primal-duale Verfahren RELAXT-III erzielt, sprechen bei der Lösung von Fixkosten-Netzwerkflußproblemen mehrere Gründe für den Einsatz von LPArc-I/II im Rahmen eines Branch-and-Bound-Verfahrens. Zunächst ist der erheblich geringere Speicherplatzbedarf zu nennen. Während LPArc-II zur Speicherung der Datenstrukturen $8|\mathcal{N}| + 4|\mathcal{A}|$ Speicherplätze benötigt, erfordert der Einsatz von RELAXT-III $9|\mathcal{N}| + 10|\mathcal{A}|$ Speicherplätze. Bei großen Problemen fällt die über doppelt so hohe Anzahl von Pfeillisten besonders ins Gewicht. Der wichtigste Grund besteht jedoch darin, daß zur Berechnung von Penalties auf die in Baumstruktur gespeicherte Simplex-Basis zurückgegriffen werden kann. Mit geeigneten Datenstrukturen läßt sich aufgrund der Struktur der Basis die Penalty-Berechnung effizient implementieren. Daher wird bei dem Branch-and-Bound-Verfahren für Fixkosten-Netzwerkflußprobleme, das in den folgenden Kapiteln entwickelt wird, das Programm LPArc-II zur Lösung linearer Relaxationen verwendet.

Kapitel 4

Das Fixkosten-Netzwerkflußproblem

In diesem Kapitel wird das Fixkosten-Netzwerkflußproblem vorgestellt und auf seine wichtigsten Eigenschaften eingegangen. Seine Gemeinsamkeiten mit dem linearen Netzwerkflußproblem werden angegeben, das Fixkosten-Transportproblem wird als wichtigster Spezialfall eingeordnet. Nach einer Übersicht über verschiedene Lösungsmöglichkeiten werden mit Blick auf die Lösung durch ein Branch-and-Bound-Verfahren Formulierungen und Eigenschaften linearer Relaxationen beschrieben.

4.1 Mathematische Formulierung und Eigenschaften

Das Fixkosten-Netzwerkflußproblem entsteht durch Erweiterung des linearen Netzwerkflußproblems um Fixkosten, die auf den einzelnen Pfeilen zusätzlich zu den variablen Kosten dann anfallen, wenn der entsprechende Pfeil tatsächlich benutzt wird, also ein echt positiver Fluß auf ihm vorliegt. Zur Formulierung des Fixkosten-Netzwerkflußproblems wird daher wie beim linearen Netzwerkflußproblem von einem Netzwerk $(\mathcal{N}, \mathcal{A})$ ausgegangen, dessen Pfeile mit variablen Kosten c_{ij} und Kapazitätsschranken m_{ij} bewertet sind. Die Knotenbewertungen a_k geben die Angebots- oder Bedarfsmengen des im Netzwerk zu versendenden homogenen Guts an. Hinzu kommen nun für jeden Pfeil Fixkosten d_{ij}. Mit ihnen wird die Benutzung eines Pfeils (i,j) einmalig und unabhängig von der Höhe des Flusses auf ihm in der Zielfunktion belastet. Findet auf dem Pfeil (i,j) kein Fluß statt, so fallen die Fixkosten d_{ij} nicht an. Sinnvollerweiser wird für alle Pfeile $d_{ij} \geq 0$ vorausgesetzt. Damit wird gleichzeitig die Möglichkeit offengelassen, nicht alle Pfeile mit Fixkosten zu belasten. Pfeile mit $d_{ij} > 0$ werden *Fixkostenpfeile* genannt.

Damit läßt sich das Fixkosten-Netzwerkflußproblem folgendermaßen formulieren:

Minimiere $\quad \sum_{(i,j) \in \mathcal{A}} (c_{ij}x_{ij} + d_{ij}y_{ij})$ $\hfill (4.1)$

unter den Nebenbedingungen

$$\sum_{j \in \{j\,:\,(k,j)\in\mathcal{A}\}} x_{kj} \quad - \sum_{i \in \{i\,:\,(i,k)\in\mathcal{A}\}} x_{ik} \quad = \quad a_k, \qquad k \in \mathcal{N}, \hfill (4.2)$$

$$0 \le x_{ij} \le m_{ij}, \qquad (i,j) \in \mathcal{A}, \hfill (4.3)$$

$$y_{ij} = \begin{cases} 0, & \text{falls} \quad x_{ij} = 0, \\ 1, & \text{falls} \quad x_{ij} > 0, \end{cases} \qquad (i,j) \in \mathcal{A}, \hfill (4.4)$$

wobei

$\mathcal{N}$ die Menge der Knoten des Netzwerks,

$\mathcal{A}$ die Menge der Pfeile des Netzwerks,

c_{ij} die Kosten für den Fluß einer Mengeneinheit auf dem Pfeil von Knoten i zu Knoten j,

d_{ij} die Fixkosten für die Benutzung des Pfeils von Knoten i zu Knoten j,

x_{ij} den Fluß auf dem Pfeil von Knoten i zu Knoten j,

y_{ij} die Benutzung des Pfeils von Knoten i zu Knoten j (d. h., ob auf ihm ein Fluß vorliegt oder nicht),

m_{ij} die Kapazität des Pfeils von Knoten i zu Knoten j und

a_k die im Knoten k vorrätigen bzw. benötigten ($a_k > 0$ bzw. $a_k < 0$) Mengeneinheiten, für reine Umladeknoten ist $a_k = 0$,

bezeichnet.

Gegenüber dem linearen Netzwerkflußproblem wurde die Zielfunktion (4.1) für jeden Pfeil um die Fixkosten d_{ij} erweitert. Ob sie tatsächlich anfallen, wird durch die Variablen y_{ij} angegeben, die in (4.4) entsprechend definiert sind. Die Flußerhaltungsbedingungen (4.2) und die Kapazitätsnebenbedingungen (4.3) sind mit denen des linearen Netzwerkflußproblems identisch.[1] Wie dort wird auch hier die Ausgeglichenheit von Angebot und Bedarf[2] vorausgesetzt.

Diese Formulierung beinhaltet das lineare Netzwerkflußproblem aus Kapitel 2 als Spezialfall. Er ergibt sich, wenn keine Fixkostenpfeile vorhanden sind, also alle d_{ij} gleich Null sind. Dasjenige Problem, das man aus dem Fixkosten-Netzwerkflußproblem durch Streichung der d_{ij} und der y_{ij} erhält, wird das *zugehörige* lineare Netzwerkflußproblem genannt.

Wichtigste Gemeinsamkeit des Fixkosten-Netzwerkflußproblems mit dem linearen Netzwerkflußproblem sind die identischen Nebenbedingungen für die Flußvariablen x_{ij}. Dies sind die Flußerhaltungs- und Kapazitätsnebenbedingungen, die einen konvexen Lösungspolyeder bilden. Die Zielfunktion ist dagegen nicht mehr linear, sondern wird

---

[1]Vgl. (2.2) und (2.3) auf Seite 14

[2]Vgl. (2.8) auf Seite 17

durch die Erweiterung um die Fixkosten zu einer konkaven Funktion. Bei ihrer Minimierung auf dem konvexen Lösungspolyeder nimmt sie ihr Minimum in einem Extremalpunkt an.[3] Daher ist es möglich, sich bei der Suche nach der optimalen Lösung auf die Extremalpunkte dieses Lösungspolyeders zu beschränken. Dabei ist zu berücksichtigen, daß ein lokales Minimum nicht notwendig auch das gesuchte globale Minimum sei muß.

Will man von einem Extremalpunkt ausgehend nur benachbarte Eckpunkte des Lösungspolyeders untersuchen, so können dazu Pivotschritte des primalen Netzwerk-Simplex-Verfahrens verwendet werden. Die Ganzzahligkeit der Extremalpunkte[4] ermöglicht auch den Einsatz von Algorithmen der rein-ganzzahligen Optimierung.

Im weiteren wird mit der folgenden äquivalenten Formulierung des Fixkosten-Netzwerkflußproblems gearbeitet. Im Fall $y_{ij} = 0$ findet dabei die Sperrung des zugehörigen Pfeils in der Kapazitätsnebenbedingung statt. Dadurch werden die y_{ij} zu gewöhnlichen 0–1-Variablen und das Fixkosten-Netzwerkflußproblem kann als lineare gemischt-bivalente Optimierungsaufgabe formuliert werden:

(FCNFP)   Minimiere $\displaystyle\sum_{(i,j)\,\in\mathcal{A}} (c_{ij}x_{ij} + d_{ij}y_{ij})$ (4.5)

unter den Nebenbedingungen

$$\sum_{j\,\in\,\{j\,:\,(k,j)\,\in\mathcal{A}\}} x_{kj} \;-\; \sum_{i\,\in\,\{i\,:\,(i,k)\,\in\mathcal{A}\}} x_{ik} \;=\; a_k, \qquad k \in \mathcal{N}, \qquad (4.6)$$

$$0 \le x_{ij} \le m_{ij}y_{ij}, \qquad (i,j) \in \mathcal{A}, \tag{4.7}$$

$$y_{ij} \in \{0,1\}, \qquad (i,j) \in \mathcal{A}. \tag{4.8}$$

4.2 Der Spezialfall des Fixkosten-Transportproblems

Führt man die eben vorgenommene Erweiterung des linearen Netzwerkflußproblems um Fixkosten beim klassischen Transportproblem[5] durch, so erhält man das Fixkosten-Transportproblem, das zuerst von HIRSCH UND DANTZIG [120] vorgestellt wurde. Es läßt sich wie das Fixkosten-Netzwerkflußproblem als lineare gemischt-bivalente Optimierungsaufgabe formulieren.

---

[3]Dieses grundlegende Resultat wurde für allgemeine Fixkostenprobleme zuerst von HIRSCH UND DANTZIG [120, S. 416f] formuliert. Für Fixkosten-Transportprobleme wurde es von BALINSKI [13, Theorem 4] direkt bewiesen.

[4]Siehe Abschnitt 2.1.3.2

[5]Siehe Anschnitt 2.2.1 auf Seite 20

(FCTP)   Minimiere $\displaystyle\sum_{i=1}^{m}\sum_{j=1}^{n}(c_{ij}x_{ij}+d_{ij}y_{ij})$

unter den Nebenbedingungen

$$\sum_{j=1}^{n} x_{ij} = a_i, \qquad i = 1, \ldots, m,$$

$$\sum_{i=1}^{m} x_{ij} = b_j, \qquad j = 1, \ldots, n,$$

$$0 \leq x_{ij} \leq m_{ij}y_{ij}, \qquad i = 1, \ldots, m; \quad j = 1, \ldots, n,$$

$$y_{ij} \in \{0,1\}, \qquad i = 1, \ldots, m; \quad j = 1, \ldots, n,$$

wobei

m die Anzahl der Angebotslager,

n die Anzahl der Bedarfslager,

c_{ij} die Transportkosten für die Lieferung einer Mengeneinheit von Angebotslager i zu Bedarfslager j,

d_{ij} die Fixkosten für die Benutzung der Transportverbindung von Angebotslager i zu Bedarfslager j,

x_{ij} die von Angebotslager i zu Bedarfslager j zu liefernden Mengeneinheiten,

y_{ij} die Benutzung der Verbindung von Angebotslager i zu Bedarfslager j,

a_i die im Angebotslager i vorrätigen Mengeneinheiten und

b_j die vom Bedarfslager j angeforderten Mengeneinheiten

m_{ij} $:= \min\{a_i, b_j\}$

bezeichnet.

Die m_{ij} werden hier nur für die logische Verknüpfung der Flußvariablen x_{ij} mit den 0–1-Variablen y_{ij} benötigt. Da die einzelnen Verbindungen im klassischen Transportproblem keiner Kapazitätsbeschränkung unterliegen, werden sie durch $\min\{a_i, b_j\}$ so definiert, daß sie nur redundante Kapazitätsschranken bilden.

Das Fixkosten-Transportproblem wurde in der Literatur ausgiebig behandelt[6] und oft anstelle des Fixkosten-Netzwerkflußproblems untersucht. Dies wurde meist damit begründet[7], daß sich jedes kapazitierte Fixkosten-Netzwerkflußproblem in ein Fixkosten-Transportproblem transformieren läßt[8]: Denn jedes Netzwerkflußproblem läßt sich durch

---

[6]Von den zahlreichen Veröffentlichungen, die sich mit der Struktur des Fixkosten-Transportproblems und seinen Eigenschaften beschäftigen, seien stellvertretend die folgenden genannt: HIRSCH UND DANTZIG [120], BALINSKI [13], SPIELBERG [188], ROBERS UND COOPER [177], TOMPKINS [199], FRANK [74], KENNINGTON [139], KENNINGTON UND UNGER [142] und GALLUS [77]

[7]Vgl. KENNINGTON UND UNGER [143, S. 1116] und BARR, GLOVER UND KLINGMAN [18, S. 448]

[8]Vgl. MALVEK-ZAVAREI UND FRISCH [157]

zusätzliche Einführung von $|\mathcal{N}|$ Knoten und $|\mathcal{N}|$ Pfeilen in ein Transportproblem umformulieren. Mit weiteren $2|\mathcal{A}|$ Knoten und $2|\mathcal{A}|$ Pfeilen können die Kapazitätsbeschränkungen durch unkapazitierte Verbindungen modelliert werden.[9] Da durch diese Transformation die Problemgröße mehr als verdreifacht wird, ist sie nur von theoretischem Nutzen. Die Lösung von Fixkosten-Netzwerkflußproblemen ist durch speziell auf sie zugeschnittene Verfahren effizienter möglich.

4.3 Mögliche Lösungsverfahren

Zur Lösung des Fixkosten-Netzwerkflußproblems eignet sich zunächst jedes Verfahren der linearen gemischt-ganzzahligen Optimierung. Hierzu zählen Enumerationsverfahren, Dekompositionsmethoden, Schnittebenenverfahren und gruppentheoretische Lösungsansätze.[10] Bei der Spezialisierung auf Fixkostenprobleme konnten jedoch überwiegend aus enumerativen Ansätzen heraus die bislang besten Algorithmen entwickelt werden. Dekompositionsverfahren[11] bieten hauptsächlich bei der Lösung von Mehrgüter-Problemen Vorteile.[12] Reine Schnittebenenverfahren[13] konnten bei der Lösung von Fixkosten-Netzwerkflußproblemen keine Bedeutung erlangen.[14] Gruppentheoretische Lösungsansätze[15] wurden zwar sowohl für das Fixkosten-Transportproblem[16] als auch das Fixkosten-Netzwerkflußproblem[17] verfolgt. Die gruppentheoretischen Strukturen wurden aber nicht zur Entwicklung eigener Lösungsverfahren herangezogen, sondern im Rahmen von enumerativen Ansätzen verarbeitet.

Bei der folgenden Übersicht über entwickelte Enumerationsverfahren wird zwischen

---

[9]Vgl. zur Transformation von unkapazitierten Umladeproblemen in klassische Transportprobleme DOMSCHKE [61, S. 126] und zur Modellierung kapazitierter Verbindungen im (unkapazitierten) klassischen Transportproblem DANTZIG [56, S. 380].

[10]Eine systematische Einordnung der unterschiedlichen Lösungsverfahren in einen einheitlichen Rahmen wird von GEOFFRION UND MARSTEN [84, 85] vorgenommen.

[11]Der wichstigste Dekompositionsansatz stammt von BENDERS [20, 21] und wird die BENDERS-*Dekomposition* genannt. Er basiert wie alle Dekompositionsansätze auf dem Dekompositionsprinzip von DANTZIG UND WOLFE [57], das zur Lösung großer linearer Programme entwickelt wurde. Vgl. zur BENDERS-Dekomposition SHAPIRO [184, S. 211ff] und SCHRIJVER [183, S. 371f] sowie zur DANTZIG-WOLFE-Dekomposition PAPADIMITRIOU UND STEIGLITZ [173, S. 97ff]

[12]GEOFFRION UND GRAVES [83] lösten beispielsweise mit Hilfe der BENDERS-Dekomposition ein Distributionsplanungsproblem mit 17 verschiedenen Warengruppen, 14 Fabrikationsstätten, 45 möglichen Standorten für Distributionszentren und 121 Vertriebsbereichen.

[13]Die Lösung linearer gemischt-ganzzahliger Optimierungsprobleme durch sukzessives Hinzufügen von Schnittebenen geht auf GOMORY [104, 105, 106] zurück. Vgl. SHAPIRO [184, S. 44ff], SCHRIJVER [183, S. 354ff] und PAPADIMITRIOU UND STEIGLITZ [173, S. 326ff]

[14]Für viele Fixkostenprobleme läßt sich jedoch durch Hinzufügung geeigneter Schnittebenen oft eine bessere Problemformulierung erreichen. Durch Verwendung einer solchen Formulierung können Branch-and-Bound-Verfahren teilweise erheblich beschleunigt werden. Vgl. PADBERG, VAN ROY UND WOLSEY [171], VAN ROY UND WOLSEY [201, 202] und WOLSEY [205]

[15]Der gruppentheoretische Ansatz geht auf GOMORY [107, 108, 109] zurück. Ein erstes gruppentheoretisches Lösungsverfahren wurde von GORRY UND SHAPIRO [110] entwickelt. Vgl. GEOFFRION UND MARSTEN [85, S. 484ff], SHAPIRO [184, S. 310ff] und SCHRIJVER [183, S. 363ff]

[16]Vgl. TOMPKINS [199], KENNINGTON [139] und KENNINGTON UND UNGER [142]

[17]Vgl. RARDIN [174]

Verfahren, die eine implizite Enumeration vornehmen[18], und Branch-and-Bound-Verfahren[19] unterschieden. Wegen der gleichen Kostenstruktur lassen sich die grundlegenden Konzepte vieler Lösungsverfahren für Fixkosten-Transportprobleme auch auf Fixkosten-Netzwerkflußprobleme erweitern, so daß auch Verfahren zur Lösung von Fixkosten-Transportproblemen angegeben werden.

4.3.1   Implizite Enumerationsverfahren

Eines der ersten exakten Lösungsverfahren für Fixkosten-Transportprobleme wurde 1967 von GRAY [112, 113] entwickelt. In seinem Verlauf werden die 2^{mn} möglichen 0–1-Kombinationen der y_{ij} implizit enumeriert. Dabei wird mit Hilfe verschiedener aus der Problemstruktur abgeleiteter Tests entschieden, ob zu gegebenem $y \in \{0,1\}^{mn}$ eine Basislösung existiert, die durch Lösung eines klassischen Transportproblems ermittelt werden kann. Aufgrund des hohen Rechenaufwands ist dieses Vorgehen jedoch nur für sehr kleine Probleme praktikabel.

Eine Reihe von weiteren Verfahren enumeriert Extremalpunkte in einer geordneten Reihenfolge. Der von MURTY [165] 1968 vorgestellte Algorithmus entwickelt eine Folge von Extremalpunkten des Lösungspolyeders des zugehörigen linearen Problems mit ansteigenden variablen Kosten. Jeweils benachbarte Eckpunkte werden untersucht und mit Pivotschritten des Simplex-Verfahrens erreicht. Beim Verfahren von FRANK [74] wird eine ähnliche Folge, hier allerdings mit ansteigenden Fixkosten, entwickelt. COOPER [51] stellte für Fixkosten-Transportprobleme 1970 ein Enumerationsverfahren vor, das eine Folge von Extremalpunkten des Lösungspolyeders der linearen Relaxation von (**FCTP**) mit ansteigenden variablen Kosten entwickelt. Da die Enumeration von Extremalpunkten schon bei der Lösung von Fixkosten-Transportproblemen relativ problematisch ist, wenn degenerierte Basislösungen auftreten, läßt sich aus diesem Ansatz heraus kein konkurrenzfähiges Verfahren für Fixkosten-Netzwerkflußprobleme entwickeln, denn das Vorliegen von Degeneration ist bei Netzwerkflußproblemen die Regel[20].

4.3.2   Branch-and-Bound-Verfahren

Zur Lösung von Fixkosten-Transportproblemen wurde 1969 von KRARUP [150] ein Verfahren angegeben, das als erstes den Branch-and-Bound-Ansatz auf Fixkostenprobleme spezialisiert. Dieses Verfahren nimmt zu Beginn eine Reduktion der Angebots- und Bedarfsmengen sowie der Kostenmatrizen vor. Nach Wahl einer Separationsvariablen x_{pq} wird das aktuelle Problem in drei Teilprobleme separiert. Dabei wird jeweils eine der Restriktionen $x_{pq} = 0$, $0 < x_{pq} < m_{pq}$ bzw. $x_{pq} = m_{pq}$ dem Problem hinzugefügt. Im

---

[18]Implizite Enumerationsverfahren nutzen in besonderer Weise die logische Struktur der Restriktionen aus. Ihre Entwicklung wurde von BALAS [10] angeregt. Zu den wichtigsten Algorithmen zählen die Verfahren von GLOVER [86] und GEOFFRION [81].

[19]Das Konzept des Branch-and-Bound geht auf die Arbeiten von LAND UND DOIG [153] und DAKIN [53] zurück.

Vgl. GEOFFRION UND MARSTEN [85, S. 484ff], MURTY [166, S. 437ff], SHAPIRO [184, S. 325ff], PAPADIMITRIOU UND STEIGLITZ [173, S. 433ff], SCHRIJVER [183, S. 360ff], IBARAKI [124] und NEMHAUSER UND WOLSEY [167, S. 352ff]

[20]Vgl. Fußnote 9 auf Seite 31

Gegensatz hierzu separieren alle weiteren Branch-and-Bound-Verfahren in nur zwei Teilprobleme. Dabei wird eine Verbindung entweder gesperrt oder geöffnet. Ein solches Verfahren zur Lösung von Netzwerkflußproblemen mit konkaven Kostenstrukturen wurde 1971 von FLORIAN UND ROBILLARD [155] vorgeschlagen. SOLAND [186] entwickelte 1974 ein Branch-and-Bound-Verfahren für kapazitierte und unkapazitierte Plant Location- und Transportprobleme mit ebenfalls konkaven Kostenstrukturen. Ein erstes Verfahren, das auf die Lösung von Fixkosten-Netzwerkflußproblemen spezialisiert ist, wurde erst 1976 von RARDIN UND UNGER [175] vorgestellt. Zur Wahl der Separationsvariablen und zur Auslotung werden dabei aus gruppentheoretischen Überlegungen abgeleitete Penalties verwendet. Ein ähnliches Verfahren zur Lösung von Fixkosten-Transportproblemen stammt von KENNINGTON UND UNGER [143, 140]. Beide Algorithmen verwenden als Suchstrategie[21] zur Verwaltung der noch weiter zu bearbeitenden Teilprobleme die Best Bound-Strategie. Jüngere Branch-and-Bound-Verfahren setzen dagegen häufig die Depth First-Suche ein. Hierzu zählt auch das 1981 vorgelegte Verfahren von BARR, GLOVER UND KLINGMAN [18] zur Lösung von Fixkosten-Transportproblemen, das für diese Problemklasse die bislang kürzesten Lösungszeiten lieferte. Dabei wurden Probleme in einer Größenordnung von bis zu 400 Knoten, 3000 Pfeilen und 600 Fixkostenpfeilen in weniger als einer Minute gelöst. Diese Lösungsgeschwindigkeit ist auch auf die Verwendung eines effizienten Problemlösers zur Lösung der linearen Relaxationen zurückzuführen. Der Ansatz von BARR, GLOVER UND KLINGMAN wurde 1984 von CABOT UND ERENGUC [44] weiter ausgebaut. Dabei wurden neue Penalties aus der Lagrange-Relaxation[22] abgeleitet, zusätzliche Regeln zur Beschleunigung des Branching eingearbeitet und auch Nichtbasispfeile mit Penalties belegt. Leider wurde im Rahmen von [44] keine Implementation des Verfahrens erstellt, die bei der Lösung der linearen Relaxationen die vorliegende Problemstruktur ausnutzt, so daß keine Laufzeitverbesserungen nachgewiesen werden konnten. Ein weiteres Lösungsverfahren für das Fixkosten-Transportproblem, das den Branch-and-Bound-Ansatz verwendet, wurde 1988 von NEMHAUSER UND WOLSEY [167, S. 502ff] angegeben. Dabei werden dem Problem vor Beginn des eigentlichen Branch-and-Bound-Verfahrens Schnittebenen hinzugefügt, die nicht-ganzzahlige Lösungen der linearen Relaxation ausschließen. Durch diese Schnittebenen wird aber die Netzwerkstruktur zerstört, so daß die linearen Relaxationen, die anschließend im Branch-and-Bound-Verfahren zu lösen sind, nicht mehr mit einem auf Netzwerkflußprobleme spezialisierten Algorithmus gelöst werden können.

4.3.3 Zusammenfassende Bewertung

Unter den zahlreichen Verfahren zur Lösung linearer gemischt-ganzzahliger Optimierungsaufgaben haben sich für Fixkostenprobleme, die sich mit dem Fluß **eines** homogenen Guts in einem Netzwerk beschäftigen, ausschließlich Branch-and-Bound-Verfahren bewährt. Mit ihnen konnten beispielsweise auch große Fixkosten-Transportprobleme in angemessener Zeit exakt gelöst werden.

---

[21]Vgl. zu den wichtigsten Suchstrategien von Branch-and-Bound-Verfahren Abschnitt 5.1.4 auf Seite 105

[22]Vgl. zu einer Übersicht über Einsatzmöglichkeiten der Lagrange-Relaxation bei der Lösung von Optimierungsaufgaben mit Ganzzahligkeitsbedingungen GEOFFRION [82] und FISHER [68]

Für Fixkosten-Netzwerkflußprobleme scheinen die Ansätze, die von BARR, GLOVER UND KLINGMAN und CABOT UND ERENGUC für das Fixkosten-Transportproblem entwickelt wurden, am vielversprechendsten. Bei ihrer Erweiterung auf Fixkosten-Netzwerkflußprobleme sind die beiden folgenden Aspekte von besonderer Bedeutung.

Die Arbeit von BARR, GLOVER UND KLINGMAN unterstreicht den Einfluß des Problemlösers für die linearen Relaxationen auf die Lösungsgeschwindigkeit des gesamten Verfahrens. Daher sollte auch bei einem Verfahren zur Lösung von Fixkosten-Netzwerkflußproblemen eine entsprechend strukturierte lineare Relaxation gebildet werden und ihre Struktur bei der Lösung ausgenutzt werden. Im nächsten Abschnitt wird aus diesem Grund gezeigt, daß mit Relaxationen gearbeitet werden kann, die sich als lineare Netzwerkflußprobleme schreiben lassen und daher mit den im vorherigen Kapitel entwickelten Lösungsverfahren LPArc-I/II gelöst werden können.

Den zweiten Aspekt macht die Arbeit von CABOT UND ERENGUC deutlich. Durch die Neuentwicklung von guten und trotzdem leicht berechenbaren Penalties sowie ihrem umfassenden Einsatz in mehreren Komponenten des Verfahrens konnten Verbesserungen des Lösungsverhaltens erzielt werden. Bei der Herleitung dieser Penalties bewährte sich der Zugang über die Lagrange-Relaxation. Dies motiviert ein analoges Vorgehen bei der Entwicklung von Penalties für Fixkosten-Netzwerkflußprobleme, die im Gegensatz zu den von CABOT UND ERENGUC betrachteten Problemen Kapazitätsschranken besitzen. Dabei sind weitere Arbeiten, die sich mit der Verbesserung von Penalties beschäftigen, zu berücksichtigen.[23]

4.4 Die lineare Relaxation

Zur Ermittlung unterer Schranken für die optimalen Lösungen von Teilproblemen werden in Branch-and-Bound-Verfahren häufig lineare Relaxationen verwendet, wenn ihre Lösung nicht zu aufwendig ist.[24] Wie im folgenden gezeigt wird, läßt sich die lineare Relaxation des Fixkosten-Netzwerkflußproblems als effizient lösbares lineares Netzwerkflußproblem formulieren.

Die lineare Relaxation von (FCNFP) erhält man durch Fallenlassen der Ganzzahligkeitsbedingungen. Dazu wird die 0–1-Nebenbedingung (4.8) durch

$$0 \leq y_{ij} \leq 1, \qquad (i,j) \in \mathcal{A}, \tag{4.9}$$

ersetzt. Die so gebildete Relaxation ist ein lineares Programm, das mit ($\overline{\text{FCNFP}}$) bezeichnet wird. Das hierzu duale Programm lautet:

---

[23]Penalties für Fixkostenprobleme wurden von BOENCHENDORF [36, 37], CABOT UND ERENGUC [45], PALEKAR, KARWAN UND ZOINTS [172] und SCHAFFER UND O'LEARY [179] entwickelt.
[24]Vgl. GEOFFRION UND MARSTEN [85, S. 472], PAPADIMITRIOU UND STEIGLITZ [173, S. 434] und IBARAKI [124, S. 71]

$(\overline{\mathbf{DFCNFP}})$ Maximiere $\sum\limits_{k \in \mathcal{N}} a_k u_k + \sum\limits_{(i,j) \in \mathcal{A}} v_{ij}$ (4.10)

unter den Nebenbedingungen

$$u_i - u_j + w_{ij} \leq c_{ij}, \qquad (i,j) \in \mathcal{A}, \tag{4.11}$$

$$- m_{ij} w_{ij} + v_{ij} \leq d_{ij}, \qquad (i,j) \in \mathcal{A}, \tag{4.12}$$

$$v_{ij}, w_{ij} \leq 0, \qquad (i,j) \in \mathcal{A}. \tag{4.13}$$

Die Complementary Slackness-Bedingungen für $(\overline{\mathbf{FCNFP}})$ und $(\overline{\mathbf{DFCNFP}})$ sind durch

$$(c_{ij} - u_i + u_j - w_{ij})\, x_{ij} = 0, \qquad (i,j) \in \mathcal{A}, \tag{4.14}$$

$$(d_{ij} + m_{ij} w_{ij} - v_{ij})\, y_{ij} = 0, \qquad (i,j) \in \mathcal{A}, \tag{4.15}$$

$$(x_{ij} - m_{ij} y_{ij})\, w_{ij} = 0, \qquad (i,j) \in \mathcal{A}, \tag{4.16}$$

$$(y_{ij} - 1)\, v_{ij} = 0, \qquad (i,j) \in \mathcal{A}, \tag{4.17}$$

gegeben. Für optimale Lösungen $(\bar{x}, \bar{y})$ von $(\overline{\mathbf{FCNFP}})$ und $(\bar{u}, \bar{v}, \bar{w})$ von $(\overline{\mathbf{DFCNFP}})$ sind sie stets erfüllt.

Das folgende Resultat wurde zuerst von BALINSKI [13, Theorem 2] für das Fixkosten-Transportproblem formuliert und bildet die Grundlage der sogenannten BALINSKI-*Approximation*, die nachfolgend vorgestellt wird. Dazu bezeichne

$$\mathcal{F} := \{(i,j) \in \mathcal{A} : d_{ij} > 0\}$$

die Menge der Fixkostenpfeile.

Korollar 4.1 *Sei $(\bar{x}, \bar{y})$ eine optimale Lösung von $(\overline{\mathbf{FCNFP}})$. Dann gilt*

$$\bar{x}_{ij} = m_{ij} \bar{y}_{ij} \quad \text{für alle} \quad (i,j) \in \mathcal{F}.$$

Beweis Anstelle des üblichen Widerspruchsbeweises[25] wird hier ein direkter Beweis geben, der die Complementary Slackness-Bedingungen ausnutzt:

Ist $\bar{y}_{ij} = 0$, so ist wegen (4.7) auch $\bar{x}_{ij} = 0$ und die Behauptung folgt. Im Fall $\bar{y}_{ij} > 0$ folgt aus (4.15) $w_{ij} = \frac{v_{ij}}{m_{ij}} - \frac{d_{ij}}{m_{ij}}$, wegen $v_{ij} \leq 0$ und $d_{ij} > 0$ also $w_{ij} < 0$. Mit (4.16) folgt die Behauptung. $\square$

Dadurch wird es möglich, bei der Lösung der linearen Relaxation die y_{ij} nicht explizit mitzuführen, sondern implizit über die x_{ij} zu berechnen. Dazu substituiert man in $(\mathbf{FCNFP})$ die y_{ij} durch x_{ij}/m_{ij}. Man erhält dann die BALINSKI-Approximation für das Fixkosten-Netzwerkflußproblem:

---

[25]BALINSKI [13, S. 44] führte den Beweis durch Widerspruch.

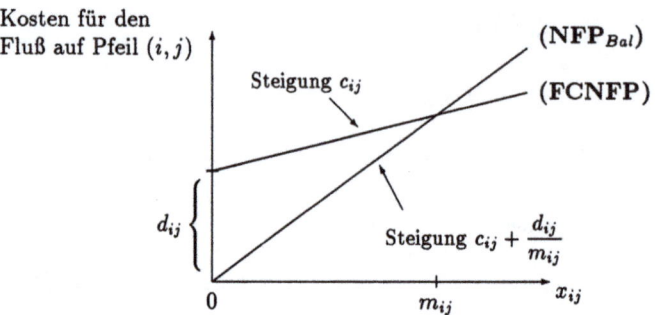

Abbildung 4.1: Zielfunktionen des Fixkosten-Netzwerkflußproblems und der zugehörigen BALINSKI-Approximation für den Pfeil (i,j)

(NFP_{Bal}) Minimiere $\displaystyle\sum_{(i,j)\,\in\mathcal{A}} (c_{ij} + \frac{d_{ij}}{m_{ij}})\, x_{ij}$ (4.18)

unter den Nebenbedingungen

$$\sum_{j\,\in\,\{j\,:\,(k,j)\,\in\mathcal{A}\}} x_{kj} \;-\; \sum_{i\,\in\,\{i\,:\,(i,k)\,\in\mathcal{A}\}} x_{ik} \;=\; a_k, \qquad k\in\mathcal{N}, \quad (4.19)$$

$$0 \le x_{ij} \le m_{ij}, \qquad (i,j)\in\mathcal{A}. \tag{4.20}$$

Die Zielfunktion von (NFP_{Bal}) ist die bestmögliche lineare Approximation von unten an die konkave Zielfunktion von (FCNFP). Abbildung 4.1 veranschaulicht dies. BALINSKI [13, S. 47] schlug daher zur approximativen Lösung von Fixkosten-Transportproblemen das entsprechend aufgestellte Programm vor. Die Qualität dieser Approximation läßt sich verbessern, wenn es möglich ist, die Kapazitätsschranken m_{ij} zu verkleinern, ohne dabei zulässige Lösungen auszuschließen. Denn je niedriger diese Schranken gewählt werden können, desto kleiner ist auch die Differenz zwischen den Zielfunktionswerten von (FCNFP) und (NFP_{Bal}). Dies läßt sich anhand von Abbildung 4.1 verdeutlichen: Eine Verringerung von m_{ij} hat für $x_{ij} \le m_{ij}$ eine verkleinerte Differenz der beiden Zielfunktionen zur Folge.

Die Programme (NFP_{Bal}) und $(\overline{\text{FCNFP}})$ sind äquivalent, wie das folgende Korollar zeigt. (NFP_{Bal}) zeichnet sich aber dadurch aus, daß es die Form eines linearen Netzwerkflußproblems besitzt und daher mit darauf spezialisierten Verfahren wie beispielsweise den LPArc-Programmen effizient gelöst werden kann.

Korollar 4.2 *Die Programme* (NFP_{Bal}) *und* $(\overline{\text{FCNFP}})$ *sind äquivalent.*

Beweis Sei $\hat{x}$ eine optimale Lösung von $(\mathbf{NFP}_{Bal})$. Dann ist $(\bar{x}, \bar{y})$, definiert durch

$$\bar{x}_{ij} := \hat{x}_{ij} \quad \text{und} \quad \bar{y}_{ij} := \frac{\hat{x}_{ij}}{m_{ij}} \quad \text{für alle} \quad (i,j) \in \mathcal{A},$$

eine zulässige Lösung von $(\overline{\mathbf{FCNFP}})$ mit gleichem Zielfunktionswert. Daraus folgt $\min(\overline{\mathbf{FCNFP}}) \le \min(\mathbf{NFP}_{Bal})$.

Umgekehrt gilt o. B. d. A. in einer optimalen Lösung $(\bar{x}, \bar{y})$ von $(\overline{\mathbf{FCNFP}})$ $\bar{x}_{ij} = m_{ij}\bar{y}_{ij}$ für alle $(i,j) \in \mathcal{A}$. Denn für $(i,j) \in \mathcal{F}$ folgt dies aus Korollar 4.1 und für $(i,j) \notin \mathcal{F}$ kann $\bar{y}_{ij} := \bar{x}_{ij}/m_{ij}$ gesetzt werden, ohne daß dabei der Zielfunktionswert verändert wird. Daher ist $\hat{x} := \bar{x}$ eine zulässige Lösung von $(\mathbf{NFP}_{Bal})$ mit gleichem Zielfunktionswert. Damit gilt auch $\min(\overline{\mathbf{FCNFP}}) \ge \min(\mathbf{NFP}_{Bal})$. □

Daß nicht nur aus einer optimalen Lösung von $(\mathbf{NFP}_{Bal})$ eine optimale Lösung von $(\overline{\mathbf{FCNFP}})$ erhalten werden kann, sondern auch die zugehörige optimale duale Lösung von $(\mathbf{NFP}_{Bal})$ zu einer optimalen dualen Lösung von $(\overline{\mathbf{FCNFP}})$ erweitert werden kann, zeigt

Korollar 4.3 *Sei $\hat{x}$ optimale Lösung von $(\mathbf{NFP}_{Bal})$ und $(\hat{u}, \hat{w})$ optimale Lösung von $(\mathbf{DNFP}_{Bal})$. Dann ist $(\bar{x}, \bar{y})$ mit*

$$\bar{x}_{ij} := \hat{x}_{ij} \quad und \quad \bar{y}_{ij} := \frac{\hat{x}_{ij}}{m_{ij}} \quad \textit{für alle} \quad (i,j) \in \mathcal{A}$$

optimale Lösung von $(\overline{\mathbf{FCNFP}})$ und $(\bar{u}, \bar{v}, \bar{w})$ mit

$$\bar{u}_k := \hat{u}_k \quad \textit{für alle} \quad k \in \mathcal{N},$$

$$\bar{v}_{ij} := m_{ij} \min\{0, \ c_{ij} + \frac{d_{ij}}{m_{ij}} - \hat{u}_i + \hat{u}_j\} \quad \textit{für alle} \quad (i,j) \in \mathcal{A},$$

$$\bar{w}_{ij} := \min\{-\frac{d_{ij}}{m_{ij}}, \ c_{ij} - \hat{u}_i + \hat{u}_j\} \quad \textit{für alle} \quad (i,j) \in \mathcal{A}$$

optimale Lösung von $(\overline{\mathbf{DFCNFP}})$.

Beweis Daß $(\bar{x}, \bar{y})$ optimale Lösung von $(\mathbf{FCNFP})$ ist, geht aus dem Beweis von Korollar 4.2 hervor. Um die duale Optimalität von $(\bar{u}, \bar{v}, \bar{w})$ nachzuweisen, werden die duale Zulässigkeit[26] und das Erfülltsein der Complementary Slackness-Bedingungen[27] für $(\bar{x}, \bar{y})$ und $(\bar{u}, \bar{v}, \bar{w})$ gezeigt. Für jedes $(i,j) \in \mathcal{A}$ sind drei Fälle zu unterscheiden:

i) $\bar{x}_{ij} = 0$ Wegen $\bar{x} = \hat{x}$ folgt aus den Optimalitätsbedingungen[28] für $(\mathbf{NFP}_{Bal})$

$$c_{ij} + \frac{d_{ij}}{m_{ij}} - \hat{u}_i + \hat{u}_j \ge 0.$$

---

[26]Dies sind die Nebenbedingungen von $(\overline{\mathbf{DFCNFP}})$. Vgl. (4.11) bis (4.13) auf Seite 97
[27]Dies sind die Bedingungen (4.14) bis (4.17) auf Seite 97.
[28]Vgl. (2.13) bis (2.15) auf Seite 19

Daher ist dann nach Definition $\bar{v}_{ij} := 0$ und $\bar{w}_{ij} := -\dfrac{d_{ij}}{m_{ij}}$ und es gilt wegen $\bar{u} = \hat{u}$

$$\bar{u}_i - \bar{u}_j + \bar{w}_{ij} \leq c_{ij}, \qquad -m_{ij}\bar{w}_{ij} + \bar{v}_{ij} = d_{ij}, \qquad \bar{v}_{ij} = 0 \quad \text{und} \quad \bar{w}_{ij} \leq 0.$$

Daraus folgt die duale Zulässigkeit von $\bar{u}_i$, $\bar{u}_j$, $\bar{v}_{ij}$ und $\bar{w}_{ij}$ sowie die Complementary Slackness mit $\bar{x}_{ij}$ und $\bar{y}_{ij}$.

ii) $0 < \bar{x}_{ij} < m_{ij}$ Die Optimalitätsbedingungen für ($\mathbf{NFP}_{Bal}$) besagen in diesem Fall

$$c_{ij} + \frac{d_{ij}}{m_{ij}} - \hat{u}_i + \hat{u}_j = 0.$$

Dann wird $\bar{v}_{ij} := 0$ und $\bar{w}_{ij} := -\dfrac{d_{ij}}{m_{ij}}$ gesetzt. Die duale Zulässigkeit und Complementary Slackness folgt wie eben.

iii) $\bar{x}_{ij} = m_{ij}$ Aus den Optimalitätsbedingungen für ($\mathbf{NFP}_{Bal}$) folgt

$$c_{ij} + \frac{d_{ij}}{m_{ij}} - \hat{u}_i + \hat{u}_j \leq 0.$$

Nach Definition wird dann $\bar{v}_{ij} := c_{ij} + \dfrac{d_{ij}}{m_{ij}} - \hat{u}_i + \hat{u}_j$ und $\bar{w}_{ij} := c_{ij} - \hat{u}_i + \hat{u}_j$ gesetzt. Es folgt

$$\bar{u}_i - \bar{u}_j + \bar{w}_{ij} = c_{ij}, \qquad -m_{ij}\bar{w}_{ij} + \bar{v}_{ij} = d_{ij}, \qquad \bar{v}_{ij} \leq 0 \quad \text{und} \quad \bar{w}_{ij} \leq -\frac{d_{ij}}{m_{ij}}.$$

Hieraus ergibt sich wieder die duale Zulässigkeit und Complementary Slackness.

Insgesamt ist damit $(\bar{u}, \bar{v}, \bar{w})$ optimale Lösung von ($\overline{\mathbf{DFCNFP}}$). $\qquad\qquad\square$

Kapitel 5

Ein neues Branch-and-Bound-Verfahren zur Lösung von Fixkosten-Netzwerkflußproblemen

Dieses Kapitel stellt nach einer kurzen Einführung in die Konzeption von Branch-and-Bound-Verfahren ein neues Lösungsverfahren für Fixkosten-Netzwerkflußprobleme vor. Das Laufzeitverhalten dieses Verfahrens, das die Problemlöser aus Kapitel 3 zur Lösung linearer Relaxationen benutzt, wird anhand zahlreicher Testprobleme analysiert.

5.1 Die Konzeption von Branch-and-Bound-Verfahren

Dieser Abschnitt führt kurz in die generelle Konzeption der Branch-and-Bound-Verfahren ein. Für detailliertere Darstellungen sei auf die Literatur verwiesen.[1]

Branch-and-Bound-Verfahren lösen Optimierungsaufgaben nach dem Prinzip des *Divide and Conquer*.[2] Sie wurden nach ihren beiden wesentlichsten Komponenten benannt. Diese sind die Verzweigung (*Branching*) von Problemen in Teilprobleme sowie die Ermittlung von unteren und oberen Schranken für die Zielfunktionswerte dieser Teilprobleme beziehungsweise des Ausgangsproblems (*Bounding*). Mit Hilfe dieser Schranken kann der Verzweigungsprozeß dadurch beschränkt werden, daß noch nicht verzweigte Teilprobleme entweder gestrichen (*Pruning*) oder ausgelotet (*Fathoming*) werden können. Weder gestrichene noch ausgelotete Teilprobleme werden aus einer Kandidatenliste zur Bearbeitung ausgewählt (*Searching*).

Wie die einzelnen Komponenten aussehen und sich zu einem Lösungsverfahren für die allgemeine Optimierungsaufgabe

(**P₀**)   Minimiere $f(x)$ unter der Nebenbedingung $x \in M_0$

zusammenfügen, wird in den folgenden Unterabschnitten dargestellt. Dabei wird beispielhaft angegeben, wie die einzelnen Schritte zur Lösung einer linearen gemischt-bivalenten

---

[1]Vgl. MURTY [166, S. 437ff], IBARAKI [124] und NEMHAUSER UND WOLSEY [167, S. 352ff]
[2]Vgl. NEMHAUSER UND WOLSEY [167, S. 352]

Optimierungsaufgabe der Form

(**MBP$_0$**)   Minimiere $c^T x + d^T y$ auf

$$M_0 := \{ (x,y) \in R_+^{n_1} \times \{0,1\}^{n_2} : A_1\, x + A_2\, y = b \}$$

ausgestaltet werden können. Zu diesem Spezialfall zählt auch das Fixkosten-Netzwerk-flußproblem in der Formulierung (**FCNFP**)[3].

5.1.1 Die Verzweigung

Zur Verzweigung eines Problems (**P$_k$**) in t Teilprobleme wird eine *Separation* von (**P$_k$**) gebildet, die aus den Teilproblemen (**P$_{k_1}$**), ..., (**P$_{k_t}$**) besteht. Dabei ist (**P$_{k_i}$**) die Optimierungsaufgabe

(**P$_{k_i}$**)   Minimiere $f(x)$ unter der Nebenbedingung $x \in M_{k_i}$

und für die Mengen M_{k_i} der zulässigen Lösungen gilt

$$M_k = \bigcup_{i=1}^{t} M_{k_i}.$$

Nach Möglichkeit sollte diese Separation *strikt* sein, d. h. es sollte $M_{k_i} \cap M_{k_j} = \emptyset$ für $i \neq j$ gelten.

Beispiel Bei der Lösung der gemischt-bivalenten Optimierungsaufgabe (**MBP$_0$**) wird in der Regel[4] in zwei Teilprobleme (**P$_{k_{DN}}$**) und (**P$_{k_{UP}}$**) verzweigt. Man definiert dazu

$$M_{k_{DN}} := \{(x,y) \in M_k : y_p = 0\} \quad \text{und} \quad M_{k_{UP}} := \{(x,y) \in M_k : y_p = 1\},$$

wobei y_p eine 0-1-Variable ist. Sie heißt die *Separationsvariable* und wird nach einer *Separationsregel* ausgewählt. Dieser Regel kommt eine besondere Bedeutung für die Effizienz des Verfahrens zu.[5]

5.1.2 Die Ermittlung von unteren und oberen Schranken

5.1.2.1 Untere Schranke für das Problem (P$_k$)

Zur Angabe einer unteren Schranke $\underline{z}_k$ für den optimalen Zielfunktionswert von (**P$_k$**) wird eine *Relaxation* (**R$_k$**) von (**P$_k$**) gebildet, die leichter lösbar ist. Diese Relaxation ist die Optimierungsaufgabe

(**R$_k$**)   Minimiere $g(x)$ unter der Nebenbedingung $x \in N_k$,

---

[3]Vgl. Abschnitt 4.1 auf Seite 91
[4]Vgl. zu alternativen Separationen IBARAKI [124, S. 62f] und NEMHAUSER UND WOLSEY [167, S. 356]
[5]Vgl. MURTY [166, S. 441] und IBARAKI [124, S. 266], der auch eine Übersicht über verschiedene Separationsregeln gibt.

wobei $N_k \supset M_k$ und $g(x) \leq f(x)$ für alle $x \in M_k$. Als untere Schranke für $(\mathbf{P}_k)$ definiert man dann nach Lösung von $(\mathbf{R}_k)$

$$\underline{z}_k := \begin{cases} +\infty, & \text{falls } N_k = \emptyset, \\ -\infty, & \text{falls } g \text{ auf } N_k \text{ nach unten unbeschränkt ist,} \\ g(\hat{x}^k), & \text{falls } \hat{x}^k \in N_k \text{ optimale Lösung von } (\mathbf{R}_k) \text{ ist.} \end{cases}$$

Beispiel Branch-and-Bound-Verfahren für das lineare gemischt-bivalente Programm $(\mathbf{MBP}_0)$ verwenden häufig die lineare Relaxation $(\overline{\mathbf{P}}_k)$ von $(\mathbf{P}_k)$. Dazu geht man von

$$N_0 := \{ (x,y) \in R_+^{n_1} \times [0,1]^{n_2} : A_1 x + A_2 y = b \}$$

aus und definiert die $N_{k_{UP}}$ und $N_{k_{DN}}$ mit Hilfe von N_k genauso, wie die $M_{k_{UP}}$ und $M_{k_{DN}}$ aus M_k abgeleitet werden. Die Zielfunktion bleibt unverändert. Die Schranke, die man durch optimale Lösung der linearen Relaxation erhält, läßt sich weiter verbessern. Durch Hinzufügen von Schnittebenen, die zwar optimale Lösungen von $(\overline{\mathbf{P}}_k)$, aber keine zulässigen Lösungen von $(\mathbf{P}_k)$ ausschließen, kann nach Reoptimierung meist ein verbessertes $\underline{z}_k$ erreicht werden.[6] Dem gleichen Zweck dienen Penalties. Für jede 0–1-Variable y_i geben die *Up* und die *Down Penalties* UP_i und DN_i den Anstieg des Zielfunktionswerts an, der sich ergibt, wenn in der optimalen Lösung $(\bar{x}^k, \bar{y}^k)$ von $(\overline{\mathbf{P}}_k)$ $y_i = \bar{y}_i^k$ auf 1 aufgerundet beziehungsweise auf 0 abgerundet wird. Mit

$$\underline{z}_k = \min (\overline{\mathbf{P}}_k) + \max_i \min\{ UP_i, DN_i \}$$

erhält man dann eine verbesserte untere Schranke für den optimalen Zielfunktionswert von $(\mathbf{P}_k)$.[7]

Anstelle der linearen Relaxation kann auch eine Lagrange-Relaxation von $(\mathbf{P}_k)$ verwendet werden.[8] Sie wird durch Aufnahme schwieriger Nebenbedingungen in die Zielfunktion gebildet. Diese Nebenbedingungen sind dabei mit zugehörigen *Lagrange-Multiplikatoren* zu multiplizieren. Darüber hinaus ist es möglich, auf die Bildung einer Relaxation $(\mathbf{R}_k)$ zu verzichten und ein zu $(\mathbf{P}_k)$ duales Programm zu verwenden.[9]

5.1.2.2 Obere Schranke für das Problem $(\mathbf{P}_k)$

Eine obere Schranke $\overline{z}_k$ für den optimalen Zielfunktionswert von $(\mathbf{P}_k)$ läßt sich durch

$$\overline{z}_k := \begin{cases} f(x^k), & \text{falls ein } x^k \in M_k \text{ bekannt ist,} \\ +\infty & \text{sonst} \end{cases}$$

angeben.

---

[6]Vgl. IBARAKI [124, S. 72 und 183ff]

[7]Vgl. GEOFFRION UND MARSTEN [85, S. 474] sowie IBARAKI [124, S. 72]

[8]Vgl. zur Ermittlung von unteren Schranken mit Hilfe der Lagrange-Relaxation vor allen Dingen GEOFFRION [82, S. 94ff] und IBARAKI [124, S. 75ff] sowie SHAPIRO [184, S. 325ff], FISHER, NORTHUP UND SHAPIRO [69, S. 76ff], FISHER [68, S. 15f] und MURTY [166, S. 439f]

[9]Vgl. NEMHAUSER UND WOLSEY [167, S. 353]
Ein duales Programm braucht im Gegensatz zu einer Relaxation nicht optimal gelöst zu werden. Stattdessen kann die Optimierung abgebrochen werden, wenn ein Zielfunktionswert erreicht ist, der höher ist als der Zielfunktionswert der besten bis dahin gefundenen Lösung von $(\mathbf{P}_0)$. Nachteilig ist aber bei der Verwendung von dualen Programmen, daß aus ihrer Lösung keine für $(\mathbf{P}_k)$ zulässige Lösung gewonnen werden kann.

Beispiel Wird bei der Lösung von (**MBP$_0$**) zur Berechnung von $\underline{z}_k$ die lineare Relaxation von (**P$_k$**) verwendet, und sind in der optimalen Lösung $(\bar{x}^k, \bar{y}^k)$ von ($\overline{\textbf{P}}_k$) alle 0–1-Nebenbedingungen $\bar{y}_i^k \in \{0, 1\}$ erfüllt, so kann $\bar{z}_k = c^T \bar{x}^k + d^T \bar{y}^k$ gesetzt werden.

5.1.2.3 Obere Schranke für das Ausgangsproblem (P$_0$)

Die oberen Schranken $\bar{z}_k$ der bereits untersuchten Probleme (**P$_k$**) lassen sich zur Angabe einer oberen Schranke z für den optimalen Zielfunktionswert von (**P$_0$**) heranziehen, denn zu jedem $\bar{z}_k < +\infty$ gehört eine für (**P$_0$**) zulässige Lösung $x^k \in M_k \subset M_0$ mit $f(x^k) = \bar{z}_k$. Daher wird der optimale Zielfunktionswert von (**P$_0$**) durch

$$z := \min_k \; \bar{z}_k$$

von oben beschränkt. Die zu z gehörige Lösung x heißt die *Incumbent*-Lösung. Sie ist die beste bis dahin gefundene Lösung des Ausgangsproblems.

5.1.3 Die Streichung und Auslotung

Mit Hilfe der Schranken aus dem vorherigen Abschnitt kann der Verzweigungsprozeß beschränkt und abgekürzt werden. Ihre Qualität ist daher für die Effizienz eines Branch-and-Bound-Verfahrens von besonderer Bedeutung.[10]

5.1.3.1 Streichung

Ein Teilproblem (**P$_k$**) kann *gestrichen* werden, wenn

$$\underline{z}_k \geq z$$

gilt. Denn dann kann auch durch weitere Verzweigung von (**P$_k$**) keine Lösung von (**P$_0$**) erreicht werden, die einen niedrigeren Zielfunktionswert als die Incumbent-Lösung besitzt. Die Definition von $\underline{z}_k$ schließt hierbei auch denjenigen Fall ein, daß (**P$_k$**) keine zulässige Lösung besitzt.

5.1.3.2 Auslotung

Ein Teilproblem (**P$_k$**) heißt *ausgelotet*, wenn bei der Bestimmung von $\underline{z}_k$ und $\bar{z}_k$ eine optimale Lösung von (**P$_k$**) gefunden wurde. Dies ist der Fall, wenn

$$\underline{z}_k = \bar{z}_k < +\infty$$

gilt, denn die zu $\bar{z}_k$ gehörige Lösung x^k ist dann wegen $\underline{z}_k \leq \min(\textbf{P}_k) \leq \bar{z}_k = f(x^k)$ auch optimal für (**P$_k$**). In der Regel erhält man eine optimale Lösung x^k von (**P$_k$**) aus der optimalen Lösung $\hat{x}^k$ von (**R$_k$**), wenn diese auch zulässig für (**P$_k$**) ist und $g(\hat{x}^k) = f(\hat{x}^k)$ gilt. Ist das Teilproblem (**P$_k$**) ausgelotet, so braucht es nicht weiter verzweigt zu werden.

---

[10]Vgl. dazu bei Verwendung linearer Relaxationen NEMHAUSER UND WOLSEY [167, S. 357]

5.1.4 Die Suchstrategie

Weder gestrichene noch ausgelotete Teilprobleme werden in einer Kandidatenliste $\mathcal{C}$ gespeichert, die zu Beginn des Verfahrens nur das Ausgangsproblem (P_0) enthält. Das nächste zu bearbeitende Teilproblem (P_k) wird bei seiner Auswahl aus der Liste herausgenommen und bei einer Verzweigung werden die neu generierten Teilprobleme $(P_{k_1}), \ldots, (P_{k_t})$ der Liste hinzugefügt.

Die Regel, nach der das nächste zu bearbeitende Teilproblem aus der Kandidatenliste ausgewählt wird, heißt die *Suchstrategie* des Verfahrens. Mögliche Strategien unterteilt man in *a priori*-Regeln, die von vornherein die Reihenfolge, in der der Verzweigungsbaum entwickelt wird, festlegen, und in *adaptive* Regeln, die aufgrund von Informationen über die Teilprobleme in der Kandidatenliste das nächste Problem auswählen.[11] Dazu können beispielsweise Abschätzungen oder untere Schranken für den optimalen Zielfunktionswert verwendet werden. Die *Depth First*-Suche[12] und die *Breadth First*-Suche[13] sind im wesentlichen a priori-Regeln. Adaptive Strategien sind die *Best Bound*-Regel[14] und heuristische Regeln[15] wie die *Quick Improvement*-Regel[16] oder die Verwendung von *Pseudokosten*[17].

---

[11]Vgl. NEMHAUSER UND WOLSEY [167, S. 358]

[12]Die Depth First-Suche wählt das zuletzt der Kandidatenliste hinzugefügte Problem als nächstes zu bearbeitendes Problem aus. Diese Strategie wird auch *Last In First Out*-Strategie, kurz LIFO-Strategie, genannt. Durch sie wird der Verzweigungsbaum zuerst in die Tiefe entwickelt.
Vgl. PAPADIMITRIOU UND STEIGLITZ [173, S. 437], IBARAKI [124, S. 99ff] und NEMHAUSER UND WOLSEY [167, S. 358]

[13]Die Breadth First-Suche wählt aus der Kandidatenliste ein Problem mit minimaler Verzweigungstiefe aus. Dadurch wird der Verzweigungsbaum zuerst in die Breite entwickelt.
Vgl. IBARAKI [124, S. 102f] und NEMHAUSER UND WOLSEY [167, S. 359]

[14]Die Best Bound-Strategie wählt als nächstes zu bearbeitendes Problem (P_k) dasjenige aus der Kandidatenliste aus, dessen untere Schranke $\underline{z}_k$ am niedrigsten ist.
Vgl. GEOFFRION UND MARSTEN [85, S. 473], PAPADIMITRIOU UND STEIGLITZ [173, S. 437] und IBARAKI [124, S. 98f]

[15]Heuristische Suchstrategien gehen von der Verfügbarkeit einer Abschätzung $\tilde{z}_k$ des optimalen Zielfunktionswerts von (P_k) aus. $\tilde{z}_k$ sollte leicht berechenbar sein und $\tilde{z}_k \geq \underline{z}_k$ erfüllen.
Meist wird dann als nächstes Teilproblem (P_k) dasjenige ausgewählt, für das $\tilde{z}_k$ minimal ist. NEMHAUSER UND WOLSEY [167, S. 359] nennen diese Vorgehensweise daher auch die *Best Estimate*-Regel.
Die Best Bound-Strategie ordnet sich mit $\tilde{z}_k = \underline{z}_k$ unter. Sie kann als heuristische Strategie aufgefaßt werden, denn $\underline{z}_k$ gibt lediglich eine Näherung von $\min(P_k)$ an.
Vgl. zu einer Übersicht über heuristische Suchstrategien IBARAKI [124, S. 96ff]

[16]Bei der Quick Improvement-Strategie wird versucht, möglichst schnell eine zulässige Lösung mit kleinerem Zielfunktionswert als z zu finden. Bei der Wahl von (P_k) wird dazu $(z - \underline{z}_k)/(\tilde{z}_k - \underline{z}_k)$ maximiert. Damit wird einem Teilproblem (P_k) mit $\tilde{z}_k < z$ gegenüber einem Problem mit $\tilde{z}_k \geq z$ der Vorzug gegeben. Gleichzeitig werden Teilprobleme mit kleinem $\tilde{z}_k - \underline{z}_k$ bevorzugt. Man erwartet, daß solche Teilprobleme schnell eine zulässige Lösung liefern.
Vgl. NEMHAUSER UND WOLSEY [167, S. 359]

[17]Die Verwendung von Pseudokosten in der Suchstrategie von Branch-and-Bound-Verfahren für gemischt-ganzzahlige Optimierungsaufgaben geht auf BÉNICHOU ET AL. [22], FORREST, HIRST UND TOMLIN [72] und GAUTHIER UND RIBIÈRE [79] zurück.
Pseudokosten ähneln den Penalties. Sie werden aber heuristisch abgeschätzt und nicht wie Penalties aus dem optimalen Simplex-Tableau der linearen Relaxation berechnet.
Vgl. GEOFFRION UND MARSTEN [85, S. 476] und IBARAKI [124, S. 96f]

Beispiel Wird bei der Lösung von ($\mathbf{MBP_0}$) die Depth First-Suche verwendet, so wird nach der Verzweigung das eine der beiden neu erzeugten Teilprobleme sofort weiter bearbeitet und das andere am Ende der Kandidatenliste gespeichert. Die Regel, nach der entschieden wird, welches Problem zuerst gerechnet werden soll, heißt die *Verzweigungsregel*. Sie hängt häufig eng mit der Separationsregel zusammen.

5.1.5   Das Verfahren im Überblick

In einer Iteration des Branch-and-Bound-Verfahrens wird zunächst die Kandidatenliste $\mathcal{C}$ daraufhin überprüft, ob sie noch unbearbeitete Teilprobleme enthält. Ist $\mathcal{C} = \emptyset$, so ist die beste bis dahin gefundene Lösung optimal und das Verfahren endet. Andernfalls wird ein nach der Suchstrategie ausgewähltes Teilproblem ($\mathbf{P}_k$) aus $\mathcal{C}$ zur Bearbeitung herausgenommen. Für ($\mathbf{P}_k$) werden die Schranken $\underline{z}_k$ und $\overline{z}_k$ bestimmt. Liegt die obere Schranke $\overline{z}_k$ über dem Zielfunktionswert z der besten bis dahin gefundenen Lösung x, wird die zu $\overline{z}_k$ gehörige Lösung x^k als neue Incumbent-Lösung gespeichert. Dann können alle Probleme aus der Kandidatenliste $\mathcal{C}$ gestrichen werden, deren untere Schranke größer als $\overline{z}_k$ ist. Ist mit Hilfe von $\underline{z}_k$ und $\overline{z}_k$ weder eine Streichung noch eine Auslotung von ($\mathbf{P}_k$) möglich, so wird ($\mathbf{P}_k$) in die t Teilprobleme ($\mathbf{P}_{k_1}$), ..., ($\mathbf{P}_{k_t}$) separiert. Diese Teilprobleme werden anstelle von ($\mathbf{P}_k$) in die Kandidatenliste $\mathcal{C}$ aufgenommen.

Dieses Verfahren bricht nach endlich vielen Iterationen ab. Ist dann $z < +\infty$, so ist mit x eine optimale Lösung von ($\mathbf{P}_0$) gefunden, deren Zielfunktionswert gleich z ist. Andernfalls besitzt das Ausgangsproblem keine zulässige Lösung.[18] Abbildung 5.1 zeigt das Verfahren abschließend im Flußdiagramm.

5.2   Das Lösungsverfahren FixArc

Das Branch-and-Bound-Verfahren FixArc zur Lösung von ($\mathbf{FCNFP}$) ordnet sich in den im vorherigen Abschnitt gegebenen Rahmen ein. Bei seiner Konzeption wurde besonders darauf Wert gelegt, die vorliegende Netzwerkstruktur auszunutzen. Dies geschieht hauptsächlich durch die Bildung von linearen Relaxationen, die von den LPArc-Programmen gelöst werden können, und bei der Berechnung von Penalties. Den Penalties kommt eine zentrale Bedeutung zu: Sie werden nicht nur bei der Wahl der Separationsvariablen, sondern auch zur Streichung von Teilproblemen aus der Kandidatenliste in mehreren Komponenten des Verfahrens verwendet. Durch Verwendung leicht berechenbarer Penalties für Nichtbasisvariable kann der Aufwand zur Penalty-Berechnung für Basisvariable verringert werden oder sogar eine Streichung des aktuellen Teilproblems erreicht werden. In bestimmten Fällen ist es möglich, die optimale Lösung eines Teilproblems von vornherein anzugeben, ohne daß eine Optimierung erforderlich ist.

Die einzelnen Komponenten des Verfahrens werden im folgenden vorgestellt. Besonderes Gewicht kommt dabei den unterschiedlichen Penalties zu, die aus der Lagrange-

---

[18]Beweise der Endlichkeit des Branch-and-Bound-Verfahrens finden sich bei SCHRIJVER [183, Theorem 24.1] und IBARAKI [124, Theorem 2.6.1]. IBARAKI zeigt außerdem, daß das Branch-and-Bound-Verfahren mit einer optimalen Lösung abbricht, falls eine solche existiert.

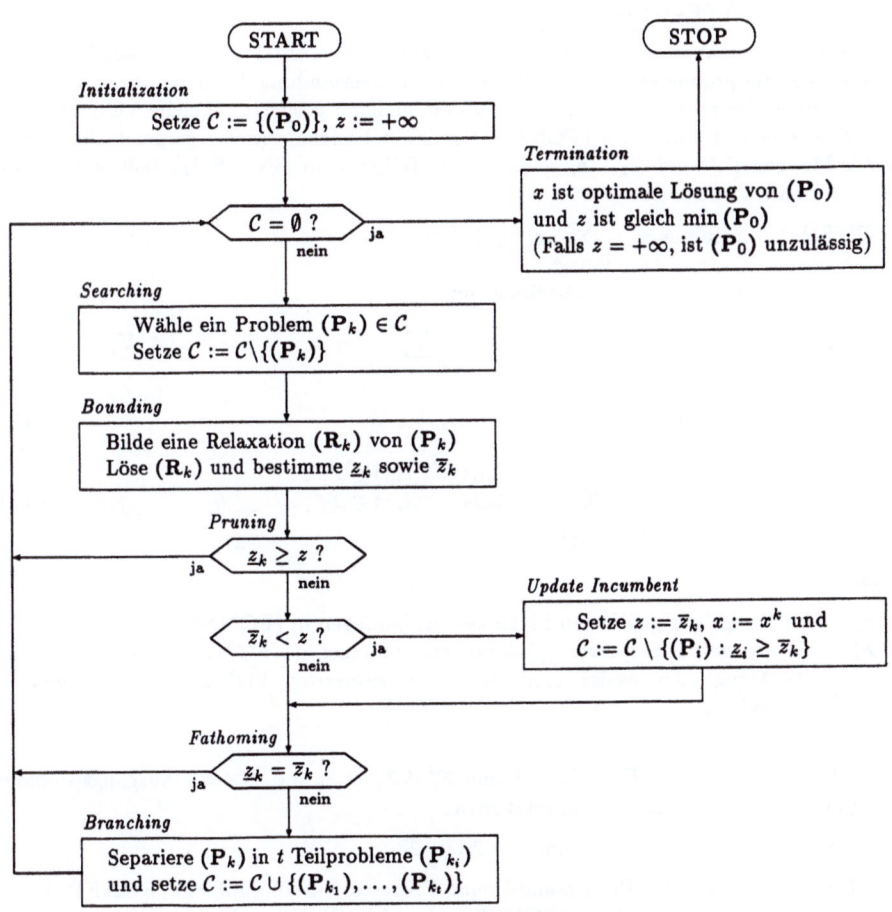

Abbildung 5.1: Flußdiagramm des Branch-and-Bound-Verfahrens zur Lösung der allgemeinen Optimierungsaufgabe $(\mathbf{P}_0)$

Relaxation entwickelt und weiter verbessert wurden. Zum Abschluß wird dargestellt, wie sich das Verfahren aus den dargestellten Komponenten zusammensetzt.

5.2.1 Die Verzweigung

Wie schon in den Abschnitten 4.3.2 und 5.1.1 angedeutet wurde, verzweigt auch FixArc in jeweils zwei Teilprobleme. Dabei wird die Fixkostenverbindung der Separationsvariablen in dem einen Teilproblem geöffnet und in dem anderen gesperrt. Welche Verbindungen aus $\mathcal{F}$ in einem Teilproblem $(\textbf{FCNFP}_k)$ geöffnet beziehungsweise gesperrt sind, wird durch Mengen $\mathcal{F}_k^+$ und $\mathcal{F}_k^-$ angegeben. Ein Teilproblem $(\textbf{FCNFP}_k)$ läßt sich damit folgendermaßen schreiben:

$(\textbf{FCNFP}_k)$ Minimiere $\displaystyle\sum_{(i,j)\,\in\mathcal{A}} (c_{ij}x_{ij} + d_{ij}y_{ij})$

unter den Nebenbedingungen

$$\sum_{j\,\in\,\{j\,:\,(l,j)\in\mathcal{A}\}} x_{lj} \;-\; \sum_{i\,\in\,\{i\,:\,(i,l)\in\mathcal{A}\}} x_{il} \;=\; a_l, \qquad l \in \mathcal{N}, \tag{5.1}$$

$$0 \le x_{ij} \le m_{ij}y_{ij}, \qquad (i,j) \in \mathcal{A}, \tag{5.2}$$

$$y_{ij} \begin{cases} = 1, & \text{falls} \quad (i,j) \in \mathcal{F}_k^+, \\ = 0, & \text{falls} \quad (i,j) \in \mathcal{F}_k^-, \\ \in \{0,1\} & \text{sonst} \end{cases} \tag{5.3}$$

wobei

$\mathcal{F}_k^+$ die Menge der geöffneten Fixkostenverbindungen in $(\textbf{FCNFP}_k)$,
$\mathcal{F}_k^-$ die Menge der gesperrten Fixkostenverbindungen in $(\textbf{FCNFP}_k)$ und
$\mathcal{F}_k$ die Menge der weder geöffneten noch gesperrten Fixkostenverbindungen in $(\textbf{FCNFP}_k)$

bezeichnet.

Dabei gilt stets $\mathcal{F}_k^+ \cup \mathcal{F}_k^- \cup \mathcal{F}_k = \mathcal{F}$ und $\mathcal{F}_k^+ \cap \mathcal{F}_k^- \cap \mathcal{F}_k = \emptyset$. Da das Ausgangsproblem mit $(\textbf{FCNFP}_0)$ bezeichnet wird, setzt man

$$\mathcal{F}_0^+ := \emptyset, \qquad \mathcal{F}_0^- := \emptyset \qquad \text{und} \qquad \mathcal{F}_0 := \mathcal{F}.$$

Wird nun im Verlauf des Branch-and-Bound-Prozesses ein Teilproblem $(\textbf{FCNFP}_k)$ verzweigt, so sind die Teilprobleme $(\textbf{FCNFP}_{k_{UP}})$ und $(\textbf{FCNFP}_{k_{DN}})$ zu erzeugen. Ist dabei y_{pq} mit $(p,q) \in \mathcal{F}_k$ die Separationsvariable, so wird $(\textbf{FCNFP}_{k_{UP}})$ durch Öffnung der Verbindung (p,q), also durch Hinzufügen von $y_{pq} = 1$ gebildet:

$$\mathcal{F}_{k_{UP}}^+ := \mathcal{F}_k^+ \cup \{(p,q)\}, \qquad \mathcal{F}_{k_{UP}}^- := \mathcal{F}_k \qquad \text{und} \qquad \mathcal{F}_{k_{UP}} := \mathcal{F}_k \setminus \{(p,q)\}$$

Bei der Bildung von $(\textbf{FCNFP}_{k_{DN}})$ wird die Verbindung (p,q) gesperrt, also $y_{ij} = 0$ gefordert:

$$\mathcal{F}_{k_{DN}}^+ := \mathcal{F}_k^+, \qquad \mathcal{F}_{k_{DN}}^- := \mathcal{F}_k \cup \{(p,q)\} \qquad \text{und} \qquad \mathcal{F}_{k_{DN}} := \mathcal{F}_k \setminus \{(p,q)\}$$

5.2.2 Die Ermittlung von unteren und oberen Schranken

5.2.2.1 Untere Schranke für das Problem (FCNFP$_k$)

Eine untere Schranke $\underline{z}_k$ für das Optimum eines Teilproblems (FCNFP$_k$) wird durch den optimalen Zielfunktionswert der linearen Relaxation ($\overline{\text{FCNFP}}_k$) gegeben. Die Verwendung der linearen Relaxation ist äußerst vorteilhaft, da sie wegen Korollar 4.2 zu einem linearen Netzwerkflußproblem äquivalent ist. Außerdem ist es möglich, die im Verlauf des Verzweigungsprozesses hinzugefügten Nebenbedingungen (5.3) nicht explizit mitzuführen, sondern sie nur in der Zielfunktion über entsprechende Kostenkoeffizienten zu berücksichtigen. Daher wird anstelle von ($\overline{\text{FCNFP}}_k$) das folgende Programm gelöst:

(NFR$_k$)   Minimiere $\displaystyle\sum_{(i,j)\in\mathcal{A}} h_{ij}^k(x_{ij})$

unter den Nebenbedingungen

$$\sum_{j\,\in\,\{j\,:\,(l,j)\in\mathcal{A}\}} x_{lj} \;-\; \sum_{i\,\in\,\{i\,:\,(i,l)\in\mathcal{A}\}} x_{il} \;=\; a_l, \qquad l\in\mathcal{N},$$

$$0\le x_{ij}\le m_{ij}, \qquad (i,j)\in\mathcal{A},$$

wobei

$$h_{ij}^k(x_{ij}) := \begin{cases} c_{ij}x_{ij}+d_{ij}, & \text{falls}\quad (i,j)\in\mathcal{F}_k^+, \\[2mm] Mx_{ij}, & \text{falls}\quad (i,j)\in\mathcal{F}_k^-, \\[2mm] \left(c_{ij}+\dfrac{d_{ij}}{m_{ij}}\right)x_{ij} & \text{sonst} \end{cases}$$

und M eine große positive Konstante ist.

Zu Beginn des Verfahren wird mit (NFR$_0$) die BALINSKI-Approximation (NFP$_{Bal}$)[19] gelöst, denn $\mathcal{F}_0^+$ und $\mathcal{F}_0^-$ sind leere Mengen. Werden dann später Verbindungen geöffnet, so werden ihre Fixkosten d_{ij} zur Zielfunktion hinzugezählt, während die variablen Kosten wie beim linearen Netzwerkflußproblem berechnet werden. Dadurch, daß die Fixkosten eingerechnet werden, auch wenn auf der zugehörigen Verbindung kein Fluß vorliegt, wird lediglich eine suboptimale Lösung beschrieben, die im weiteren Verlauf des Verfahrens gestrichen oder ausgelotet wird.[20] Sind dagegen Verbindungen zu sperren, so wird der Fluß auf ihnen mit hohen Kosten M belastet. Ist trotzdem in einer optimalen Lösung $\hat{x}^k$ von (NFR$_k$) ein $\hat{x}_{ij}^k$ mit $(i,j)\in\mathcal{F}_k^-$ echt größer als Null, so ist das zugehörige Teilproblem (FCNFP$_k$) unzulässig.

Faßt man die zu $\mathcal{F}_k^+$ gehörigen d_{ij} zu

$$\hat{z}_k^+ := \sum_{(i,j)\in\mathcal{F}_k^+} d_{ij}$$

zusammen, so läßt sich das Programm (NFR$_k$) wie ein lineares Netzwerkflußproblem lösen, zu dessen Zielfunktionswert noch die Konstante $\hat{z}_k^+$ zu addieren ist. Bezeichnet $\hat{x}^k$

---

[19]Siehe Seite 98
[20]Vgl. BARR, GLOVER UND KLINGMAN [18, S. 452]

die optimale Lösung von $(\mathbf{NFR}_k)$ und $\hat{z}_k$ den zugehörigen Zielfunktionswert, so ist eine untere Schranke für das Optimum von $(\mathbf{FCNFP}_k)$ durch

$$\underline{z}_k := \begin{cases} +\infty, & \text{falls } (\mathbf{NFR}_k) \text{ unzulässig oder } \hat{x}^k_{ij} > 0 \text{ für ein } (i,j) \in \mathcal{F}^-_k \text{ ist,} \\ \hat{z}_k & \text{sonst} \end{cases}$$

gegeben.

Da sich bei den Verzweigungen nur die Zielfunktion ändert, ist die aktuelle Lösung $\hat{x}^k$ von $(\mathbf{NFR}_k)$ auch für alle anderen Probleme $(\mathbf{NFR}_i)$ zulässig. Daher kann zur Lösung des nächsten Problems unabhängig von der verwendeten Suchstrategie nach einer Neuberechnung der Dualvariablen, die wegen der Kostenänderung erforderlich ist, von der zu $\hat{x}^k$ gehörigen Basis ausgegangen werden.

Die tatsächlichen Kosten auf Pfeilen aus $\mathcal{F}_k$ werden in $(\mathbf{NFR}_k)$ nach BALINSKI approximiert. Die Qualität dieser Approximation hängt von den Kapazitätsschranken m_{ij} ab.[21] Insbesondere dann wird der Kostenverlauf nur äußerst schlecht approximiert, wenn für die m_{ij} von unkapazitierten Verbindungen beliebig hohe Werte vorgegeben werden. Aus diesem Grunde werden die Kapazitätsschranken zu Beginn des Verfahrens soweit wie möglich verschärft, ohne daß dabei zulässige Lösungen ausgeschlossen werden. Dazu wird für jeden Knoten $l \in \mathcal{N}$ unter Berücksichtigung von a_l ermittelt, welche Gesamtkapazitäten für den Fluß zu diesem Knoten hin und von diesem Knoten weg zur Verfügung stehen. Für Pfeile, die zu l hinführen und eine höhere Kapazität besitzen, als insgesamt von l weg transportiert werden kann, wird die Kapazitätsschranke entsprechend verringert. In gleicher Weise wird bei Pfeilen vorgegangen, die von l wegführen. Insgesamt werden dabei die Knoten so oft durchgegangen, bis kein m_{ij} weiter verkleinert werden kann.

5.2.2.2   Obere Schranke für das Problem $(\mathbf{FCNFP}_k)$

Eine obere Schranke $\overline{z}_k$ für den optimalen Zielfunktionswert von $(\mathbf{FCNFP}_k)$ erhält man durch Aufrunden zu 1 der nicht-ganzzahligen y_{ij} in der optimalen Lösung von $(\overline{\mathbf{FCNFP}_k})$. Die so gebildete Lösung (x^k, y^k) ist zulässig für $(\mathbf{FCNFP}_k)$ und ihr Zielfunktionswert gibt eine obere Schranke für das Optimum von $(\mathbf{FCNFP}_k)$ an.

Da aber anstelle von $(\overline{\mathbf{FCNFP}_k})$ das Programm $(\mathbf{NFR}_k)$ gelöst wird, ist $\overline{z}_k$ aus der optimalen Lösung $\hat{x}^k$ von $(\mathbf{NFR}_k)$ zu bestimmen, falls sie ermittelt werden konnte und $(\mathbf{FCNFP}_k)$ zulässig ist. Daher wird durch

$$\overline{z}_k := \begin{cases} +\infty, & \text{falls } \underline{z}_k = +\infty, \\ \hat{z}_k + \displaystyle\sum_{\substack{(i,j) \in \mathcal{F}_k \\ 0 < \hat{x}^k_{ij} < m_{ij}}} \frac{d_{ij}}{m_{ij}}\left(m_{ij} - \hat{x}^k_{ij}\right) & \text{sonst} \end{cases}$$

eine obere Schranke für das Optimum von $(\mathbf{FCNFP}_k)$ gegeben.

---

[21]Vgl. Abschnitt 4.4 auf Seite 98

5.2.3 Die Suchstrategie

Zur Verwaltung der Kandidatenliste wird von FixArc die Depth First-Suche verwendet. Sie bewährte sich in Lösungsverfahren sowohl für Fixkosten-Transportprobleme[22] als auch für andere Fixkostenprobleme mit Netzwerkstruktur[23].

Ein erster Vorteil der Depth First-Suche liegt im geringen Speicherbedarf, der im Gegensatz zum exponentiellen Bedarf der Best Bound-Strategie und anderer heuristischer Strategien nur linear von der Anzahl der Fixkostenverbindungen abhängt. Im Zusammenhang mit der binären Verzweigungsstrategie, wie sie bei FixArc durch die Öffnung oder Sperrung einer Verbindung realisiert wird, genügen bei Verwendung eines *Backtracking*-Algorithmus[24] zwei Listen der Länge $|\mathcal{F}|$, um die geöffneten und gesperrten Verbindungen der noch zu bearbeitenden Teilprobleme zu speichern. In einer Liste wird dabei zu jeder Fixkostenverbindung gespeichert, ob und wenn ja bei welcher Verzweigungstiefe sie geöffnet oder gesperrt wurde. Eine zweite Liste gibt für jede vorgenommene Verzweigung die Fixkostenverbindung an, nach der separiert wurde, und ob bereits beide Verzweigungsrichtungen untersucht wurden.[25] Insgesamt wird durch die Depth First-Suche der Aufwand zur Verwaltung der Kandidatenliste minimiert.

Kann ein Teilproblem (**FCNFP**$_k$) weder gestrichen noch ausgelotet werden, wird es in die beiden Probleme (**FCNFP**$_{k_{UP}}$) und (**FCNFP**$_{k_{DN}}$) separiert. Bei Verwendung der Depth First-Suche ist dann das nächste zu bearbeitende Teilproblem eines dieser beiden neu erzeugten Probleme.[26] Bei der Verzweigung hat sich lediglich ein Kostenkoeffizient in der Zielfunktion von (**NFR**$_k$) geändert. Daher ist eine Reoptimierung meist in nur wenigen Pivotschritten möglich, wenn von der optimalen Lösung $\hat{x}^k$ von (**NFR**$_k$) ausgegangen wird. Wie in Abschnitt 5.2.7.3 gezeigt werden wird, kann in bestimmten Fällen sogar auf die Reoptimierung vollständig verzichtet werden. Dies ist ein weiterer Vorteil der Depth First-Suche, denn die Bearbeitungszeit für die einzelnen Teilprobleme ist wegen der Ähnlichkeit der nacheinander zu bearbeitenden Probleme im Vergleich zu anderen Suchstrategien deutlich kürzer.

Ein weiterer häufig genannter Vorteil der Depth First-Suche ist es, daß sie schnell ganz-

---

[22]Vgl. BARR, GLOVER UND KLINGMAN [18, S. 451] und CABOT UND ERENGUC [44, S. 153]

BARR, GLOVER UND KLINGMAN [18, S. 456] berichten sogar, daß bei der Lösung von Fixkosten-Transportproblemen mit der Depth First-Suche weniger Teilprobleme zu lösen waren als bei Verwendung der Best Bound-Strategie, wie sie von KENNINGTON UND UNGER [143] eingesetzt wird.

[23]Das von MOTE [160] entwickelte Branch-and-Bound-Verfahren zur Lösung des *Family Constrained Network Problem*, bei dem nicht nur einzelne Pfeile, sondern auch „Familien" von Pfeilen mit Fixkosten belastet werden können, verwendet die Depth First-Suche.

[24]Wird das aktuelle Teilproblem gestrichen oder ausgelotet, so wird im Verzweigungsbaum so weit in Richtung des Ausgangsproblems zurückgegangen, bis ein Teilproblem gefunden wird, für das eine der beiden Verweigungsrichtungen noch nicht untersucht wurde. Dieses Zurückverfolgen im Verzweigungsbaum wird Backtracking genannt.

Vgl. zum allgemeinen Konzept von Backtracking-Algorithmen WIRTH [204, S. 167]

[25]Vgl. zu den Details einer Implementation JENSEN UND BARNES [132, S. 381ff]

Dort werden die Informationen der zweiten Liste in zwei verschiedenen Datenstrukturen gespeichert. Da aber die Indices der Fixkostenverbindungen positiv sind, kann über das Vorzeichen in derselben Liste angegeben werden, ob bereits beide Verzweigungsrichtungen untersucht wurden oder nicht.

[26]Welches Problem dies ist, wird von der Verzweigungsregel bestimmt. Siehe Abschnitt 5.1.4 auf Seite 106

zahlige Lösungen liefert, da sie den Verzweigungsbaum zunächst in die Tiefe entwickelt.[27] Dort sind in der Regel ganzzahlige Lösungen am ehesten zu finden. Bei der Lösung von Fixkosten-Netzwerkflußproblemen ist diese Eigenschaft aber von keiner Bedeutung, denn jede Lösung von $(\mathbf{NFR}_k)$ wird bei Ermittlung von $\bar{z}_k$ zu einer zulässigen Lösung von $(\mathbf{FCNFP})$ ergänzt.

Wird im Verlauf des Verfahrens zu einem Bereich des Verzweigungsbaums verzweigt, in dem keine optimalen Lösungen vorhanden sind, so braucht die Depth First-Suche meist länger als andere Strategien, diesen Bereich wieder zu verlassen. Daher ist bei ihrer Verwendung die Anzahl der untersuchten Teilprobleme gewöhnlich größer. Die schnellere Lösung der Teilprobleme kann aber diesen Nachteil ausgleichen.

5.2.4 Die Penalties

Penalties[28] schätzen den Anstieg des Zielfunktionswerts ab, der entsteht, wenn in einer optimalen Lösung $(\bar{x}^k, \bar{y}^k)$ der linearen Relaxation $(\overline{\mathbf{FCNFP}}_k)$ eines Teilproblems ein $y_{ij}^k = \bar{y}_{ij}^k$ auf 0 oder 1 abgeändert wird. Diese Information kann in verschiedenen Komponenten eines Branch-and-Bound-Verfahrens eingesetzt werden. Dazu zählen zunächst die Separationsregel und die Verzweigungsregel. Sind die Penalties durch die tatsächliche Zielfunktionsänderung nach oben beschränkt, können sie auch zur Streichung von Teilproblemen verwendet werden. Beispielsweise läßt sich mit ihnen die untere Schranke z_k aus der optimalen Lösung der linearen Relaxation verschärfen.[29] Weiterhin können mit ihrer Hilfe erste untere Schranken für die bei einer Verzweigung erzeugten Teilprobleme angegeben werden, bevor die Schranken aus der Lösung der zugehörigen Relaxationen vorliegen.

Die Berechnung von Penalties ist eng mit der Lösung der linearen Relaxation durch das Simplex-Verfahren verbunden. Man unterscheidet daher Penalties für Basisvariable und Penalties für Nichtbasisvariable[30]. Gehört beispielsweise $\bar{y}_{pq}^k$ der optimalen Basis von $(\overline{\mathbf{FCNFP}}_k)$ an und ist $0 < \bar{y}_{pq}^k < 1$, so ist zur Wahl der Separationsvariablen von Interesse, wie sich der Zielfunktionswert bei einer Verzweigung nach y_{pq} ändert. Wenn durch Aufnahme eines Nichtbasispfeils in die Basis die Zielfunktion so erhöht wird, daß der Zielfunktionswert z der aktuell besten Lösung überschritten wird, kann dieser Pfeil von der weiteren Betrachtung im aktuellen Teilproblem ausgeschlossen werden. Ist es möglich, alle Nichtbasispfeile auszuschließen, kann das Problem gestrichen werden, denn dann kann kein Basiswechsel mehr vorgenommen werden.

FixArc verwendet Penalties für Basisvariable in allen oben genannten Komponenten des Verfahrens. Zu Vergleichszwecken wurden drei verschiedene Penalties implementiert, die aus dem Lagrange-Ansatz hergeleitet wurden. Bei umfangreichen Testrechnungen wurde ihr Einfluß auf die Effizienz des Verfahrens untersucht. Darüber hinaus werden ebenfalls aus der Lagrange-Relaxation abgeleitete Penalties für Nichtbasisvariable be-

---

[27]Vgl. IBARAKI [124, S. 102] und NEMHAUSER UND WOLSEY [167, S. 358]

[28]Die Verwendung von Penalties in Branch-and-Bound-Verfahren geht auf DRIEBEEK [63] zurück. Die von ihm angegebenen Penalties wurden von TOMLIN [197, 198] verbessert. Eine weitere Verschärfung konnte später von ARMSTRONG UND SINHA [9] erreicht werden.

[29]Siehe Abschnitt 5.1.2.1 auf Seite 103

[30]Vgl. zu Penalties für Nichtbasisvariable GEOFFRION [82, S. 102]

rechnet. Neben der möglichen Streichung des aktuellen Teilproblems kann durch sie der Aufwand zur Penalty-Berechnung für Basisvariable verringert werden.

5.2.4.1 Die Lagrange-Relaxation

Zur Vereinfachung der Notation wird im weiteren davon ausgegangen, daß noch keine Fixkostenverbindung geöffnet oder gesperrt wurde. Der Index k der Teilprobleme kann deshalb weggelassen werden.

Die Lagrange-Relaxation von (**FCNFP**) wird zur Herleitung von Penalties bezüglich der Flußerhaltungsbedingungen (4.6) gebildet. Diese Nebenbedingungen werden dabei über zugehörige Lagrange-Multiplikatoren u_k in die Zielfunktion mit aufgenommen. Die Lagrange-Relaxation lautet dann

$$\text{Minimiere} \quad \sum_{(i,j)\in\mathcal{A}} (c_{ij} - u_i + u_j)\, x_{ij} + \sum_{(i,j)\in\mathcal{A}} d_{ij} y_{ij} + \sum_{k\in\mathcal{N}} a_k u_k$$

unter den Nebenbedingungen

$$0 \le x_{ij} \le m_{ij} y_{ij}, \qquad (i,j) \in \mathcal{A},$$

$$y_{ij} \in \{0,1\}, \qquad (i,j) \in \mathcal{A}.$$

Im folgenden wird vorausgesetzt, daß die u_k als die Dualvariablen $\bar{u}_k$ der optimalen Lösung von ($\overline{\text{FCNFP}}$) gewählt werden. Wie Korollar 4.3[31] zeigte, können die $\bar{u}_k$ aus der optimalen Lösung von (NFP_{Bal})[32] gewonnen werden, denn die optimalen Dualvariablen $\hat{u}_k$ von (NFP_{Bal}) lassen sich zu einer optimalen dualen Lösung von ($\overline{\text{FCNFP}}$) erweitern. $(\bar{x}, \bar{y})$ bezeichne die optimale Lösung von ($\overline{\text{FCNFP}}$), die man, wie in Korollar 4.3 angegeben, aus der optimalen Lösung $\hat{x}$ von (NFP_{Bal}) erhält. Seien $\bar{c}_{ij} := c_{ij} - \bar{u}_i + \bar{u}_j$ die zugehörigen reduzierten Kosten.

Bei der Lösung von (NFP_{Bal}) mit dem primalen Netzwerk-Simplex-Verfahren[33] wird für Nichtbasispfeile aus $\mathcal{A}_N^m$ implizit die Substitution

$$x'_{ij} := m_{ij} - x_{ij}$$

vorgenommen.[34] Da zur Penalty-Berechnung nur die optimale Simplex-Basis B von (NFP_{Bal}) zur Verfügung steht, sind diese Substitutionen auch in der Lagrange-Relaxation durchzuführen. Dabei werden ebenfalls die zugehörigen y_{ij} durch $y'_{ij} := 1 - y_{ij}$ substituiert. Die Lagrange-Relaxation schreibt sich dann so:

---

[31]Siehe Seite 99

[32](NFP_{Bal}) ist mit dem Programm (NFR_0) identisch.

[33]Siehe Abschnitt 3.1

[34]Vgl. SHAPIRO [184, S. 19]

$$\text{Minimiere} \quad \sum_{(i,j)\in\mathcal{A}_B\cup\mathcal{A}_N^0} \bar{c}_{ij}\, x_{ij} \;+\; \sum_{(i,j)\in\mathcal{A}_N^m} \bar{c}_{ij}\,(m_{ij} - x'_{ij}) \;+$$

$$\sum_{(i,j)\in\mathcal{A}_B\cup\mathcal{A}_N^0} d_{ij}\, y_{ij} \;+\; \sum_{(i,j)\in\mathcal{A}_N^m} d_{ij}\,(1 - y'_{ij}) \;+\; \sum_{k\in\mathcal{N}} a_k \bar{u}_k$$

unter den Nebenbedingungen

$$0 \le x_{ij} \le m_{ij}\, y_{ij}, \qquad (i,j)\in\mathcal{A}_B\cup\mathcal{A}_N^0,$$

$$0 \le (m_{ij} - x'_{ij}) \le m_{ij}\,(1 - y'_{ij}), \qquad (i,j)\in\mathcal{A}_N^m,$$

$$y_{ij}\in\{0,1\}, \qquad (i,j)\in\mathcal{A}_B\cup\mathcal{A}_N^0,$$

$$y'_{ij}\in\{0,1\}, \qquad (i,j)\in\mathcal{A}_N^m.$$

Mit dem folgenden Resultat für den optimalen Zielfunktionswert von $(\overline{\textbf{FCNFP}})$ kann die Zielfunktion vereinfacht werden.

Korollar 5.1 *Seien $\bar{u}_k$ die Dualvariablen für die Flußerhaltungsbedingungen aus der optimalen Basis B von $(\textbf{NFP}_{Bal})$ und $\bar{c}_{ij}$ die zugehörigen reduzierten Kosten. Dann gilt:*

$$\min(\textbf{NFP}_{Bal}) = \min(\overline{\textbf{FCNFP}}) = \sum_{k\in\mathcal{N}} a_k \bar{u}_k + \sum_{(i,j)\in\mathcal{A}_N^m} (\bar{c}_{ij} m_{ij} + d_{ij}) \tag{5.4}$$

Beweis Die erste Gleichung folgt aus Korollar 4.2[35]. Wegen Korollar 4.3[36] gilt für optimale Dualvariablen $(\bar{u},\bar{v},\bar{w})$ von $(\overline{\textbf{FCNFP}})$

$$\bar{v}_{ij} = \begin{cases} 0, & \text{falls} \quad (i,j)\in\mathcal{A}_B\cup\mathcal{A}_N^0, \\ \bar{c}_{ij} m_{ij} + d_{ij}, & \text{falls} \quad (i,j)\in\mathcal{A}_N^m. \end{cases}$$

Damit ist die rechte Seite von (5.4) gleich dem optimalen Zielfunktionswert von $(\overline{\textbf{DFCNFP}})$[37] und die Behauptung folgt mit dem Starken Dualitätssatz der linearen Programmierung[38]. □

Aus diesem Grund kann die Lagrange-Relaxation auch wie folgt geschrieben werden, wenn von der optimalen Basis B von $(\textbf{NFP}_{Bal})$ ausgegangen wird:

---

[35]Siehe Seite 98
[36]Siehe Seite 99
[37]Siehe Seite 96
[38]Vgl. etwa DANTZIG [56, S. 129], MURTY [166, S. 159] oder SHAPIRO [184, S. 27]

(LFCNFR) Minimiere $\displaystyle\sum_{(i,j)\,\in\mathcal{A}_B\cup\mathcal{A}_N^0}(\bar{c}_{ij}\,x_{ij}+d_{ij}\,y_{ij}) - \sum_{(i,j)\,\in\mathcal{A}_N^m}(\bar{c}_{ij}\,x'_{ij}+d_{ij}\,y'_{ij}) +$

$$+ \min\,(\mathbf{NFP}_{Bal})$$

unter den Nebenbedingungen

$$0 \le x_{ij} \le m_{ij}\,y_{ij}, \qquad (i,j) \in \mathcal{A}_B \cup \mathcal{A}_N^0, \qquad (5.5)$$

$$m_{ij} \ge x'_{ij} \ge m_{ij}\,y'_{ij}, \qquad (i,j) \in \mathcal{A}_N^m, \qquad (5.6)$$

$$y_{ij} \in \{0,1\}, \qquad (i,j) \in \mathcal{A}_B \cup \mathcal{A}_N^0, \qquad (5.7)$$

$$y'_{ij} \in \{0,1\}, \qquad (i,j) \in \mathcal{A}_N^m. \qquad (5.8)$$

Diese Schreibweise verdeutlicht, daß durch Lösung von **(LFCNFR)** eine Zielfunktionsänderung gegenüber $\min\,(\mathbf{NFP}_{Bal}) = \min\,(\overline{\mathbf{FCNFP}})$ ermittelt werden kann. Da die Dualvariablen u_k aus der optimalen Basis B von **(NFP**$_{Bal}$**)** stammen, ist $x_{ij} = y_{ij} = 0$ für $(i,j) \in \mathcal{A}_B \cup \mathcal{A}_N^0$ und $x'_{ij} = y'_{ij} = 0$ für $(i,j) \in \mathcal{A}_N^m$ eine optimale Lösung von **(LFCNFR)** und es gilt zunächst

$$\min\,(\mathbf{LFCNFR}) = \min\,(\overline{\mathbf{FCNFP}}).\ ^{[39]}$$

Um eine untere Abschätzung des Zielfunktionsanstiegs, der durch Abänderung eines y_{ij} auf 0 oder 1 verursacht wird, als optimalen Zielfunktionswert der Lagrange-Relaxation zu erhalten, werden **(LFCNFR)** entsprechende Restriktionen hinzugefügt und der konstante Term $\min\,(\mathbf{NFP}_{Bal})$ in der Zielfunktion weggelassen.

5.2.4.2 Penalties für Basisvariable

Gilt in der optimalen Lösung $(\bar{x}, \bar{y})$ von $(\overline{\mathbf{FCNFP}})$ für die Variable y_{pq} einer Fixkostenverbindung $0 < \bar{y}_{pq} < 1$, so werden für diese Verbindung Up und Down Penalties berechnet. Da dann $\bar{x}_{pq} = \hat{x}_{pq}$ der optimalen Basis B von **(NFP**$_{Bal}$**)** angehört, spricht man von *Penalties für Basisvariable*. Die Up Penalty UP_{pq} gibt eine untere Abschätzung des Zielfunktionsanstiegs an, der durch Aufrundung von $\bar{y}_{pq}$ auf 1 entsteht. Zu ihrer Berechnung wird die Restriktion $y_{pq} \ge 1$ der Lagrange-Relaxation hinzugefügt. Die so gebildete Optimierungsaufgabe heißt das *Up Penalty-Problem*. Das *Down Penalty-Problem*

---

[39]Bei beliebiger Wahl der u_k gilt nur

$$\min\,(\mathbf{LFCNFR}) \le \min\,(\overline{\mathbf{FCNFP}}) \le \min\,(\mathbf{FCNFP}),$$

wie GEOFFRION [82, Theoreme 1 und 2] zeigt. Die linke Ungleichung folgt dabei aus dem Erfülltsein der sogenannten *Integrality Property*, die hier $\min\,(\mathbf{LFCNFR}) = \min\,(\overline{\mathbf{LFCNFR}})$ besagt.

Wegen $\min\,(\mathbf{LFCNFR}) = \min\,(\overline{\mathbf{FCNFP}})$ liefert die Lagrange-Relaxation daher selbst mit optimalen u_k keine bessere untere Schranke für **(FCNFP)** als die lineare Relaxation. Aus diesem Grunde ist die Lagrange-Relaxation nur für die Penalty-Berechnung von Nutzen.

erhält man durch Hinzufügen von $y_{pq} \leq 0$. Das Optimum dieses Programms schätzt dann die Zielfunktionsänderung bei Abrundung von $\bar{y}_{pq}$ auf 0 ab.

Im folgenden wird nur auf die Up Penalty-Probleme eingegangen, denn ihre Bildung ist ein wenig komplizierter als die der Down Penalty-Probleme, da die Möglichkeit zu berücksichtigen ist, daß ein $\bar{y}_{pq} < 1$ aufgerundet werden kann, ohne daß das zugehörige $\bar{x}_{pq}$ angepaßt werden muß. Ansonsten können die Down Penalty-Probleme analog gebildet und gelöst werden.

Sei $(p,q) \in \mathcal{F} \cap \mathcal{A}_B$ mit $0 < \bar{y}_{pq} < 1$. Bei der Bildung des Up Penalty-Problems, das der Lagrange-Relaxation die Restriktion $y_{pq} \geq 1$ hinzufügt, wird folgendermaßen vorgegangen. Die rechte Ungleichung der Nebenbedingung (5.5) kann für (p,q) mit einer Schlupfvariablen $s_{pq} \geq 0$ als

$$x_{pq} - m_{pq}\, y_{pq} + s_{pq} = 0 \tag{5.9}$$

geschrieben werden. Die Basisvariable x_{pq} läßt sich durch die Nichtbasisvariablen der optimalen Basis folgendermaßen repräsentieren:[40]

$$x_{pq} \;=\; \bar{x}_{pq} \;-\; \sum_{(i,j)\in\mathcal{A}_N^0} \alpha_{pqij}\, x_{ij} \;-\; \sum_{(i,j)\in\mathcal{A}_N^m} \alpha_{pqij}\, (m_{ij} - x'_{ij}) \tag{5.10}$$

Dabei ist α_{pqij} der zur Basisvariable x_{pq} gehörige Koeffizient des optimalen Simplex-Tableaus in der Spalte der Nichtbasisvariablen x_{ij}. Es gilt $\alpha_{pqij} \in \{-1, 0, +1\}$, denn $(\mathbf{NFP}_{Bal})$ ist ein Netzwerkflußproblem.[41] Verbindet man nun diese beiden Gleichungen mit $y_{pq} \geq 1$, so erhält man

$$-\sum_{(i,j)\in\mathcal{A}_N^0} \alpha_{pqij} x_{ij} \;-\; \sum_{(i,j)\in\mathcal{A}_N^m} \alpha_{pqij}\, (m_{ij} - x'_{ij}) \;+\; s_{pq} \;\geq\; m_{pq} - \bar{x}_{pq}.$$

Diese Restriktion wird (**LFCNFR**) hinzugefügt und die Schlupfvariable s_{pq} aus der Nebenbedingung (5.9) wird mit dem Multiplikator d_{pq}/m_{pq} in die Zielfunktion mit aufgenommen. Dadurch kann die oben angesprochene Zielfunktionsänderung bei einer Aufrundung von $\bar{y}_{pq}$ ermittelt werden, wenn die $\bar{x}_{pq}$ unverändert bleiben. Das Up Penalty-Problem für die Fixkostenverbindung (p,q) hat damit die folgende Form:

---

[40]Vgl. zur Notwendigkeit der Repräsentation von x_{pq} durch die Nichtbasisvariablen GEOFFRION [82, S. 100]

[41]Daß die Koeffizienten α_{pqij} des Simplex-Tableaus nur die Werte -1, 0 oder +1 annehmen und wie sie sich bestimmen lassen, wird in Abschnitt 5.2.4.4 auf Seite 130 angegeben.
Vgl. auch BARR, GLOVER UND KLINGMAN [18, S. 460]

(**UPP**$_{pq}$)   Minimiere $\displaystyle\sum_{(i,j)\in\mathcal{A}_N^v} (\bar{c}_{ij}\,x_{ij} + d_{ij}\,y_{ij}) \;-\; \sum_{(i,j)\in\mathcal{A}_N^m} (\bar{c}_{ij}\,x'_{ij} + d_{ij}\,y'_{ij}) \;+\; \dfrac{d_{pq}}{m_{pq}}\,s_{pq}$

   unter den Nebenbedingungen

$$-\sum_{(i,j)\in\mathcal{A}_N^0} \alpha_{pqij}x_{ij} \;-\; \sum_{(i,j)\in\mathcal{A}_N^m} \alpha_{pqij}\,(m_{ij} - x'_{ij}) \;+\; s_{pq} \;\geq\; m_{pq} - \bar{x}_{pq}, \quad (5.11)$$

$$0 \leq x_{ij} \leq m_{ij}\,y_{ij}, \qquad (i,j) \in \mathcal{A}_N^0, \tag{5.12}$$

$$m_{ij} \geq x'_{ij} \geq m_{ij}\,y'_{ij}, \qquad (i,j) \in \mathcal{A}_N^m, \tag{5.13}$$

$$y_{ij} \in \{0,1\}, \qquad (i,j) \in \mathcal{A}_N^0, \tag{5.14}$$

$$y'_{ij} \in \{0,1\}, \qquad (i,j) \in \mathcal{A}_N^m. \tag{5.15}$$

Dabei konnten die Basispfeile $(i,j) \in \mathcal{A}_B$ weggelassen werden, denn sie treten in der hinzugefügten Nebenbedingung (5.11) nicht auf und liefern daher in einer optimalen Lösung des Problems mit $x_{ij} = y_{ij} = 0$ [42] wie bei (**LFCNFR**) keinen Beitrag zur Zielfunktion.

Da min (**UPP**$_{pq}$) eine untere Schranke für den optimalen Zielfunktionswert von (**FCNFP**) angibt, wenn die Fixkostenverbindung (p,q) benutzt werden soll, liefert das Optimum von (**UPP**$_{pq}$) eine Up Penalty UP_{pq}, die auch zur Streichung von Teilproblemen verwendet werden kann. Eine exakte Lösung gestaltet sich jedoch zu aufwendig, denn es handelt sich bei (**UPP**$_{pq}$) um eine Art Rucksackproblem mit Ganzzahligkeitsbedingungen. Die *Rucksacknebenbedingung* ist dabei die Ungleichungsrestriktion (5.11). Zur Angabe einer unteren Schranke des optimalen Zielfunktionswerts bildet man daher eine leichter lösbare Relaxation von (**UPP**$_{pq}$).

Im folgenden werden drei verschiedene Relaxationen mit schnell berechenbaren optimalen beziehungsweise suboptimalen Lösungen angegeben. Die sich jeweils daraus ergebenden Penalties werden Pen-1, Pen-2 und Pen-3 genannt.

---

[42]Durch $x_{ij} = m_{ij}$ und $y_{ij} = 1$ wird eine weitere Lösung mit gleichem Zielfunktionswert gegeben, denn es gilt

$$\bar{c}_{ij} + \frac{d_{ij}}{m_{ij}} = 0 \quad \text{für alle} \quad (i,j) \in \mathcal{A}_B.$$

Pen-1

Eine naheliegende Relaxation von $(\mathbf{UPP}_{pq})$ ist die lineare Relaxation $(\overline{\mathbf{UPP}}_{pq})$. Sie wurde zur Herleitung von Penalties zuerst von GEOFFRION [82, S. 103f] verwendet. Zu ihrer Bildung werden die 0–1-Nebenbedingungen (5.14) und (5.15) durch

$$0 \le y_{ij} \le 1, \qquad (i,j) \in \mathcal{A}_N^0,$$

$$0 \le y'_{ij} \le 1, \qquad (i,j) \in \mathcal{A}_N^m,$$

ersetzt. Wie bei der linearen Relaxation von $(\mathbf{FCNFP})^{43}$ gilt in der optimalen Lösung $(\bar{x}, \bar{x}', \bar{y}, \bar{y}')$ von $(\overline{\mathbf{UPP}}_{pq})$

$$\bar{x}_{ij} = m_{ij}\bar{y}_{ij} \quad \text{für alle} \quad (i,j) \in \mathcal{A}_N^0 \qquad \text{und} \qquad \bar{x}'_{ij} = m_{ij}\bar{y}'_{ij} \quad \text{für alle} \quad (i,j) \in \mathcal{A}_N^m.$$

Daher kann man wie bei Bildung der BALINSKI-Approximation die y_{ij} und y'_{ij} substituieren. Die Zielfunktion lautet dann

$$\sum_{(i,j)\in\mathcal{A}_N^0} \left(\bar{c}_{ij} + \frac{d_{ij}}{m_{ij}}\right) x_{ij} - \sum_{(i,j)\in\mathcal{A}_N^m} \left(\bar{c}_{ij} + \frac{d_{ij}}{m_{ij}}\right) x'_{ij} + \frac{d_{pq}}{m_{pq}} s_{pq}.$$

Die unterschiedlichen Vorzeichen[44] der Koeffizienten von x_{ij} und x'_{ij} erlauben ihre Zusammenfassung, so daß das folgende stetige Rucksackproblem mit Kapazitätsschranken zu lösen ist:

$(\mathbf{UPP}_{pq}^{\text{Pen-1}})$ Minimiere $\displaystyle\sum_{(i,j)\in\mathcal{A}_N} \left| \bar{c}_{ij} + \frac{d_{ij}}{m_{ij}} \right| x_{ij} + \frac{d_{pq}}{m_{pq}} s_{pq}$

    unter den Nebenbedingungen

$$-\sum_{(i,j)\in\mathcal{A}_N^0} \alpha_{pqij} x_{ij} - \sum_{(i,j)\in\mathcal{A}_N^m} \alpha_{pqij}(m_{ij} - x_{ij}) + s_{pq} \ge m_{pq} - \bar{x}_{pq},$$

$$0 \le x_{ij} \le m_{ij}, \qquad (i,j) \in \mathcal{A}_N,$$

$$s_{pq} \ge 0.$$

Die optimale Lösung dieses Problems läßt sich direkt angeben. Sei dazu

$$\mathcal{A}_{pq}^0 := \{(i,j) \in \mathcal{A}_N^0 : \alpha_{pqij} = -1\} \qquad \text{und} \qquad \mathcal{A}_{pq}^m := \{(i,j) \in \mathcal{A}_N^m : \alpha_{pqij} = +1\}.$$

---

[43]Siehe Korollar 4.1 auf Seite 97

[44]Aus den Optimalitätsbedingungen für $(\mathbf{NFP}_{Bal})$ folgt

$$\bar{c}_{ij} + \frac{d_{ij}}{m_{ij}} \ge 0 \quad \text{für alle} \quad (i,j) \in \mathcal{A}_N^0 \qquad \text{und} \qquad \bar{c}_{ij} + \frac{d_{ij}}{m_{ij}} \le 0 \quad \text{für alle} \quad (i,j) \in \mathcal{A}_N^m.$$

Die Menge $\mathcal{A}_{pq} := \{\,(i_k, j_k) \in \mathcal{A}_{pq}^0 \cup \mathcal{A}_{pq}^m \cup \{(p,q)\}\,\}$ sei nach aufsteigenden

$$
\tilde{c}_{i_k j_k} := \begin{cases} \left| \bar{c}_{i_k j_k} + \dfrac{d_{i_k j_k}}{m_{i_k j_k}} \right|, & \text{falls} \quad (i_k, j_k) \in \mathcal{A}_N^0 \cup \mathcal{A}_N^m, \\[3mm] \dfrac{d_{pq}}{m_{pq}}, & \text{falls} \quad (i_k, j_k) = (p, q), \end{cases}
$$

geordnet:

$$
\tilde{c}_{i_1 j_1} \le \tilde{c}_{i_2 j_2} \le \tilde{c}_{i_3 j_3} \le \cdots
$$

Mit

$$
\tilde{m}_{i_k j_k} := \begin{cases} m_{i_k j_k}, & \text{falls} \quad (i_k, j_k) \in \mathcal{A}_N^0 \cup \mathcal{A}_N^m, \\ +\infty, & \text{falls} \quad (i_k, j_k) = (p, q), \end{cases}
$$

ist dann der *kritische Index* die kleinste Zahl t mit

$$
\sum_{k=1}^{t} \tilde{m}_{i_k j_k} \ge m_{pq} - \bar{x}_{pq}.
$$

Eine optimale Lösung von $(\mathbf{UPP}_{pq}^{\text{Pen-1}})$ ist damit durch

$$
x_{ij} = \begin{cases} m_{i_k j_k}, & \text{falls } (i,j) = (i_k, j_k) \text{ mit } k < t, \\[2mm] (m_{pq} - \bar{x}_{pq}) - \displaystyle\sum_{k=1}^{t-1} m_{i_k j_k}, & \text{falls } (i,j) = (i_t, j_t) \text{ und } \left| \bar{c}_{i_t j_t} + \dfrac{d_{i_t j_t}}{m_{i_t j_t}} \right| \le \dfrac{d_{pq}}{m_{pq}}, \\[4mm] 0 & \text{sonst} \end{cases}
$$

$$
s_{pq} = \begin{cases} (m_{pq} - \bar{x}_{pq}) - \displaystyle\sum_{k=1}^{t-1} m_{i_k j_k}, & \text{falls } \left| \bar{c}_{i_t j_t} + \dfrac{d_{i_t j_t}}{m_{i_t j_t}} \right| > \dfrac{d_{pq}}{m_{pq}}, \\[4mm] 0 & \text{sonst} \end{cases}
$$

gegeben.[45] Der Zielfunktionswert dieser Lösung ist gleich der Up Penalty $UP_{pq}^{\text{Pen-1}}$:

$$
\begin{aligned}
UP_{pq}^{\text{Pen-1}} &= \sum_{k=1}^{t-1} \left(\left| \bar{c}_{i_k j_k} + \frac{d_{i_k j_k}}{m_{i_k j_k}} \right| m_{i_k j_k} \right) \\
&\quad + \min\left\{ \left| \bar{c}_{i_t j_t} + \frac{d_{i_t j_t}}{m_{i_t j_t}} \right|, \frac{d_{pq}}{m_{pq}} \right\} \left((m_{pq} - \bar{x}_{pq}) - \sum_{k=1}^{t-1} m_{i_k j_k} \right)
\end{aligned}
$$

Der Aufwand zur Berechnung von Pen-1 wird durch die erforderliche Sortierung von $\mathcal{A}_{pq}$ bestimmt. Bei Verwendung des *Quicksort*[46] liegt der durchschnittliche Sortieraufwand in der Größenordnung von $O(\,|\mathcal{A}_{pq}| \log(|\mathcal{A}_{pq}|)\,)$, mit dem *Heapsort*[47] wird diese Größenordnung auch im schlechtesten Fall nicht überschritten. Durch die Penalties für Nichtbasisvariable, die in Abschnitt 5.2.4.3 vorgestellt werden, kann die Menge $\mathcal{A}_{pq}$ verkleinert werden. Außerdem ist es möglich, die Penalties für **alle** Basisvariablen mit nur **einer** Sortieroperation in einem Durchgang über die Pfeildaten zu berechnen. Hierauf wird in Abschnitt 5.2.4.4 eingegangen.

---

[45]Vgl. zu einem Optimalitätsbeweis dieser Lösung IBARAKI [124, S. 55f]
[46]Vgl. WIRTH [204, S. 97ff]
[47]Vgl. WIRTH [204, S. 92ff]

Pen-2

Relaxiert man in $(\mathbf{UPP}_{pq}^{\text{Pen-1}})$ die Kapazitätsschranken der x_{ij}, so erhält man eine weitere stärkere Relaxation von $(\mathbf{UPP}_{pq})$. Das Up Penalty-Problem ist dann das folgende stetige Rucksackproblem:

$(\mathbf{UPP}_{pq}^{\text{Pen-2}})$ Minimiere $\displaystyle\sum_{(i,j)\in\mathcal{A}_N} \left| \bar{c}_{ij} + \frac{d_{ij}}{m_{ij}} \right| x_{ij} + \frac{d_{pq}}{m_{pq}} s_{pq}$

unter den Nebenbedingungen

$$- \sum_{(i,j)\in\mathcal{A}_N^0} \alpha_{pqij} x_{ij} - \sum_{(i,j)\in\mathcal{A}_N^m} \alpha_{pqij}\left(m_{ij} - x_{ij}\right) + s_{pq} \geq m_{pq} - \bar{x}_{pq},$$

$$x_{ij} \geq 0, \qquad (i,j) \in \mathcal{A}_N,$$

$$s_{pq} \geq 0.$$

In der optimalen Lösung von $(\mathbf{UPP}_{pq}^{\text{Pen-2}})$ ist genau eine der Variablen x_{ij} mit $(i,j) \in \mathcal{A}_{pq}^0 \cup \mathcal{A}_{pq}^m$ und s_{pq} echt größer als Null. Sie besitzt den kleinsten Koeffizienten in der Zielfunktion und ihr Wert ist gleich $m_{pq} - \bar{x}_{pq}$, denn dadurch wird die Rucksacknebenbedingung erfüllt. Daher ergibt sich der optimale Zielfunktionswert von $(\mathbf{UPP}_{pq}^{\text{Pen-2}})$ mit

$$UP_{pq}^a := \min_{(i,j)\in\mathcal{A}_{pq}^0\cup\mathcal{A}_{pq}^m} \left| \bar{c}_{ij} + \frac{d_{ij}}{m_{ij}} \right| (m_{pq} - \bar{x}_{pq}) \tag{5.16}$$

$$UP_{pq}^b := \frac{d_{pq}}{m_{pq}} (m_{pq} - \bar{x}_{pq}) \tag{5.17}$$

durch die Bildung des Minimums

$$UP_{pq}^{\text{Pen-2}} = \min\{ UP_{pq}^a, UP_{pq}^b \}.$$

Diese Penalties sind identisch mit den von DRIEBEEK [63] vorgestellten und von TOMLIN [197, 198] verbesserten Penalties. Sie geben den Zielfunktionsanstieg bei Ausführung eines Pivotschritts des dualen Simplex-Verfahrens an, nachdem die Restriktion $y_{pq} \geq 1$ hinzugefügt wurde. Zur Lösung von Fixkosten-Transportproblemen wurden sie in verschiedenen Branch-and-Bound-Verfahren erfolgreich eingesetzt.[48]

---

[48]Vgl. KENNINGTON UND UNGER [143] und BARR, GLOVER UND KLINGMAN [18]

Pen-3

Die Bildung von Relaxationen, die die 0–1-Nebenbedingungen beibehalten, geht auf CA-
BOT UND ERENGUC [44, 45] zurück, die neue Penalties für unkapazitierte Fixkostenprobleme entwickelten. Ist die optimale Lösung der von ihnen dabei gebildeten Relaxation
zulässig für $(\mathbf{UPP}_{pq})$, so ist sie auch optimal für $(\mathbf{UPP}_{pq})$. Ist sie nicht zulässig für
$(\mathbf{UPP}_{pq})$, bildet sie immer noch eine untere Schranke für das Optimum von $(\mathbf{UPP}_{pq})$ und
kann daher als Penalty verwendet werden. Diese Penalties wurden von BOENCHENDORF
[37] für Fixkosten-Transportprobleme durch Kombination mit den DRIEBEEK-TOMLIN-
Penalties weiter verbessert.

Hier wird dieses Vorgehen auf kapazitierte Probleme, deren Nichtbasisvariable sich
aus $\mathcal{A}_N^0$ und $\mathcal{A}_N^m$ zusammensetzen, erweitert. In der von CABOT UND ERENGUC gebildeten Relaxation von $(\mathbf{UPP}_{pq})$ werden lediglich die Kapazitätsschranken für die Verbindungen aus $\mathcal{A}_N^0$ mit $\bar{c}_{ij} > 0$ gestrichen. Mit dieser Relaxation kann auch bei kapazitierten
Problemen gearbeitet werden, so daß das folgende gemischt-ganzzahlige Rucksackproblem
zu lösen ist:

$(\mathbf{UPP}_{pq}^{\text{Pen-3'}})$ Minimiere $\displaystyle\sum_{(i,j)\in\mathcal{A}_N^0} (\bar{c}_{ij}\, x_{ij} + d_{ij}\, y_{ij}) - \sum_{(i,j)\in\mathcal{A}_N^m} (\bar{c}_{ij}\, x'_{ij} + d_{ij}\, y'_{ij}) + \dfrac{d_{pq}}{m_{pq}}\, s_{pq}$

unter den Nebenbedingungen

$$-\sum_{(i,j)\in\mathcal{A}_N^0} \alpha_{pqij} x_{ij} - \sum_{(i,j)\in\mathcal{A}_N^m} \alpha_{pqij}\,(m_{ij} - x'_{ij}) + s_{pq} \geq m_{pq} - \bar{x}_{pq},$$

$$x_{ij} \geq 0, \qquad (i,j) \in \mathcal{A}_N^0 \quad \text{mit} \quad \bar{c}_{ij} > 0,$$

$$0 \leq x_{ij} \leq m_{ij}, \qquad (i,j) \in \mathcal{A}_N^0 \quad \text{mit} \quad \bar{c}_{ij} \leq 0,$$

$$0 \leq x'_{ij} \leq m_{ij}, \qquad (i,j) \in \mathcal{A}_N^m,$$

$$y_{ij} = \begin{cases} 0, & \text{falls} \quad x_{ij} = 0, \\ 1, & \text{falls} \quad x_{ij} > 0, \end{cases} \qquad (i,j) \in \mathcal{A}_N^0,$$

$$y'_{ij} = \begin{cases} 1, & \text{falls} \quad x'_{ij} = m_{ij}, \\ 0, & \text{falls} \quad x'_{ij} < m_{ij}, \end{cases} \qquad (i,j) \in \mathcal{A}_N^m,$$

$$s_{pq} \geq 0.$$

Bei der Konstruktion einer möglichst exakten Lösung von $(\mathbf{UPP}_{pq}^{\text{Pen-3'}})$ geht entscheidend
ein, daß optimale Lösungen Extremalpunkte des durch die Nebenbedingungen beschriebe-
nen Polyeders sind und diese Extremalpunkte dadurch charakterisiert sind, daß in ihnen
höchstens eine der Variablen x_{ij}, x'_{ij} und s_{pq} echt größer als Null und echt kleiner als ihre
Kapazitätsschranke ist.[49] Beschränkt man sich auf Extremalpunkte, in denen **insgesamt**

---

[49]Vgl. CABOT UND ERENGUC [45, S. 860]

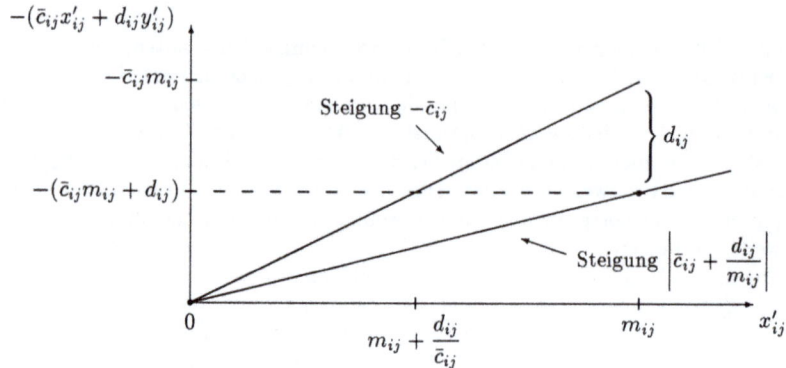

Abbildung 5.2: Kostenverlauf für x'_{ij} und y'_{ij} mit $(i,j) \in \mathcal{A}_N^m$

nur eine Variable echt positiv ist, können vier Kandidaten für eine optimale Lösung von $(\mathbf{UPP}_{pq}^{\text{Pen-3'}})$ angegeben werden. Ihre zugehörigen Zielfunktionswerte lauten:

$$UP_{pq}^a := \min_{(i,j)\in\mathcal{A}_{pq}^0} \left\{ \bar{c}_{ij}\left(m_{pq} - \bar{x}_{pq}\right) + d_{ij} : \bar{c}_{ij} > 0 \right\} \tag{5.18}$$

$$UP_{pq}^b := \min_{(i,j)\in\mathcal{A}_{pq}^0} \left\{ \bar{c}_{ij}\, m_{ij} + d_{ij} : \bar{c}_{ij} \leq 0 \right\} \tag{5.19}$$

$$UP_{pq}^c := \min_{(i,j)\in\mathcal{A}_{pq}^m} \left\{ -\bar{c}_{ij}\left(m_{pq} - \bar{x}_{pq}\right), -\left(\bar{c}_{ij}m_{ij} + d_{ij}\right) \right\} \tag{5.20}$$

$$UP_{pq}^d := \frac{d_{pq}}{m_{pq}}\left(m_{pq} - \bar{x}_{pq}\right) \tag{5.21}$$

Die zu UP_{pq}^c gehörigen Lösungen stellen eine Erweiterung gegenüber den von CABOT UND ERENGUC [44, 45] angegebenen Lösungen dar. Abbildung 5.2 zeigt den Kostenverlauf für x'_{ij} und y'_{ij} mit $(i,j) \in \mathcal{A}_N^m$, der sich wegen $\bar{c}_{ij} \leq 0$ in der gezeigten Form ergibt. Der Verlauf der BALINSKI-Approximation ist dort ebenfalls mit eingezeichnet. Zur Ermittlung kostenminimaler x'_{ij} und y'_{ij} sind zwei Fälle zu unterscheiden:

i) $m_{pq} - \bar{x}_{pq} < m_{ij} + \dfrac{d_{ij}}{\bar{c}_{ij}}$

Dann wird die Zielfunktion $-\left(\bar{c}_{ij}x'_{ij} + d_{ij}y'_{ij}\right)$ durch $x'_{ij} = m_{pq} - \bar{x}_{pq}$ und $y'_{ij} = 0$ minimiert, der minimale Zielfunktionswert ist $-\bar{c}_{ij}\left(m_{pq} - \bar{x}_{pq}\right)$.

ii) $m_{pq} - \bar{x}_{pq} \geq m_{ij} + \dfrac{d_{ij}}{\bar{c}_{ij}}$

In diesem Fall wird das Minimum durch $x'_{ij} = m_{ij}$ und $y'_{ij} = 1$ gegeben. Der zugehörige Zielfunktionswert ist $-\left(\bar{c}_{ij}m_{ij} + d_{ij}\right)$.

Da aber wegen $\bar{c}_{ij} \leq 0$

$$-\bar{c}_{ij}\left(m_{pq} - \bar{x}_{pq}\right) < -(\bar{c}_{ij}m_{ij} + d_{ij}) \qquad \Leftrightarrow \qquad m_{pq} - \bar{x}_{pq} < m_{ij} + \frac{d_{ij}}{\bar{c}_{ij}}$$

gilt, kann bei der Berechnung von UP_{pq}^{c} auf die eben vorgenommene Fallunterscheidung verzichtet werden, denn UP_{pq}^{c} kann durch die Minimumsbildung (5.20) der Zielfunktionswerte ermittelt werden.

Insgesamt ergibt sich eine untere Abschätzung des Optimums von $(\mathbf{UPP}_{pq}^{\text{Pen-3'}})$ aus dem Minimum der Zielfunktionswerte der vier Kandidaten für eine optimale Lösung durch

$$UP_{pq}^{\text{Pen-3'}} = \min\{\, UP_{pq}^{a},\, UP_{pq}^{b},\, UP_{pq}^{c},\, UP_{pq}^{d}\,\} \qquad (5.22)$$

und ist

$$UP_{pq}^{\text{Pen-3'}} \leq \min\left(\mathbf{UPP}_{pq}^{\text{Pen-3'}}\right).$$

Zur Beurteilung der Qualität dieser unteren Schranke ist von Interesse, wann Gleichheit gilt. Dazu sind die folgenden vier Fälle zu unterscheiden:

a) $UP_{pq}^{\text{Pen-3'}} = UP_{pq}^{a}$

Dann wird $(\mathbf{UPP}_{pq}^{\text{Pen-3'}})$ von der zugehörigen Lösung[50] optimal gelöst. Gilt dabei

$$m_{pq} - \bar{x}_{pq} \leq m_{ij},$$

so ist diese Lösung auch zulässig für $(\mathbf{UPP}_{pq})$ und daher optimale Lösung von $(\mathbf{UPP}_{pq})$.

b) $UP_{pq}^{\text{Pen-3'}} = UP_{pq}^{b}$

Gilt dann zusätzlich

$$m_{ij} \geq m_{pq} - \bar{x}_{pq},$$

so ist die zugehörige Lösung[51] optimal für $(\mathbf{UPP}_{pq}^{\text{Pen-3'}})$ und $(\mathbf{UPP}_{pq})$. Ist die Rucksacknebenbedingung jedoch nicht erfüllt, ist die Lösung für beide Programme unzulässig. Trotzdem gibt UP_{pq}^{b} aber eine untere Schranke für das Optimum von $(\mathbf{UPP}_{pq}^{\text{Pen-3'}})$ und damit auch von $(\mathbf{UPP}_{pq})$ an.

c) $UP_{pq}^{\text{Pen-3'}} = UP_{pq}^{c}$

Diejenige Lösung, die zum ersten Minimum in (5.20) gehört, ist zulässig für $(\mathbf{UPP}_{pq}^{\text{Pen-3'}})$ und damit auch für $(\mathbf{UPP}_{pq})$, denn es ist wegen $\bar{c}_{ij} \leq 0$

$$m_{pq} - \bar{x}_{pq} < m_{ij} + \frac{d_{ij}}{\bar{c}_{ij}} \leq m_{ij}.$$

---

[50]In der Lösung ist dasjenige x_{ij} gleich $m_{pq} - \bar{x}_{pq}$, das in (5.18) das Minimum realisiert. Alle übrigen Variablen sind gleich Null.

[51]Das zum Minimum in (5.19) gehörige x_{ij} ist gleich m_{ij}, alle übrigen Variablen sind gleich Null.

Die zum zweiten Minimum gehörige Lösung ist aber nur dann zulässig für ($\mathbf{UPP}_{pq}^{\text{Pen-3'}}$) und für ($\mathbf{UPP}_{pq}$), wenn sie die Rucksacknebenbedingung erfüllt, also

$$m_{ij} \geq m_{pq} - \bar{x}_{pq}$$

gilt. Dann ist sie auch optimal für beide Programme.

d) $UP_{pq}^{\text{Pen-3'}} = UP_{pq}^{d}$

In diesem Fall wurde ($\mathbf{UPP}_{pq}^{\text{Pen-3'}}$) optimal gelöst. In der zugehörigen Lösung ist nur $s_{pq} > 0$. Daher ist diese Lösung zulässig und damit auch optimal für ($\mathbf{UPP}_{pq}$).

In vielen Fällen wird also sogar ($\mathbf{UPP}_{pq}$) optimal gelöst. Der dafür erforderliche Rechenaufwand ist vergleichsweise gering, denn es sind nur Minimumsbildungen durchzuführen. Wie BOENCHENDORF [37] für unkapazitierte Fixkosten-Transportprobleme zeigte, sind diese Penalties in den Fällen, in denen ($\mathbf{UPP}_{pq}$) nicht optimal gelöst wird, weiter verbesserbar. Wie aus der obigen Betrachtung hervorgeht, wird eine optimale Lösung von ($\mathbf{UPP}_{pq}$) genau dann verfehlt, wenn für die zum Minimum (5.22) gehörige Verbindung $(i,j) \in \mathcal{A}_N$

$$m_{ij} < m_{pq} - \bar{x}_{pq} \tag{5.23}$$

gilt. In diesen Fällen sind aber die DRIEBEEK-TOMLIN-Penalties stärker, denn ihr Beitrag zur Zielfunktion ist für eine solche Verbindung wie in (5.16) gleich

$$\left| \bar{c}_{ij} + \frac{d_{ij}}{m_{ij}} \right| (m_{pq} - \bar{x}_{pq}), \tag{5.24}$$

und es gilt, je nachdem aus welchem der Minima (5.18), (5.19) und (5.20) sich $UP_{pq}^{\text{Pen-3'}}$ ergab, folgendes:

a) $UP_{pq}^{\text{Pen-3'}} = UP_{pq}^{a}$

Wegen $(i,j) \in \mathcal{A}_N^0$ ist $\bar{c}_{ij} + \frac{d_{ij}}{m_{ij}} \geq 0$ und mit (5.23) folgt

$$\bar{c}_{ij}(m_{pq} - \bar{x}_{pq}) + d_{ij} < \left| \bar{c}_{ij} + \frac{d_{ij}}{m_{ij}} \right| (m_{pq} - \bar{x}_{pq}).$$

b) $UP_{pq}^{\text{Pen-3'}} = UP_{pq}^{b}$

Wie eben ist $\bar{c}_{ij} + \frac{d_{ij}}{m_{ij}} \geq 0$ und es folgt aus (5.23)

$$\bar{c}_{ij} m_{ij} + d_{ij} < \left| \bar{c}_{ij} + \frac{d_{ij}}{m_{ij}} \right| (m_{pq} - \bar{x}_{pq}).$$

c) $UP_{pq}^{\text{Pen-3'}} = UP_{pq}^c$ und $-\bar{c}_{ij}\,(m_{pq} - \bar{x}_{pq}) > -(\bar{c}_{ij}m_{ij} + d_{ij})$

Wegen $(i,j) \in \mathcal{A}_N^m$ ist $\bar{c}_{ij} + \dfrac{d_{ij}}{m_{ij}} \leq 0$ und mit (5.23) folgt

$$-(\bar{c}_{ij}m_{ij} + d_{ij}) < \left| \bar{c}_{ij} + \frac{d_{ij}}{m_{ij}} \right| (m_{pq} - \bar{x}_{pq}).$$

Dies läßt sich auch anhand von Abbildung 5.2 veranschaulichen: Für ein $x'_{ij} = m_{pq} - \bar{x}_{pq} > m_{ij}$ ist der Zielfunktionswert der BALINSKI-Approximation größer als $-(\bar{c}_{ij}m_{ij} + d_{ij})$.

Daher erhält man durch Kombination von Pen-3' mit den DRIEBEEK-TOMLIN-Penalties eine stärkere Penalty. Sie wird dadurch realisiert, daß man bei der Minimumsbildung für Verbindungen mit (5.23) anstelle der Zielfunktionsbeiträge aus (5.18), (5.19) oder (5.20) den Beitrag (5.24) der DRIEBEEK-TOMLIN-Penalties verwendet. Bezeichnet man diese *kombinierten Penalties* mit Pen-3, so gilt nach Konstruktion

$$UP_{pq}^{\text{Pen-3}} \geq UP_{pq}^{\text{Pen-3'}}.$$

Zur Berechnung von $UP_{pq}^{\text{Pen-3}}$ läßt sich eine Routine, die das Minimum

$$\min\{\, UP_{pq}^a, \; UP_{pq}^b, \; UP_{pq}^c \,\}$$

bestimmt, folgendermaßen modifizieren:[52] Kann durch den Zielfunktionsbeitrag (5.24) der DRIEBEEK-TOMLIN-Penalties das aktuelle Minimum nicht weiter verkleinert werden, so gilt dies auch für die zu (5.18), (5.19) oder (5.20) gehörigen Zielfunktionsbeiträge, denn für $m_{ij} \geq m_{pq} - \bar{x}_{pq}$ sind sie größer als (5.24) und für $m_{ij} < m_{pq} - \bar{x}_{pq}$ wurden sie gerade durch (5.24) ersetzt. Andernfalls hängt das weitere Vorgehen davon ab, ob $m_{ij} < m_{pq} - \bar{x}_{pq}$ erfüllt ist oder nicht. Ist dies der Fall, kann das aktuelle Minimum durch (5.24) verringert werden. Sonst ist der Zielfunktionsbeitrag aus (5.18), (5.19) oder (5.20) zu berechnen und zu prüfen, ob mit ihm das Minimum weiter gesenkt werden kann. UP_{pq}^d kann anschließend mit dem aktuellen Minimum verglichen werden.

Die Penalties Pen-3, die hier durch Kombination der erweiterten Penalties nach CABOT UND ERENGUC mit den DRIEBEEK-TOMLIN-Penalties entwickelt wurden, lassen sich auch als optimale Lösung einer Relaxation von $(\mathbf{UPP}_{pq})$ herleiten.[53] Erst damit ist nachgewiesen, daß diese Penalties tatsächlich eine untere Schranke für die Zielfunktionsänderung bei Öffnung der Verbindung (p, q) liefern.[54]

---

[52]Vgl. BOENCHENDORF [37, S. 235]

[53]Diese Relaxation erhält man aus $(\mathbf{UPP}_{pq})$, indem man in (5.12) und (5.13) die Kapazitätsschranken m_{ij} durch den größeren Wert $\max\{m_{ij}, m_{pq} - \bar{x}_{pq}\}$ ersetzt. Außerdem werden die 0–1-Nebenbedingungen (5.14) und (5.15) für diejenigen Variablen relaxiert, für die (5.23), also $m_{ij} < m_{pq} - \bar{x}_{pq}$, gilt. Vgl. BOENCHENDORF [37, S. 236]

[54]Vgl. BOENCHENDORF [37, S. 235f]

Vergleich der Penalties

Die oben hergeleiteten Penalties für Basisvariable unterscheiden sich hinsichtlich ihrer Qualität und ihres Rechenaufwands. Es gilt zunächst

$$UP_{pq}^{\text{Pen-1}} \geq UP_{pq}^{\text{Pen-2}},$$

da $(\mathbf{UPP}_{pq}^{\text{Pen-2}})$ eine stärkere Relaxation von $(\mathbf{UPP}_{pq})$ ist als $(\mathbf{UPP}_{pq}^{\text{Pen-1}})$. Nach Definition von Pen-3 ist

$$UP_{pq}^{\text{Pen-3}} \geq UP_{pq}^{\text{Pen-2}}.$$

Das Verhältnis von Pen-1 zu Pen-3 kann nicht in einer Ungleichung zusammengefaßt werden. Wurde bei der Bestimmung von Pen-3 das Up Penalty-Problem optimal gelöst, so gilt

$$UP_{pq}^{\text{Pen-3}} \geq UP_{pq}^{\text{Pen-1}},$$

andernfalls ist

$$UP_{pq}^{\text{Pen-3}} = UP_{pq}^{\text{Pen-2}}.$$

Der Rechenaufwand zur Ermittlung von Pen-2 wird durch eine Minimumsbildung bestimmt. Darüber hinaus werden bei der Berechnung von Pen-3 Fallunterscheidungen erforderlich. Die Bestimmung von Pen-1 beinhaltet eine Sortieroperation, so daß sich ihre Berechnung am aufwendigsten gestaltet.

Abbildung 5.3 setzt die drei Penalties nach den Kriterien Qualität und Rechenaufwand zueinander in Beziehung. Dabei bietet Pen-3 das günstigste Verhältnis von Qualität zu Aufwand, denn diese hochwertigen Penalties lassen sich mit relativ niedrigem Rechenaufwand ermitteln.

5.2.4.3 Penalties für Nichtbasisvariable

Motivation für die Herleitung von Penalties für Nichtbasisvariable ist die Tatsache, daß bei der Lösung eines verzweigten Teilproblems Variable in die Basis aufgenommen werden, die sich vor der Verzweigung nicht in der optimalen Basis befanden. Besitzt nun jede Lösung, die eine solche Nichtbasisvariable mit positivem Fluß in der Basis hat, einen höheren Zielfunktionswert als die aktuell beste Lösung, so kann diese Nichtbasisvariable als Kandidat zur Aufnahme in die Basis ausgeschlossen werden.[55] Dies geschieht dadurch, daß sie bei der Minimumsbildung zur Berechnung von Pen-2 und Pen-3 nicht berücksichtigt wird. Bei der Ermittlung von Pen-1 braucht diese Nichtbasisvariable nicht in die Sortieroperation einbezogen zu werden. Können so alle Nichtbasisvariable ausgeschlossen werden, kann das aktuelle Teilproblem gestrichen werden.

Untere Schranken für den Zielfunktionsanstieg, der bei Aufnahme einer Nichtbasisvariable in die optimale Basis B von $(\mathbf{NFP}_{Bal})$ entsteht, lassen sich wieder mit Hilfe der Lagrange-Relaxation $(\mathbf{LFCNFR})$[56] angeben. Wie bei der Herleitung der Penalties

---

[55]Vgl. GEOFFRION [82, S. 102] und CABOT UND ERENGUC [44, S. 149]
[56]Siehe Seite 115

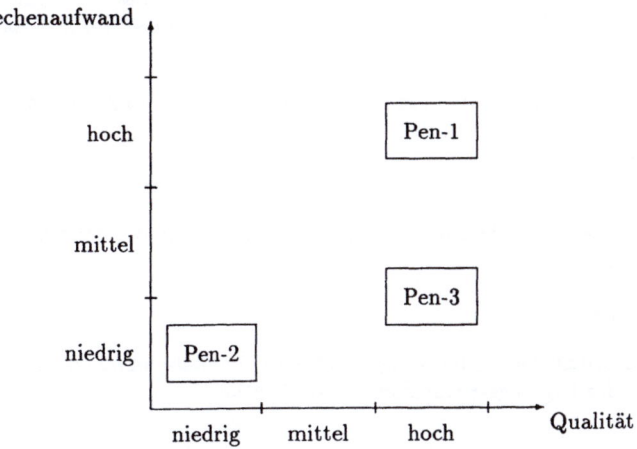

Abbildung 5.3: Die Penalties für Basisvariable nach Qualität und Rechenaufwand

für Basisvariable wird der konstante Term min $(\mathbf{NFP}_{Bal})$ in der Zielfunktion weggelassen und eine Restriktion hinzugefügt, die die Aufnahme einer Nichtbasisvariable x_{rs} beziehungsweise x'_{rs} in die Basis erzwingt. Da die Extremalpunkte des Lösungspolyeders von $(\mathbf{NFP}_{Bal})$ ganzzahlig sind[57], besitzt eine Basisvariable, die ungleich Null ist, mindestens den Wert Eins. Aus diesem Grunde wird für eine Nichtbasisvariable x_{rs} mit $(r,s) \in \mathcal{A}_N^0$ die Restriktion

$$x_{rs} \geq 1 \tag{5.25}$$

hinzugefügt. Dann gibt das Optimum von

Minimiere $\displaystyle\sum_{(i,j) \in \mathcal{A}_B \cup \mathcal{A}_N^0} (\bar{c}_{ij}\, x_{ij} + d_{ij}\, y_{ij}) \; - \sum_{(i,j) \in \mathcal{A}_N^m} (\bar{c}_{ij}\, x'_{ij} + d_{ij}\, y'_{ij})$

unter den Nebenbedingungen

$$x_{rs} \geq 1,$$

$$0 \leq x_{ij} \leq m_{ij}\, y_{ij}, \qquad (i,j) \in \mathcal{A}_B \cup \mathcal{A}_N^0,$$

$$m_{ij} \geq x'_{ij} \geq m_{ij}\, y'_{ij}, \qquad (i,j) \in \mathcal{A}_N^m,$$

$$y_{ij} \in \{0,1\}, \qquad (i,j) \in \mathcal{A}_B \cup \mathcal{A}_N^0,$$

$$y'_{ij} \in \{0,1\}, \qquad (i,j) \in \mathcal{A}_N^m.$$

---

[57]Siehe Abschnitt 2.1.3.2

eine untere Schranke für den Zielfunktionsanstieg bei Aufnahme von x_{rs} in die Basis an.
Die optimale Lösung dieser Optimierungsaufgabe hängt vom Vorzeichen von $\bar{c}_{rs}$ ab:

i) $\bar{c}_{rs} \leq 0$

Dann ist in der optimalen Lösung $x_{rs} = m_{rs}$, der zugehörige Zielfunktionswert ist

$$\bar{c}_{rs} m_{rs} + d_{rs}.$$

ii) $\bar{c}_{rs} > 0$

In diesem Fall ist in der optimalen Lösung $x_{rs} = 1$ und der optimale Zielfunktionswert lautet

$$\bar{c}_{rs} + d_{rs}.$$

Für Nichtbasisvariable x'_{rs} mit $(r,s) \in \mathcal{A}_N^m$ wird ebenfalls ein minimaler Wert von Eins gefordert, also der Lagrange-Relaxation die Restriktion

$$x'_{rs} \geq 1 \tag{5.26}$$

hinzugefügt. Ihre optimale Lösung gestaltet sich jedoch anders, denn es gilt in diesem Fall stets $\bar{c}_{rs} \leq 0$. Zum Verlauf der Zielfunktion für x'_{rs} kann wieder auf Abbildung 5.2[58] verwiesen werden. Für $x'_{rs} \geq 1$ ist danach ein minimaler Zielfunktionswert entweder durch

$$-\bar{c}_{rs}$$

oder durch

$$-(\bar{c}_{rs} m_{rs} + d_{rs})$$

gegeben. Entsprechend ist für die optimale Lösung der um (5.26) erweiterten Lagrange-Relaxation das Minimum dieser beiden Werte zu bilden.

5.2.4.4   Implementation der Penalty-Berechnung

In diesem Abschnitt wird auf die Realisierung der Penalty-Berechnung eingegangen, wenn die linearen Relaxationen mit einem der LPArc-Programme gelöst werden. Dann steht die optimale Basis in Form eines spannenden Baums $T(\mathcal{N}, \mathcal{A}_B)$ zur Verfügung und es ist möglich, **alle** Penalties für Basisvariable in nur **einem** Durchgang über die Pfeildaten zu ermitteln. Nach Angabe der benötigten Listenfunktionen wird dies am Beispiel von Pen-2 dargestellt. Dazu werden Routinen zu ihrer Berechnung im Pseudo-Code angegeben. Die Bestimmung von Pen-3 kann ähnlich vorgenommen werden. Auf die Realisierung der Berechnung von Pen-1 wird abschließend eingegangen.

Zur Veranschaulichung wird das Problembeispiel aus Kapitel 3[59] um Fixkosten erweitert. Abbildung 5.4 zeigt das erweiterte Problem, die Fixkostenverbindungen sind dabei fett eingezeichnet. Die Listen der zugehörigen Problemdaten sind in Tabelle 5.1 angegeben. Sie wurden gegenüber Tabelle 3.1[60] um die Pfeilliste `FixedCost` erweitert, in der die Fixkosten gespeichert werden.

---

[58]Siehe Seite 122
[59]Siehe Abbildung 3.1 auf Seite 35
[60]Siehe Seite 36

Knoten	Supply
1	35
2	0
3	0
4	-5
5	-15
6	0
7	25
8	-20
9	-5
10	0
11	-15

Pfeil	FromNode	ToNode	Cost	FixedCost	Capacity
1	1	2	5	10	20
2	1	3	10	0	40
3	1	4	20	30	30
4	2	5	15	20	40
5	3	2	5	0	35
6	3	4	10	30	25
7	3	5	10	40	30
8	3	6	-5	0	20
9	4	7	25	35	20
10	5	8	20	45	20
11	6	8	5	0	30
12	6	9	20	50	10
13	7	6	10	0	30
14	7	9	25	30	10
15	7	10	10	0	20
16	8	11	15	35	15
17	9	10	5	0	20
18	9	11	10	10	5
19	10	11	5	25	20

Tabelle 5.1: Die Problemdaten des Beispiels aus Abbildung 5.4

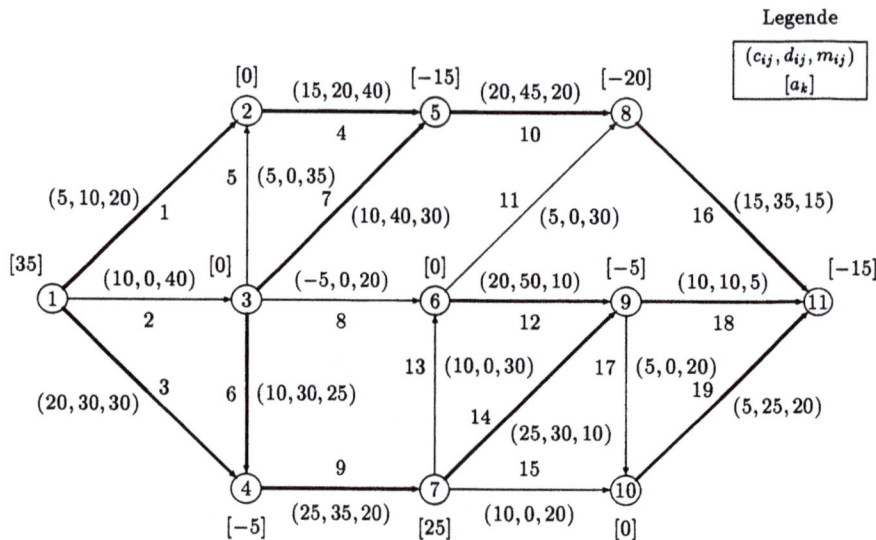

Abbildung 5.4: Erweiterung des Problembeispiels aus Kapitel 3 um Fixkosten

Die Penalty-Berechnung mit Hilfe des Basisbaums

Zur Berechnung der in Abschnitt 5.2.4.2 entwickelten Penalties ist die Kenntnis der Koeffizienten α_{pqij} des optimalen Simplex-Tableaus erforderlich. Sie werden bei der Up Penalty-
Berechnung in der Definition der Mengen $\mathcal{A}_{pq}^{0}$ und $\mathcal{A}_{pq}^{m}$ benötigt.[61] Zur Berechnung der
Down Penalties sind ähnliche Mengen zu bilden. Daher ist zunächst von Interesse, wie
sich diese Koeffizienten aus dem optimalen Basisbaum bestimmen lassen.

Wird ein Nichtbasispfeil (i,j) mit positivem Fluß in die Basis aufgenommen, so ändern
sich die Flüsse auf den Basispfeilen (p,q) des Basis Equivalent Path[62] in gleicher Höhe.
Für $(i,j) \in \mathcal{A}_{N}^{0}$ ist daher wegen (5.10)[63] $\alpha_{pqij} = -1$, wenn sich der Fluß auf (p,q)
erhöht und $\alpha_{pqij} = +1$, wenn er abnimmt. Die Vorzeichen sind für Nichtbasispfeile aus
$\mathcal{A}_{N}^{m}$ umzukehren. Für Basispfeile, die nicht auf diesem Basis Equivalent Path liegen, ist
$\alpha_{pqij} = 0$.

Durchläuft man also den Basis Equivalent Path eines Nichtbasispfeils (i,j), so können
dabei alle Koeffizienten α_{pqij} bestimmt werden, die zu diesem Nichtbasispfeil gehören.
In den Pivotschritten wird bei der Wahl des die Basis verlassenden Pfeils ähnlich vorgegangen, denn dort ist ebenfalls ein Durchlaufen des Basis Equivalent Path erforderlich.[64]
Daher ist die Ermittlung aller α_{pqij} in einem Durchgang über die Daten der Nichtbasis-

---

[61]Siehe Abschnitt 5.2.4.2 auf Seite 118
[62]Siehe Seite 31
[63]Siehe Seite 116
[64]Siehe Abschnitt 3.2.2.3 auf Seite 49

pfeile möglich, wenn man für jeden Nichtbasispfeil den zugehörigen Basis Equivalent Path durchläuft.

Das Durchlaufen des zum Nichtbasispfeil (i, j) gehörigen Basis Equivalent Path kann wie bei der Wahl des die Basis verlassenden Pfeils vorgenommen werden. Dabei werden die von i und j ausgehenden Wege in Richtung der Wurzel mit Hilfe der Predecessor-Liste zurückverfolgt, bis ihr erster gemeinsamer Knoten erreicht ist. Bei der Berechnung von Penalties ist es aber nicht erforderlich, auf dem Basis Equivalent Path jeden Knoten und damit jeden Basispfeil zu besuchen, denn Penalties sind nur für diejenigen Basispfeile zu ermitteln, die zu einer nicht gesperrten Fixkostenverbindung gehören und deren Fluß zwar echt positiv ist, aber die Kapazitätsschranke nicht erreicht.

Mit einer verallgemeinerten Predecessor-Liste ist es jedoch möglich, diejenigen Basispfeile zu überspringen, für die keine Penalties zu berechnen sind. Eine solche Listenfunktion wird im nächsten Abschnitt angegeben.

Datenstrukturen zur Penalty-Berechnung

Zusätzlich zu den Listenstrukturen der LPArc-Programme werden drei weitere Knotenlisten benötigt. Die *Up Penalty*-Liste UpPenalty und die *Down Penalty*-Liste DownPenalty dienen der Speicherung der berechneten Penalties für Basisvariable. Sie können mit Länge $|\mathcal{N}|$ vereinbart werden, denn die Anzahl der Basispfeile ist gleich $|\mathcal{N}| - 1$. Für einen Knoten k gibt UpPenalty(k) beziehungsweise DownPenalty(k) den Penalty-Wert des Basispfeils ArcIndex(k) an.

Des weiteren wird eine verallgemeinerte Predecessor-Liste, die zur Penalty-Berechnung nicht benötigte Basispfeile überspringt, verwendet. Eine solche Listenfunktion wurde unter dem Namen *Generalized Predecessor* zuerst von BARR, GLOVER UND KLINGMAN [18, S. 459ff] bei der Lösung von Fixkosten-Transportproblemen verwendet. Zur Definition der Generalized Predecessor-Liste GenPredecessor sei r die Wurzel des Basisbaums. Für den Knoten k bezeichne $k^* \neq k$ den ersten Knoten auf dem Weg von k nach r, für dessen Pfeil ArcIndex(k^*) Penalties zu berechnen sind. Existiert kein solcher Knoten, wird $k^* := r$ gesetzt. Dann definiert man

$$\text{GenPredecessor}(k) := \begin{cases} 0, & \text{falls } k = r, \\ +k^*, & \text{falls für den Basispfeil ArcIndex}(k) \\ & \text{Penalties zu berechnen sind,} \\ -k^*, & \text{falls für den Basispfeil ArcIndex}(k) \\ & \text{keine Penalties zu berechnen sind.} \end{cases}$$

Ob für einen Pfeil ArcIndex(k) Penalties zu berechnen sind, wird damit durch das Vorzeichen von GenPredecessor(k) angegeben. Ist es positiv, ist der Pfeil in die Penalty-Berechnung einzubeziehen. Andernfalls wird der nächste Knoten, für dessen Basispfeil Penalties zu berechnen sind, durch |GenPredecessor(k)| angegeben. Abbildung 5.5 zeigt die Generalized Predecessor-Liste für die Basis aus Abbildung 3.2[65] des um Fixkosten erweiterten Problembeispiels aus Abbildung 5.4. Dabei wurden die zur Penalty-Berechnung benötigten Pfeile fett eingezeichnet. Die übrigen Pfeile werden vom Generalized Predecessor übersprungen. Dies sind die Verbindungen $(1,3)$, $(3,2)$, $(7,6)$, $(7,10)$ und $(6,8)$.

---

[65]Siehe Seite 38

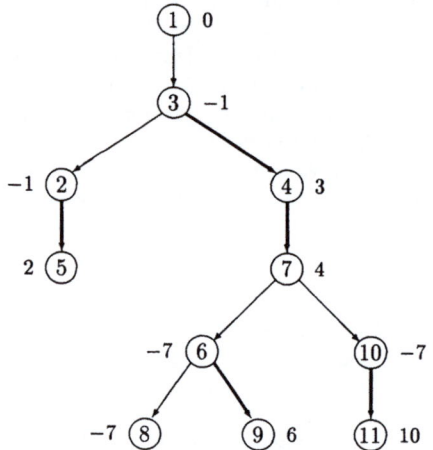

Knoten	GenPredecessor
1	0
2	-1
3	-1
4	3
5	2
6	-7
7	4
8	-7
9	6
10	-7
11	10

Abbildung 5.5: Die Listenfunktion Generalized Predecessor für die Basis aus
             Abbildung 3.2

Liste	Länge	Wertebereich	Inhalt
UpPenalty	$|\mathcal{N}|$	R_+	Up Penalty UP_{pq}
DownPenalty	$|\mathcal{N}|$	R_+	Down Penalty DN_{pq}
GenPredecessor	$|\mathcal{N}|$	Z	Generalized Predecessor

Tabelle 5.2: Datenstrukturen zur Penalty-Berechnung

Einen abschließenden Überblick über die eben erklärten Listenfunktionen zur Penalty-Berechnung gibt Tabelle 5.2.

Prozeduren zur Berechnung von Pen-2

Die Penalties Pen-2 wurden in Abschnitt 5.2.4.2[66] aus der Lagrange-Relaxation hergeleitet. Die Berechnung der zugehörigen Up Penalties besteht aus der Bildung der Minima UP_{pq}^a und dem Vergleich von UP_{pq}^a mit UP_{pq}^b.[67] Für die Down Penalties sind die Minima

$$DN_{pq}^a = \min_{(i,j)\in\tilde{\mathcal{A}}_{pq}^0\cup\tilde{\mathcal{A}}_{pq}^m} \left|\bar{c}_{ij} + \frac{d_{ij}}{m_{ij}}\right| \bar{x}_{pq} \tag{5.27}$$

zu berechnen. Dabei sind die Mengen $\tilde{\mathcal{A}}_{pq}^0$ und $\tilde{\mathcal{A}}_{pq}^m$ bis auf entgegengesetzte Vorzeichen der α_{pqij} wie $\mathcal{A}_{pq}^0$ und $\mathcal{A}_{pq}^m$ erklärt:[68]

$$\tilde{\mathcal{A}}_{pq}^0 := \{(i,j) \in \mathcal{A}_N^0 : \alpha_{pqij} = +1\} \quad \text{und} \quad \tilde{\mathcal{A}}_{pq}^m := \{(i,j) \in \mathcal{A}_N^m : \alpha_{pqij} = -1\}.$$

Da in der optimalen Lösung des Down Penalty-Problems die Schlupfvariable s_{pq} stets gleich Null ist, gilt

$$DN_{pq}^{\text{Pen-2}} = DN_{pq}^a.$$

Für die Implementation ist es günstig, die Konstanten $m_{pq} - \bar{x}_{pq}$ und $\bar{x}_{pq}$ in der Definition von UP_{pq}^a und DN_{pq}^a auszuklammern und die Minima

$$UP_{pq}^{a'} := \min_{(i,j)\in\mathcal{A}_{pq}^0\cup\mathcal{A}_{pq}^m} \left|\bar{c}_{ij} + \frac{d_{ij}}{m_{ij}}\right| \tag{5.28}$$

$$DN_{pq}^{a'} := \min_{(i,j)\in\tilde{\mathcal{A}}_{pq}^0\cup\tilde{\mathcal{A}}_{pq}^m} \left|\bar{c}_{ij} + \frac{d_{ij}}{m_{ij}}\right| \tag{5.29}$$

zu bestimmen. $UP_{pq}^{a'}$ wird dann mit

$$UP_{pq}^{b'} := \frac{d_{pq}}{m_{pq}} \tag{5.30}$$

verglichen.

Die Prozedur Pen2 berechnet die Penalties für alle in Frage kommenden Basispfeile. Dabei werden in den Penalty-Listen UpPenalty und DownPenalty die jeweiligen aktuellen Werte für die gesuchten Minima gespeichert. Zu Beginn werden diese Listen in der Prozedur ComputePen2b mit $UP_{pq}^{b'}$ und $+\infty$ initialisiert. Die Prozedur ComputePen2a ermittelt anschließend die Minima $UP_{pq}^{a'}$ und $DN_{pq}^{a'}$, falls nicht alle Nichtbasispfeile aufgrund ihrer Penalties ausgeschlossen werden können. Das Flag PenaltyComputed gibt diese Information zurück. Konnten keine Penalties berechnet werden, kann das aktuelle

---

[66]Siehe Seite 120
[67]Siehe (5.16) und (5.17) auf Seite 120
[68]Siehe Seite 118

Teilproblem aus der Kandidatenliste gestrichen werden. Andernfalls sind die Penalty-Listen UpPenalty und DownPenalty noch mit den zuvor ausgeklammerten Konstanten $(m_{pq} - \bar{x}_{pq})$ und $\bar{x}_{pq}$ zu multiplizieren. Dies übernimmt die Prozedur ComputePen2, die die Penalty-Berechnung abschließt.

```
procedure Pen2;
begin
  ComputePen2b;                              { Berechne (5.30) für alle Basispfeile }
  ComputePen2a(PenaltyComputed);       { Berechne (5.28) und (5.29) für alle Basispfeile }
  if (not PenaltyComputed) then        { Alle Nichtbasispfeile konnten ausgeschlossen werden }
    „Streiche das aktuelle Teilproblem aus der Kandidatenliste"
  else
    ComputePen2;                       { Multipliziere mit den Konstanten (m_pq - x̄_pq) und x̄_pq }
end;
```

Bei der Initialisierung der Penalty-Listen UpPenalty und DownPenalty in der Prozedur ComputePen2b ermöglicht die Abfrage des Vorzeichens der Generalized Predecessor-Liste, die tatsächlich benötigten Basispfeile von den übrigen Basispfeilen zu unterscheiden. Dadurch, daß UpPenalty mit $UP_{pq}^{b'}$ initialisiert wird, werden bei der folgenden Suche des Minimums $UP_{pq}^{a'}$ nur niedrigere Werte als $UP_{pq}^{b'}$ berücksichtigt.

```
procedure ComputePen2b;
begin
  { Initialisierung von UpPenalty und DownPenalty }
  for Node := 1 to Nodes do
  begin
    if (GenPredecessor(Node) > 0) then
    begin                             { Für den Basispfeil ArcIndex(Node) sind Penalties zu berechnen }
      UpPenalty(Node)    := UP_pq^b';  { (p,q) = ArcIndex(Node) }
      DownPenalty(Node) := +∞;
    end;
  end;
end;
```

Zur Bestimmung von $UP_{pq}^{a'}$ und $DN_{pq}^{a'}$ sind diejenigen Nichtbasispfeile zu ermitteln, die zu einer nicht gesperrten Fixkostenverbindung gehören und nicht aufgrund der Penalties für Nichtbasisvariable aus Abschnitt 5.2.4.3 ausgeschlossen werden können. Wird beim Durchgang über alle Pfeile des Problems ein solcher Pfeil gefunden, wird dies im Flag PenaltyComputed notiert und zur weiteren Minimierung von $UP_{pq}^{a'}$ und $DN_{pq}^{a'}$ der zugehörige Basis Equivalent Path durchlaufen. Dies geschieht in der Prozedur TraceBEP.

```
procedure ComputePen2a(var PenaltyComputed);
begin
  PenaltyComputed := False;
  for Arc := 1 to Arcs do
  begin
    if „Arc gehört nicht der Basis an" and „Arc ist nicht gesperrt" then
    begin
      „Berechne Penalty für den Nichtbasispfeil Arc wie in Abschnitt 5.2.4.3"
      if „Arc kann nicht aufgrund dieser Penalty ausgeschlossen werden" then
      begin
        { Versuche, mit Arc die aktuellen Minima für (5.28) und (5.29) weiter zu verringern }
        TraceBEP(Arc);            { Durchlaufe den zu Arc gehörigen Basis Equivalent Path }
        PenaltyComputed := True;
      end;
    end;
  end;
end;
```

Das Durchlaufen des Basis Equivalent Path zur Verringerung der aktuellen Minima geschieht ähnlich wie in der Prozedur SelectOutArc[69]. Insbesondere wird auf die gleiche Weise festgestellt, auf welchen Basispfeilen bei Aufnahme von Arc in die Basis der Fluß zu erhöhen, und auf welchen Pfeilen er zu verringern wäre. Im ersten Fall ist Arc in die Berechnung der Up Penalty des zugehörigen Basispfeils einzubeziehen, im zweiten Fall wird er zur Berechnung der Down Penalty benötigt. In beiden Fällen wird der aktuelle Wert für das jeweilige Minimum mit dem zuvor berechneten Kandidaten Penalty für das Minimum verglichen und gegebenenfalls durch ihn ersetzt.

Ein grundsätzlicher Unterschied zur Prozedur SelectOutArc ist aber, daß hier anstelle der Predecessor-Liste der Generalized Predecessor verwendet wird. Dadurch werden diejenigen Knoten im Basis Equivalent Path übersprungen, für deren zugehörige Pfeile keine Penalties zu berechnen sind. Da die Anzahl der Nichtbasispfeile in der Regel hoch ist[70] und für die meisten dieser Pfeile der zugehörige Basis Equivalent Path zu durchlaufen ist, kann so die Penalty-Berechnung erheblich beschleunigt werden.

Die Prozedur TraceBEP durchläuft den Basis Equivalent Path des Nichtbasispfeils Arc und versucht, die aktuellen Minima für $UP_{pq}^{a'}$ und $DN_{pq}^{a'}$ durch Penalty zu verringern. Sie verwendet die Successors-Liste, die von LPArc-II mitgeführt wird. Bei Verwendung von LPArc-I zur Lösung der Relaxationen kann wie in der Prozedur SelectOutArc von LPArc-I[71] an ihrer Stelle die Depth-Liste verwendet werden.

```
procedure TraceBEP(Arc);
begin
```

$$\text{Penalty} := \left| \bar{c}_{ij} + \frac{d_{ij}}{m_{ij}} \right|; \quad \{ (i,j) = \text{Arc} \}$$

---

[69]Siehe Abschnitt 3.2.2.3 auf Seite 50
[70]Dies ist insbesondere dann der Fall, wenn $|\mathcal{A}| \gg |\mathcal{N}|$ ist, denn es gibt $|\mathcal{A}| - (|\mathcal{N}| - 1)$ Nichtbasispfeile.
[71]Siehe Seite 50

```
if (ArcStatus(Arc) > 0) then
   begin UpPathNode := ToNode(Arc);    DownPathNode := FromNode(Arc); end
else
   begin UpPathNode := FromNode(Arc); DownPathNode := ToNode(Arc);    end;

while (UpPathNode <> DownPathNode) do
begin
   if (Successors(UpPathNode) < Successors(DownPathNode)) then
   begin                                                         { Up Path }
      if (GenPredecessor(UpPathNode) > 0) then
      begin
         if (Direction(UpPathNode) < 0) then              { Flußverminderung }
            DownPenalty(UpPathNode) := min{ DownPenalty(UpPathNode), Penalty }
         else                                               { Flußerhöhung }
            UpPenalty(UpPathNode) := min{ UpPenalty(UpPathNode), Penalty };
         UpPathNode := +GenPredecessor(UpPathNode);           { nächster Knoten }
      end
      else                              { UpPathNode konnte übersprungen werden }
         UpPathNode := -GenPredecessor(UpPathNode);          { nächster Knoten }
   end
   else
   if ((Successors(UpPathNode) > Successors(DownPathNode)) or
       (UpPathNode <> DownPathNode)) then
   begin                                                       { Down Path }
      if (GenPredecessor(DownPathNode) > 0) then
      begin
         if (Direction(DownPathNode) > 0) then            { Flußverminderung }
            DownPenalty(DownPathNode) := min{ DownPenalty(DownPathNode), Penalty }
         else                                               { Flußerhöhung }
            UpPenalty(DownPathNode) := min{ UpPenalty(DownPathNode), Penalty };
         DownPathNode := +GenPredecessor(DownPathNode);        { nächster Knoten }
      end
      else                            { DownPathNode konnte übersprungen werden }
         DownPathNode := -GenPredecessor(DownPathNode);       { nächster Knoten }
   end;
end; { while }
end;
```

Zum Abschluß werden die soeben berechneten Werte $\min\{ UP_{pq}^{a'}, UP_{pq}^{b'} \}$ und $DN_{pq}^{a'}$ in der Prozedur ComputePen2 in die Penalties $UP_{pq}^{\text{Pen-2}}$ und $DN_{pq}^{\text{Pen-2}}$ umgerechnet. Dazu ist lediglich die Multiplikation mit $m_{pq} - \bar{x}_{pq}$ und $\bar{x}_{pq}$ erforderlich.

```
procedure ComputePen2;
begin
   for Node := 1 to Nodes do
   begin
      if (GenPredecessor(Node) > 0) then
      begin            { Für den Basispfeil ArcIndex(Node) sind Penalties zu berechnen }
         UpPenalty(Node) := UpPenalty(Node) * (m_pq  -  x̄_pq); { (p,q) = ArcIndex(Node) }
         DownPenalty(Node) := DownPenalty(Node) * x̄_pq;
      end;
   end;
end;
```

Insgesamt ist damit die Implementation der Penalty-Berechnung für Pen-2 vollständig angegeben. Die Berechnung von Pen-3 kann durch Einarbeitung von Fallunterscheidungen in die Prozedur `TraceBEP` ähnlich realisiert werden.

Die Berechnung von Pen-1

Die Penalties Pen-1 wurden in Abschnitt 5.2.4.2[72] aus einer linearen Relaxation des Penalty-Problems hergeleitet. Damit bei ihrer Ermittlung nur **eine** Sortieroperation erforderlich wird, sind zuerst alle Nichtbasispfeile, die nicht durch Penalties ausgeschlossen werden können, zu ermitteln und mit ihren zugehörigen

$$\left| \bar{c}_{ij} + \frac{d_{ij}}{m_{ij}} \right|$$

zu speichern. Diese Werte werden dann aufsteigend sortiert. In der Reihenfolge dieser Sortierung wird anschließend für die entsprechenden Nichtbasispfeile der zugehörige Basis Equivalent Path durchlaufen. Dabei wird durch Setzen von kostenminimalen x_{ij}, x'_{ij} oder s_{pq} die linke Seite der Rucksacknebenbedingung im Up und Down Penalty-Problem sukzessive vergrößert, bis die Rucksacknebenbedingung schließlich erfüllt ist und damit das zugehörige Penalty-Problem optimal gelöst ist.

5.2.5 Separationsregeln

Zur Verzweigung eines Teilproblems $(\mathbf{FCNFP}_k)$ ist die Wahl einer Separationsvariable y_{pq} erforderlich.[73] Diese Variable wird durch eine Separationsregel[74] bestimmt und ist die 0–1-Variable einer weder geöffneten noch gesperrten Fixkostenverbindung, für die in der optimalen Lösung der linearen Relaxation $(\overline{\mathbf{FCNFP}}_k)$

$$0 < \bar{y}^k_{pq} < 1$$

gilt. Wegen der Äquivalenz von $(\overline{\mathbf{FCNFP}}_k)$ und $(\mathbf{NFR}_k)$ ist dies gleichbedeutend damit, daß in der optimalen Lösung $\hat{x}^k$ von $(\mathbf{NFR}_k)$

$$0 < \hat{x}^k_{pq} < m_{pq}$$

ist. Für genau die zu diesen Variablen gehörigen Basispfeile wurden Penalties berechnet, so daß ihre Abschätzungen des Zielfunktionsanstiegs bei einer möglichen Verzweigung in die Separationsregel mit einbezogen werden können.

Bei der Entwicklung von FixArc wurden sechs verschiedene Separationsregeln implementiert, die sämtlich zur Wahl von y_{pq} die zuvor berechneten Penalties auswerten. Tabelle 5.3 zeigt die untersuchten Regeln im Überblick. Die Separationsregeln SR-1 und SR-3 werden häufig in Branch-and-Bound-Verfahren verwendet.[75] Bei Benutzung von

---

[72]Siehe Seite 118

[73]Wie die Verzweigung eines Teilproblems bei gegebener Separationsvariable durchgeführt wird, wurde in Abschnitt 5.2.1 auf Seite 108 dargestellt.

[74]Siehe Seite 102

[75]Vgl. IBARAKI [124, S. 266] und NEMHAUSER UND WOLSEY [167, S. 360]

Separationsregel	Separationsvariable y_{pq} maximiert
SR-1	$\max\{\,UP_{pq}, DN_{pq}\,\}$
SR-2	$|\,UP_{pq} - DN_{pq}\,|$
SR-3	$\min\{\,UP_{pq}, DN_{pq}\,\}$
SR-4	$UP_{pq} + DN_{pq}$
SR-5	UP_{pq}
SR-6	DN_{pq}

Tabelle 5.3: Untersuchte Separationsregeln

SR-1 verspricht man sich, nach der Verzweigung eines der beiden neu erzeugten Teilprobleme schnell streichen zu können, denn bei einem dieser Probleme ist mit einem großen Zielfunktionsanstieg zu rechnen. Bei Verwendung von SR-3 hofft man dagegen, eines der neuen Teilprobleme schnell ausloten zu können, denn eine Separationsvariable, deren größte Penalty am kleinsten ist, ist am ehesten dazu geeignet, eine ganzzahlige Lösung zu finden. Die Regel SR-4 wird ebenfalls in vielen Implementationen benutzt.[76] Bei Verwendung der Depth First-Suche als Suchstrategie des Verfahrens kommt zusätzlich SR-2 in Betracht.[77] Die Regel SR-6 wurde untersucht, weil sie bei der Lösung von Fixkosten-Transportproblemen von CABOT UND ERENGUC [44, S. 150] erfolgreich verwendet wurde. Aus diesem Grunde wurde auch SR-5 mit in die Untersuchung einbezogen.

Da alle diese Separationsregeln heuristischer Natur sind, kann die Überlegenheit einer Regel nicht analytisch nachgewiesen werden[78], und man ist zur Bestimmung günstiger Separationsregeln auf experimentelle Laufzeituntersuchungen angewiesen. Dabei ist die enge Verbindung mit der Verzweigungsregel zu berücksichtigen. Für Fixkosten-Transportprobleme wurden zu diesem Zweck Testrechnungen von BARR, GLOVER UND KLINGMAN [18] und KENNINGTON [140] durchgeführt. Im Rahmen dieser Arbeiten wurden die Regeln SR-1 und SR-3 favorisiert.[79] Die Regeln SR-4 bis SR-6 wurden dabei aber nicht berücksichtigt. Für Fixkosten-Netzwerkflußprobleme liegt bislang keine Untersuchung dieser Art vor. Daher wurden hier in ausgiebigen Testrechnungen für verschiedene Problemklassen günstige Separationsregeln bestimmt.

---

[76]Vgl. IBARAKI [124, S. 266]

[77]Vgl. IBARAKI [124, S. 267]

[78]Vgl. KENNINGTON [140, S. 243]

[79]Das Programm FIXNET von BARR, GLOVER UND KLINGMAN [18, S. 455] verwendet in seiner schnellsten Version die Regel SR-3. Im Rahmen der Untersuchungen von KENNINGTON [140, S. 244] erwies sich SR-1 als eine der besten Separationsregeln.

Verzweigungsregel	Verzweigungsrichtung	
VR-1	$y_{pq} \begin{cases} = 1, & \text{falls} \quad UP_{pq} \le DN_{pq}, \\ = 0 & \text{sonst} \end{cases}$	
VR-2	$y_{pq} \begin{cases} = 1, & \text{falls} \quad UP_{pq} \ge DN_{pq}, \\ = 0 & \text{sonst} \end{cases}$	
VR-3	$y_{pq} = 1$	
VR-4	$y_{pq} = 0$	

Tabelle 5.4: Untersuchte Verzweigungsregeln

5.2.6 Verzweigungsregeln

Nachdem die Separationsvariable zur Verzweigung eines Teilproblems ($\mathbf{FCNFP}_k$) bestimmt wurde, werden die Teilprobleme ($\mathbf{FCNFP}_{k_{UP}}$) und ($\mathbf{FCNFP}_{k_{DN}}$) gebildet.[80] Da FixArc als Suchstrategie die Depth First-Suche verwendet[81], ist dann zu klären, welches dieser beiden neuen Teilprobleme sofort weiter bearbeitet wird und welches in der Kandidatenliste gespeichert wird. Dies ist Aufgabe der Verzweigungsregel[82], die die Verzweigungsrichtung angibt. Dies ist die Richtung, in der die nicht-ganzzahlige Separationsvariable y_{pq} gerundet wird: $y_{pq} = 1$ bedeutet, daß das Teilproblem ($\mathbf{FCNFP}_{k_{UP}}$) zuerst gerechnet wird, und $y_{pq} = 0$ heißt, daß ($\mathbf{FCNFP}_{k_{DN}}$) sofort weiter bearbeitet wird.

In Verbindung mit den eben vorgestellten Separationsregeln wurden vier Verzweigungsregeln untersucht. Sie sind in Tabelle 5.4 angegeben. Übliche Regeln sind VR-1 und VR-2. Sie bestimmen die Verzweigungsrichtung aufgrund der Penalties der Separationsvariablen. VR-1 verzweigt in Richtung der kleineren Penalty, während VR-2 in Richtung der größeren Penalty verzweigt. Im ersten Fall hofft man auf eine Auslotung, im zweiten Fall auf eine Streichung des nächsten Teilproblems. Die Regeln VR-3 und VR-4 werten die Penalties nicht aus und verzweigen stets in die gleiche Richtung. Sie wurden hauptsächlich in Verbindung mit den Separationsregeln SR-5 und SR-6 untersucht, denn diese Regeln favorisieren ebenfalls eine Verzweigungsrichtung.

Unterschiedliche Kombinationen von verschiedenen Separationsregeln und Verzweigungsregeln wurden in der Literatur nur für Fixkosten-Transportprobleme untersucht.[83] Bei den im Rahmen dieser Arbeit durchgeführten Testrechnungen wurden auch für Fixkosten-Netzwerkflußprobleme günstige Kombinationen der Separations- und Verzweigungs-

---

[80]Siehe Abschnitt 5.2.1 auf Seite 108
[81]Siehe Abschnitt 5.2.3 auf Seite 111
[82]Siehe Seite 106
[83]BARR, GLOVER UND KLINGMAN [18] verglichen Kombinationen von 6 verschiedenen Separationsregeln und 4 Verzweigungsregeln. Dabei wurden auch die hier untersuchten Separationsregeln SR-1 bis SR-3 sowie die Verzweigungsregeln VR-3 bis VR-2 verwendet. Mit der Kombination SR-3/VR-1 wurden dabei die besten Ergebnisse erzielt.

regeln aus den Tabellen 5.3 und 5.4 ermittelt.

5.2.7   Weitere Einsatzmöglichkeiten der Penalties

5.2.7.1   Verschärfung der unteren Schranken für Teilprobleme

Die in Abschnitt 5.2.4.2 hergeleiteten Penalties geben Abschätzungen des Zielfunktionsanstiegs bei einer möglichen Verzweigung an. Separationsvariable und Verzweigungsrichtung werden aufgrund dieser Information ausgewählt. Da die Penalties aber so entwickelt
wurden, daß sie den Zielfunktionsanstieg nicht nur abschätzen, sondern ihn von unten
beschränken, kann mit ihnen die untere Schranke für den optimalen Zielfunktionswert des
aktuellen Teilproblems verschärft werden. Mit dieser verbesserten unteren Schranke kann
durch Vergleich mit dem Zielfunktionswert z der aktuell besten Lösung nochmals eine
Streichung des Teilproblems versucht werden.

Liefert die optimale Lösung von $(\mathbf{NFR}_k)$ keine Lösung von $(\mathbf{FCNFP}_k)$, in der die
Ganzzahligkeitsbedingungen für die y_{ij} erfüllt sind, werden für die nicht-ganzzahligen y_{pq},
deren zugehörige Fixkostenverbindungen nicht gesperrt sind, Penalties berechnet. Möchte
man die Ganzzahligkeit der Variable y_{pq} erreichen, so kann mit Hilfe der Penalties durch

$$\min\{\,UP_{pq}, DN_{pq}\,\}$$

eine untere Schranke für den dabei entstehenden Zielfunktionsanstieg angegeben werden.[84]
Da in einer zulässigen Lösung von $(\mathbf{FCNFP}_k)$ die 0–1-Nebenbedingungen für alle y_{pq}
erfüllt sein müssen, definiert man

$$PEN := \max_{(p,q)} \min\{\,UP_{pq}, DN_{pq}\,\} \tag{5.31}$$

und verschärft die aus der optimalen Lösung von $(\mathbf{NFR}_k)$ gewonnene untere Schranke $\underline{z}_k$
für $(\mathbf{FCNFP}_k)$[85] durch Addition von PEN. Gilt dann

$$\underline{z}_k + PEN \geq z,$$

so kann das Teilproblem $(\mathbf{FCNFP}_k)$ gestrichen werden.

5.2.7.2   Erste untere Schranken für die Teilprobleme

Bevor für ein Teilproblem die untere Schranke $\underline{z}_k$ aus Abschnitt 5.2.2.1 durch Lösung von
$(\mathbf{NFR}_k)$ berechnet wird, kann mit Hilfe der Penalties schon bei der Bildung des Problems
ein erstes $\underline{z}_k$ angegeben werden. Für Probleme, die nicht sofort weiter bearbeitet werden,
wird diese Schranke in der Kandidatenliste gespeichert, so daß bei Verringerung des aktuell
besten Zielfunktionswerts z die Möglichkeit besteht, Teilprobleme aus der Kandidatenliste
aufgrund ihrer unteren Schranke nachträglich zu streichen.

Neue Teilprobleme werden bei der Separation eines Problems $(\mathbf{FCNFP}_k)$ gebildet.
Ist y_{pq} die Separationsvariable, so werden durch

$$\underline{z}_{k_{UP}} := \underline{z}_k + \max\{\,UP_{pq}, PEN\,\}$$

---

[84]Vgl. GEOFFRION UND MARSTEN [85, S. 474] und IBARAKI [124, S. 72]
[85]Siehe Abschnitt 5.2.2.1 auf Seite 109

und

$$\underline{z}_{k_{DN}} := \underline{z}_k + \max\{DN_{pq}, PEN\}$$

untere Schranken für die optimalen Zielfunktionswerte der neu erzeugten Teilprobleme $(\mathbf{FCNFP}_{k_{UP}})$ und $(\mathbf{FCNFP}_{k_{DN}})$ angegeben.[86] Sie ergeben sich mit der gleichen Argumentation wie bei der Verschärfung von $\underline{z}_k$ durch PEN, wenn man berücksichtigt, daß in den neuen Teilproblemen jeweils $y_{pq} = 1$ und $y_{pq} = 0$ gefordert wird.

5.2.7.3 Die optimale Basis von $(\mathbf{NFR}_{k_{UP}})$

Bei der Penalty-Berechnung wird von der optimalen Basis von $(\mathbf{NFR}_k)$ ausgegangen und eines der Up Penalty-Probleme aus Abschnitt 5.2.4.2 gelöst. Wenn die Lösung des Up Penalty-Problems eine bestimmte Form hat, ist die aktuelle Basis auch für $(\mathbf{NFR}_{k_{UP}})$ optimal. Daher kann bei der Verzweigung in diese Richtung auf eine Reoptimierung durch das Simplex-Verfahren vollständig verzichtet werden. Das folgende Korollar geht auf CABOT UND ERENGUC [44, S. 150] zurück und gibt die Voraussetzungen dafür an.

Korollar 5.2 *Sei B die optimale Basis von* $(\mathbf{NFR}_k)$ *und* y_{pq} *sei die Separationsvariable. Ist dann in der Lösung des Up Penalty-Problems*

$$s_{pq} = m_{pq} - \bar{x}_{pq},$$

so ist B auch eine optimale Basis von $(\mathbf{NFR}_{k_{UP}})$.

Beweis Sei $(\bar{x}^k, \bar{y}^k)$ die optimale Lösung von $(\overline{\mathbf{FCNFP}}_k)$ und $\tilde{z}_k$ der zugehörige Zielfunktionswert. Eine obere Schranke $\overline{\tilde{z}}_{k_{UP}}$ für das Optimum von $(\overline{\mathbf{FCNFP}}_{k_{UP}})$ erhält man durch Aufrunden von $\bar{y}_{pq}^k$ auf Eins:

$$\overline{\tilde{z}}_{k_{UP}} = \tilde{z}_k + \frac{d_{pq}}{m_{pq}}(m_{pq} - \bar{x}_{pq}^k)$$

Eine untere Schranke $\underline{\tilde{z}}_{k_{UP}}$ ergibt sich aus

$$\underline{\tilde{z}}_{k_{UP}} = \tilde{z}_k + UP_{pq}.$$

Nach Voraussetzung gilt

$$UP_{pq} = \frac{d_{pq}}{m_{pq}}(m_{pq} - \bar{x}_{pq}^k),$$

so daß $\underline{\tilde{z}}_{k_{UP}} = \overline{\tilde{z}}_{k_{UP}}$ folgt. Daher ist

$$\tilde{z}_{k_{UP}} = \tilde{z}_k + \frac{d_{pq}}{m_{pq}}(m_{pq} - \bar{x}_{pq}^k).$$

---

[86]Diese Schranken wurden auch von KENNINGTON UND UNGER [143, S. 1120] bei der Lösung von Fix-kosten-Transportproblemen verwendet. Vgl. zu leicht berechenbaren ersten Abschätzungen für die optimalen Zielfunktionswerte von Teilproblemen auch IBARAKI [124, S. 268] und NEMHAUSER UND WOLSEY [167, S. 360]

Eine zugehörige optimale Lösung von $(\overline{\textbf{FCNFP}}_{k_{UP}})$ kann durch Aufrundung von $\bar{y}^k_{pq}$ erhalten werden. Für die optimale Lösung von $(\textbf{NFR}_{k_{UP}})$ wird dann nur der Term $h^k_{pq}(x_{pq})$ in der Zielfunktion korrigiert, während $\hat{x}^k_{pq}$ selbst unverändert bleibt. Daher wird kein Basiswechsel erforderlich und B ist auch für $(\textbf{NFR}_{k_{UP}})$ eine optimale Basis. □

Dieses Resultat macht in vielen Fällen die Lösung des nächsten Teilproblems durch das Simplex-Verfahren überflüssig. Bei Testrechnungen mit Fixkosten-Transportproblemen konnten CABOT UND ERENGUC [44, S. 152f] das Korollar auf knapp 15% aller Teilprobleme anwenden.

5.2.8 Das Verfahren im Überblick

Das Lösungsverfahren FixArc fügt sich in den in Abschnitt 5.1 angegebenen Rahmen eines allgemeines Branch-and-Bound-Verfahrens ein. Durch die intensive Ausnutzung der Penalties konnten zusätzliche Möglichkeiten der Streichung von Teilproblemen geschaffen werden. Wie sich FixArc aus den in den vorherigen Abschnitten dargestellten Komponenten zusammensetzt, geht aus Abbildung 5.6 hervor, die das Flußdiagramm des Verfahrens zeigt. Im einzelnen wird wie folgt vorgegangen.

Zu Beginn des Verfahrens befindet sich in der Kandidatenliste $\mathcal{C}$ das Ausgangsproblem $(\textbf{FCNFP}_0)$. Ist eine obere Schranke für das Optimum von $(\textbf{FCNFP}_0)$ bekannt[87], so kann sie zur Abkürzung des Branch-and-Bound-Prozesses über z, das im Verlauf des Verfahrens den Zielfunktionswert der aktuell besten Lösung speichert, vorgegeben werden. Andernfalls wird z mit $+\infty$ initialisiert. Ist die Kandidatenliste nicht leer, so besteht eine Iteration aus den folgenden Schritten.

Aufgrund der Verwendung der Depth First-Suche als Suchstrategie[88] wird das letzte der Kandidatenliste hinzugefügte Teilproblem $(\textbf{FCNFP}_k)$ aus ihr herausgenommen. Zusammen mit $(\textbf{FCNFP}_k)$ wurde in der Kandidatenliste eine erste untere Schanke $\underline{z}_k$ gespeichert.[89] Ist sie größer als z, so kann $(\textbf{FCNFP}_k)$ gestrichen werden und die nächste Iteration beginnt. Andernfalls wird durch Lösung der linearen Relaxation $(\textbf{NFR}_k)$ eine verbesserte untere Schranke $\underline{z}_k$ berechnet.[90] Die zu der optimalen Lösung $\hat{x}^k$ von $(\textbf{NFR}_k)$ gehörige Lösung von $(\overline{\textbf{FCNFP}}_k)$ sei $(\bar{x}^k, \bar{y}^k)$. Durch Aufrunden der nicht-ganzzahligen $\bar{y}^k_{ij}$ erhält man eine obere Schranke $\bar{z}_k$ sowie eine zulässige Lösung (x^k, y^k) von $(\textbf{FCNFP}_k)$.[91] Ist $\underline{z}_k$ größer als z, so kann $(\textbf{FCNFP}_k)$ gestrichen werden.[92] Mit (x^k, y^k) ist eine neue beste Lösung gefunden, wenn ihr Zielfunktionswert $\bar{z}_k$ kleiner als z ist. Eine solche Lösung ersetzt die bis dahin in (x, y) und z gespeicherte Lösung. Gilt $\underline{z}_k = \bar{z}_k$, so konnte $(\textbf{FCNFP}_k)$ ausgelotet werden, denn in (x^k, y^k) sind alle 0–1-Nebenbedingungen erfüllt.[93] Auch in diesem Fall kann die nächste Iteration begonnen werden.

---

[87]Obere Schranken für $(\textbf{FCNFP}_0)$ können beispielsweise aus einer bekannten zulässigen Lösung oder einer bereits durchgeführten Optimierung, die aber vorzeitig abgebrochen wurde, gewonnen werden.

[88]Zur Suchstrategie siehe Abschnitt 5.2.3

[89]Zu ersten unteren Schranken für die Teilprobleme siehe Abschnitt 5.2.7.2

[90]Zur Berechnung der unteren Schranke aus der linearen Relaxation siehe Abschnitt 5.2.2.1

Daß die optimale Lösung von $(\textbf{NFR}_k)$ in bestimmten Fällen auch ohne Anwendung des Simplex-Verfahrens ermittelt werden kann, ist in Abschnitt 5.2.7.3 angegeben.

[91]Zur Berechnung der oberen Schranke siehe Abschnitt 5.2.2.2

[92]Zur Streichung von Teilproblemen aufgrund ihrer unteren Schranke siehe Abschnitt 5.1.3.1

[93]Zur Auslotung von Teilproblemen siehe Abschnitt 5.1.3.2

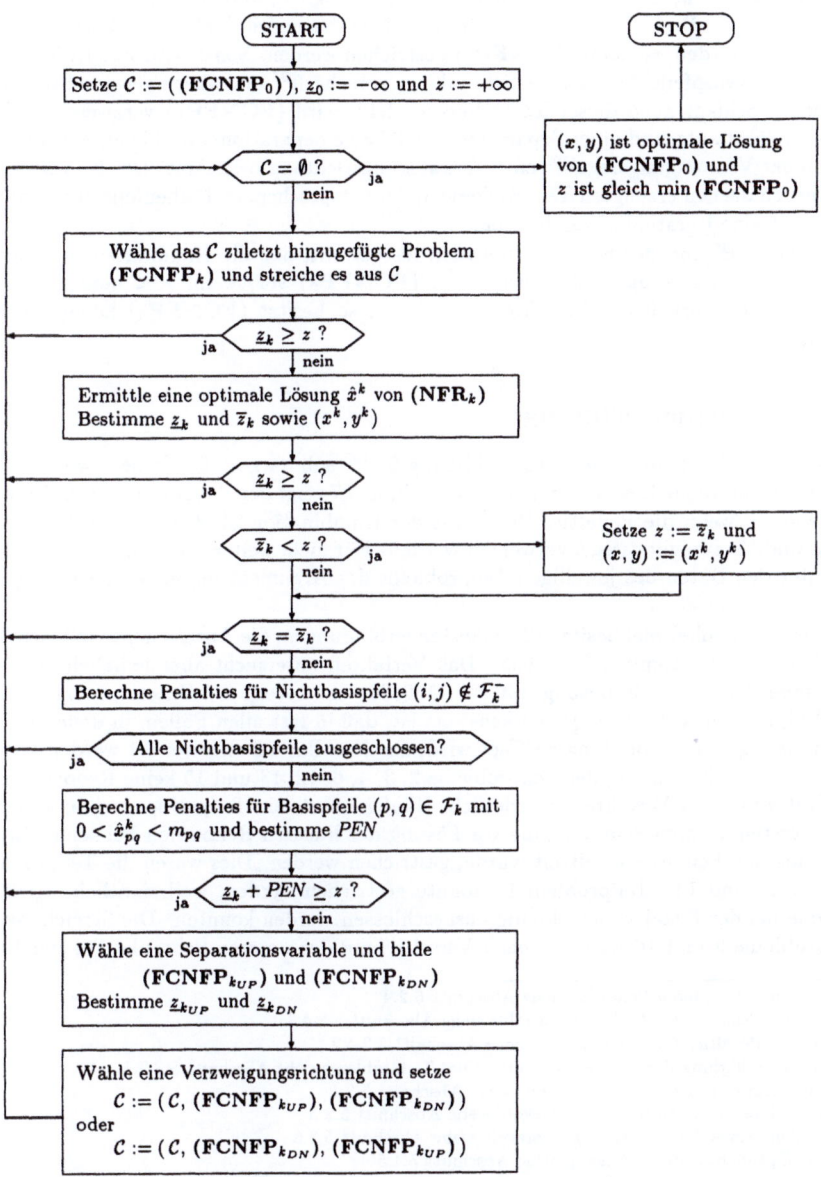

Abbildung 5.6: Flußdiagramm des Branch-and-Bound-Verfahrens FixArc

War bis jetzt keine Streichung oder Auslotung möglich, werden Penalties[94] berechnet. Konnten bei der Bestimmung der Penalties für Nichtbasispfeile[95] alle Nichtbasispfeile ausgeschlossen werden, so kann $(\mathbf{FCNFP}_k)$ gestrichen werden. Sonst wird mit Hilfe der Penalties für Basispfeile[96] die untere Schranke $\underline{z}_k$ verschärft[97] und abermals eine Streichung versucht. Schlägt auch dieser letzte Versuch fehl, wird $(\mathbf{FCNFP}_k)$ verzweigt.[98] Dazu wird zunächst aufgrund einer Separationsregel[99] eine Separationsvariable ausgewählt und nach einer Verzweigungsregel[100] eine Verzweigungsrichtung bestimmt. Der Kandidatenliste werden die neu erzeugten Teilprobleme in der entsprechenden Reihenfolge hinzugefügt. Damit ist eine Iteration abgeschlossen.

Wird zu Beginn der nächsten Iteration festgestellt, daß die Kandidatenliste leer ist, liegt mit (x, y) eine optimale Lösung von $(\mathbf{FCNFP}_0)$ vor, wenn $z < +\infty$ ist.[101] Ist dagegen bei Abbruch des Verfahrens $z = +\infty$, so besitzt $(\mathbf{FCNFP}_0)$ keine zulässige Lösung.[102]

5.2.9   Beispielrechnung

Anhand des Problembeispiels aus Abbildung 5.4[103] soll dargestellt werden, wie das Verfahren eine optimale Lösung ermittelt. Abbildung 5.7 zeigt den dabei generierten Verzweigungsbaum, wenn die Penalties Pen-3 mit der Kombination SR-4/VR-2 für die Separations- und Verzweigungsregel verwendet werden. Für nicht weiter verzweigte Teilprobleme ist unter den Daten des jeweiligen Teilproblems das Argument für seine Streichung oder Auslotung angegeben.

Das Problembeispiel besitzt 12 Fixkostenverbindungen, die Anzahl der möglichen Teilprobleme beträgt somit $2^{12} = 4096$. Das Verfahren untersucht aber lediglich 16 dieser Probleme. Die optimale Lösung mit $z = 1180,00$ wird bereits bei Untersuchung des achten Teilproblems gefunden. Bemerkenswert ist, daß in fast allen Fällen, in denen bei der Verzweigung eine Verbindung geöffnet wird, das Korollar 5.2 angewendet werden konnte. Daher war bei Erzeugung der Teilprobleme 2, 3, 4, 6, 12, 13 und 15 keine Reoptimierung durch das Simplex-Verfahren erforderlich. Häufig konnte ein Teilproblem schon aufgrund seiner ersten unteren Schranke, die vor Lösung der linearen Relaxation bei seiner Erzeugung aus den Penalties ermittelt wurde, gestrichen werden. Dies waren die Teilprobleme 1, 5, 7, 11 und 14. Teilproblem 15 konnte gestrichen werden, weil sämtliche Nichtbasispfeile bei der Penalty-Berechnung ausgeschlossen werden konnten. Die Streichung der Teilprobleme 9 und 16 war erst nach Verschärfung der unteren Schranke aus der linea-

---

[94]Zu den verwendeten Penalties siehe Abschnitt 5.2.4
[95]Zu den Penalties für Nichtbasisvariable siehe Abschnitt 5.2.4.3
[96]Zu den Penalties für Basisvariable siehe Abschnitt 5.2.4.2
[97]Zur Verschärfung der unteren Schranke eines Teilproblems siehe Abschnitt 5.2.7.1
[98]Zur Verzweigung eines Teilproblems siehe Abschnitt 5.2.1
[99]Zu den verwendeten Separationsregeln siehe Abschnitt 5.2.5
[100]Zu den verwendeten Verzweigungsregeln siehe Abschnitt 5.2.6
[101]Zur Optimalität dieser Lösung siehe Abschnitt 5.1.5
[102]Dies wird bereits bei der Lösung der BALINSKI-Approximation $(\mathbf{NFR}_0)$ erkannt, denn eine zulässige Lösung von $(\mathbf{NFR}_0)$ kann zu einer zulässigen Lösung von $(\mathbf{FCNFP}_0)$ erweitert werden. Daher ist $(\mathbf{FCNFP}_0)$ nur dann unzulässig, wenn dies für die BALINSKI-Approximation gilt.
[103]Siehe Seite 130

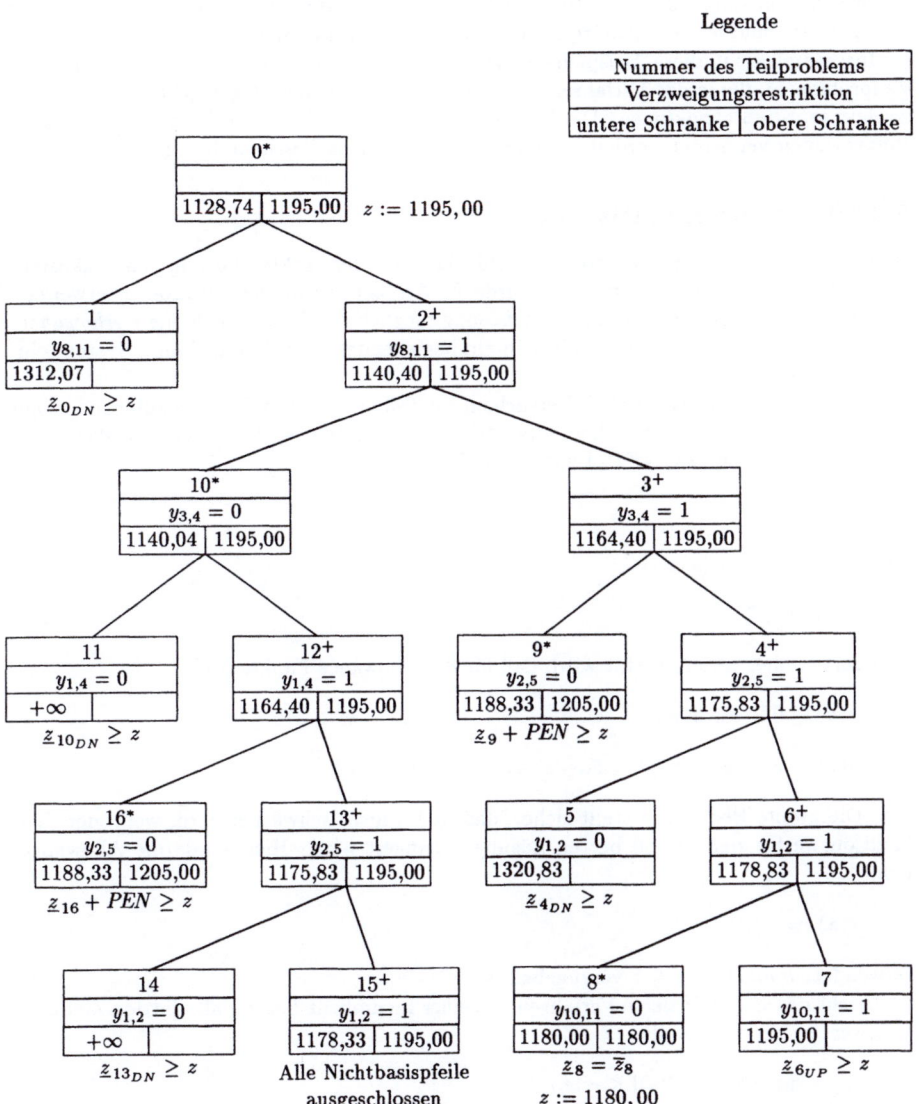

Abbildung 5.7: Verzweigungsbaum zur Lösung des Problembeispiels aus Abbildung 5.4

---

*Zur Ermittlung der unteren Schranke dieses Teilproblems war die Lösung der linearen Relaxation erforderlich.

+Bei der Erzeugung dieses Teilproblems konnte Korollar 5.2 angewendet werden.

ren Relaxation durch die Penalties möglich. Für nur insgesamt 5 der 16 untersuchten Teilprobleme mußte die zugehörige lineare Relaxation gelöst werden.

Insgesamt zeigt diese Beispielrechnung, daß alle Möglichkeiten zur Streichung von Teilproblemen, die in das Verfahren integriert wurden, tatsächlich geeignet sind, den Verzweigungsprozeß abzukürzen. Darüber hinaus kann sehr oft auf die Lösung von linearen Relaxationen verzichtet werden, wodurch eine zusätzliche Beschleunigung erzielt wird.

5.2.10   Approximative Lösung

Obwohl sich die vorliegende Arbeit ausschließlich mit der exakten Lösung von Fixkosten-Netzwerkflußproblemen beschäftigt, wurde FixArc bei der Implementation so erweitert, daß zusätzlich auch die approximative Lösung möglich ist. Dazu wurde die ϵ-*Allowance*-Methode[104] verwendet, die sich leicht in ein bestehendes Branch-and-Bound-System einarbeiten läßt.

Diese Methode setzt bei allen Versuchen, ein Teilproblem $(\mathbf{FCNFP}_k)$ aufgrund seiner unteren Schranke $\underline{z}_k$ zu streichen, eine *Allowance*-Funktion $\epsilon(z)$ in folgender Weise ein. Zur Streichung von $(\mathbf{FCNFP}_k)$ wird anstelle von

$$\underline{z}_k \geq z$$

nur noch

$$\underline{z}_k + \epsilon(z) \geq z \tag{5.32}$$

gefordert, wobei vorausgesetzt wird, daß für die Allowance-Funktion $\epsilon(z)$

   i) $\epsilon(z) \geq 0$ für alle z

  ii) Aus $z_1 \leq z_2$ folgt $z_1 - \epsilon(z_1) \leq z_2 - \epsilon(z_2)$

gilt. Die zweite Bedingung stellt sicher, daß (5.32) nicht schwächer wird, wenn der Zielfunktionswert z der aktuell besten Lösung verringert wird. Hier wurde die Allowance-Funktion

$$\epsilon(z) := \gamma \, |z|$$

verwendet, wobei $0 \leq \gamma \leq 1$ vorzugeben ist.

Bricht das so modifizierte Verfahren mit einer Incumbent-Lösung ab, die den Zielfunktionswert z_ϵ besitzt, so gilt

$$|z_\epsilon - \min\,(\mathbf{FCNFP}_0)| \leq \gamma \, |z_\epsilon|. \text{ [105]}$$

Daher ist der relative Fehler der approximativen Lösung durch γ beschränkt, so daß die gewünschte Genauigkeit der Lösung vorgegeben werden kann. Mit $\gamma = 0$ erhält man dieselben exakten Lösungen wie beim unmodifizierten Verfahren.

---

[104]Vgl. IBARAKI [125, S. 468ff]
[105]Einen Beweis hierfür gibt IBARAKI [125, Theorem 8.2.1].

5.3 Analyse des Laufzeitverhaltens

Zunächst wird beschrieben, wie die Laufzeiten unter Microsoft Windows ermittelt wurden. Nach einer Übersicht über die verwendeten Testprobleme werden verschiedene Kombinationen der Separations- und Verzweigungsregeln aus den Abschnitten 5.2.5 und 5.2.6 miteinander verglichen. Mit den günstigsten dieser Kombinationen wird anschließend das Laufzeitverhalten der drei Penalties für Basisvariable aus Abschnitt 5.2.4.2 untersucht. Soweit in der Literatur Ergebnisse von Testrechnungen mit anderen Problemlösern vorliegen, werden diese den hier erzielten Laufzeiten gegenübergestellt. Zum Abschluß werden die Lösungszeiten, die FixArc für große Fixkosten-Umladeprobleme benötigt, angegeben.

5.3.1 Die Durchführung der Laufzeitvergleiche

Sämtliche Laufzeiten wurden mit Hilfe der Windows-Applikation FixArc ermittelt, deren Konzeption und Oberfläche in Kapitel 6 ausführlich beschrieben wird. Sie integriert unter anderem den Problemgenerator FIXGEN[106], die LPArc-Programme in ihrer Version für reellwertige Kostenkoeffizienten sowie den Problemlöser FixArc, der wie LPArc-I/II in FORTRAN[107] implementiert wurde.

Bei allen Testrechnungen wurden exakte Lösungen ermittelt.[108] Zur Lösung der linearen Relaxationen wurde LPArc-II mit den Standardvorgaben für den Frequenzparameter aus Tabelle 3.14[109] und den Standardwerten $1,0$ und $1,5$ für die Parameter Penalty0 und Penalty1 verwendet. Die Rechnungen wurden auf einem PC 486DX/33 unter Microsoft Windows 3.1[110] durchgeführt.

5.3.2 Verwendete Testprobleme

Der Problemgenerator FIXGEN[111] wurde zur Erzeugung von insgesamt 94 Testproblemen verwendet, die sich in vier Problemgruppen unterteilen. Alle Probleme wurden durch Erweiterung der Problemspezifikationen der Standard-NETGEN-Benchmarks und der Benchmarks des Extended Set[112] um Fixkosten gebildet. Da Fixkosten-Umladeprobleme in der Praxis häufiger als Fixkosten-Transportprobleme zu lösen sind[113], wurden mit dieser Problemklasse besonders eingehende Rechnungen durchgeführt. Dazu wurden die

---

[106]FIXGEN ist eine erweiterte Version des Problemgenerators NETGEN [147] und wurde von BARR, GLOVER UND KLINGMAN [18, S. 457] entwickelt. Mit FIXGEN können kapazitierte und unkapazitierte Fixkosten-Transport- und Fixkosten-Umladeprobleme erzeugt werden.

[107]Wie die LPArc-Programme wurde der Problemlöser FixArc mit Microsoft FORTRAN 5.1 zu einer Dynamic Link Library compiliert. Durch Angabe der Option /Otl wurde dabei eine schnelle Ausführung des Programmcodes favorisiert und eine Optimierung von Programmschleifen vorgenommen.

[108]Für den Parameter γ, der den relativen Fehler einer Lösung beschränkt, wurde Null vorgegeben. Siehe Abschnitt 5.2.10 auf Seite 146

[109]Siehe Seite 81

[110]Windows wurde wie bei den Laufzeitermittlungen für die LPArc-Programme im Standard-Modus betrieben. Vgl. Fußnote 97 auf Seite 80

[111]Auf die verwendete Version dieses Problemgenerators zur Erzeugung von Fixkosten-Netzwerkflußproblemen wird in Anhang A.2 eingegangen.

[112]Siehe Abschnitt 3.4.2 auf Seite 80 sowie Anhang A.1

[113]Siehe Fußnote 12 auf Seite 3

mittelgroßen Umladeprobleme der Standard-NETGEN-Benchmarks (Probleme 16 bis 35) und der Benchmarks des Extended Set (Probleme 13E bis 20E) mit unterschiedlicher Fixkostenstruktur erzeugt:

- Umladeprobleme mit 100% Fixkostenpfeilen[114]
  (Probleme F16 bis F35 und F13E bis F20E)
  Das größte Problem dieser Gruppe besitzt 5697 Fixkostenpfeile.

- Umladeprobleme mit 50% Fixkostenpfeilen
  (Probleme FA16 bis FA35 und FA13E bis FA20E)
  In dieser Problemgruppe sind bis zu 2815 Verbindungen mit Fixkosten belastet.

- Umladeprobleme mit 25% Fixkostenpfeilen
  (Probleme FB16 bis FB35 und FB13E bis FB20E)
  Die maximale Anzahl von Fixkostenverbindungen ist hier 1384.

Die vierte Problemgruppe besteht aus den Transportproblemen der Standard-NETGEN-Benchmarks (Probleme 1 bis 10), die ebenfalls um Fixkosten erweitert wurden:

- Transportprobleme mit 25% Fixkostenpfeilen
  (Probleme FB1 bis FB10)
  Bis zu 1449 Fixkostenpfeile sind in den Problemen dieser Gruppe vorhanden.

Die genauen Spezifikationen aller Testprobleme sind in Anhang A angegeben.

Um den Problemlöser FixArc auch mit anderen in der Literatur beschriebenen Programmen vergleichen zu können, wurden die kleinen dichtbesetzten Fixkosten-Transportprobleme herangezogen, die von GRAY [112, S. 68] (Probleme GRAY 1 bis GRAY 9 sowie GRAY 1A, GRAY 1B und GRAY 9A) und BALINSKI [13, S. 50f] (Probleme BALINSKI 1 bis BALINSKI 3) formuliert und häufig als Testprobleme verwendet wurden[115]. Mit ihnen führten sowohl BARR, GLOVER UND KLINGMAN [18] als auch CABOT UND ERENGUC [44] Testrechnungen durch.[116]

Die Abhängigkeit der Lösungszeiten von Problemcharakteristika wie dem Verhältnis von variablen zu fixen Kosten oder dem Gesamtangebot wurde für Fixkosten-Transportprobleme in der Literatur bereits ausgiebig untersucht.[117] Die widersprüchlichen Ergebnisse[118] lassen darauf schließen, daß schon für die relativ kleine Problemgruppe

---

[114]Die Anzahl der Fixkostenpfeile wird in Prozent der Gesamtzahl der Pfeile angegeben.

[115]Vgl. GRAY [113], WALKER [203], KENNINGTON UND UNGER [143], KENNINGTON [140], DIX [60], BARR, GLOVER UND KLINGMAN [18], CABOT UND ERENGUC [44, 45], NEMHAUSER UND WOLSEY [167, S. 503] und WOLSEY [205, S. 179]

[116]Die weiteren Fixkosten-Transportprobleme, die BARR, GLOVER UND KLINGMAN in [18, S. 457f] mit dem Problemgenerator FIXGEN erzeugten, konnten mit der im Rahmen dieser Arbeit verwendeten Version von FIXGEN nicht generiert werden. Siehe Anhang A.2 auf Seite 191

CABOT UND ERENGUC dagegen gaben in [44, S. 152f] die Spezifikationen ihrer Testprobleme nur unvollständig an, so daß diese Probleme nicht rekonstruierbar sind.

[117]Vgl. RARDIN UND UNGER [175], KENNINGTON [140], MCKEON [158] und BARR, GLOVER UND KLINGMAN [18]

[118]KENNINGTON [140, S. 244] untersuchte für Fixkosten-Transportprobleme unter anderem den Einfluß des Verhältnisses der Summe der Fixkosten zur Summe der variablen Kosten in der optimalen Lösung auf das Lösungsverhalten. Dabei stiegen die Lösungszeiten mit im Verhältnis zu den variablen Kosten wachsenden Fixkosten an, streuten aber so stark, daß keine quantitativen Aussagen möglich waren.

BARR, GLOVER UND KLINGMAN [18, S. 459] konnten diese Beobachtung nicht bestätigen.

der unkapazitierten Fixkosten-Transportprobleme allgemeingültige Aussagen nur schwer
zu treffen sind. Aufgrund der vielfältigen Problemgruppen, die zur Klasse der Fixkosten-
Netzwerkflußprobleme gehören, beschränkt sich die vorliegende Arbeit auf die Untersuchung des Einflusses, den die Anzahl der Fixkostenpfeile im Verhältnis zur Gesamtzahl
der Pfeile auf die Lösungszeit hat.[119]

5.3.3 Ermittlung günstiger Separations- und Verzweigungsregeln

Um den Einfluß der Separations- und Verzweigungsregeln auf die Lösungszeiten zu untersuchen, wurde eine Vielzahl der Testprobleme mit insgesamt 14 verschiedenen Kombinationen dieser Regeln[120] jeweils in Verbindung mit einer der drei Penalties für Basisvariable
durchgerechnet. Dabei stellte sich schnell heraus, daß die Kombinationen mit den Separationsregeln SR-3 und SR-5 für alle Problemgruppen das schlechteste Lösungsverhalten
lieferten. Dies galt auch für Fixkosten-Transportprobleme und steht damit im Widerspruch zu den Ergebnissen von BARR, GLOVER UND KLINGMAN, die in [18, S. 455]
bei der Lösung großer unkapazitierter Fixkosten-Transportprobleme mit der Kombination SR-3/VR-1 die besten Lösungszeiten erzielten. Die Kombination SR-6/VR-1 lieferte
ebenfalls im Vergleich zu anderen Kombinationen schlechte Lösungszeiten.

Alle 109 Testprobleme aus Abschnitt 5.3.2 wurden mit den verbleibenden 6 Kombinationen und allen drei Penalties für Basisvariable aus Abschnitt 5.2.4.2 gelöst.[121] Es
zeigte sich dabei, daß die verwendeten Penalties kaum einen Einfluß darauf haben, welche
Kombination von Separations- und Verzweigungsregeln günstiger als andere Kombinationen ist. welche Separations- und Verzweigungsregeln für die einzelnen Problemgruppen
die besten Laufzeiten lieferten. Bei allen dabei aufgeführten Rechnungen wurde Pen-3
verwendet.

Abbildung 5.8 zeigt die Lösungszeiten der Fixkosten-Umladeprobleme FA31 bis FA35,
bei denen ungefähr 50% aller Verbindungen mit Fixkosten belastet sind. Bei Problem
FA35 sind dies 2815 Verbindungen. Die deutlich besten Ergebnisse wurden mit den Kombinationen SR-1/VR-2, SR-4/VR-2 und SR-6/VR-4 erreicht. Insgesamt ist die Kombination SR-4/VR-2 am besten. Während bei den Problemen FA31, FA33 und FA34 der
Einfluß der Separations- und Verzweigungsregeln nicht so stark ist, verdoppeln sich die
Laufzeiten nahezu, wenn bei der Lösung von FA32 oder FA35 eine der übrigen Kombinationen benutzt wird. Dies unterstreicht die Bedeutung der Wahl einer entsprechenden
Separations- und Verzweigungsregel.

Für die Fixkosten-Transportprobleme FB1 bis FB5 werden die benötigten Lösungszeiten in Abbildung 5.9 zusammengefaßt. Diese Probleme besitzen 100 Angebots- und

---

[119]BARR, GLOVER UND KLINGMAN [18, S. 457] halten die Anzahl der Fixkostenpfeile für den ein-
flußreichsten Faktor auf die Lösbarkeit eines Fixkosten-Transportproblems.

[120]Die folgenden Kombinationen wurden untersucht: SR-1/VR-1, SR-1/VR-2, SR-2/VR-1, SR-2/VR-2,
SR-3/VR-1, SR-3/VR-2, SR-3/VR-3, SR-3/VR-4, SR-4/VR-1, SR-4/VR-2, SR-5/VR-3, SR-5/VR-4,
SR-6/VR-3 und SR-6/VR-4. Mit den Kombinationen SR-3/VR-3 und SR-3/VR-4 wurden Rechnun-
gen durchgeführt, da BARR, GLOVER UND KLINGMAN [18] mit ihnen bei der Lösung von Fixkosten-
Transportproblemen gute Lösungszeiten erzielten.

[121]Diese 1962 Testrechnungen nahmen auf einem PC 486DX/33 eine reine Rechenzeit von insgesamt
61 Stunden in Anspruch.

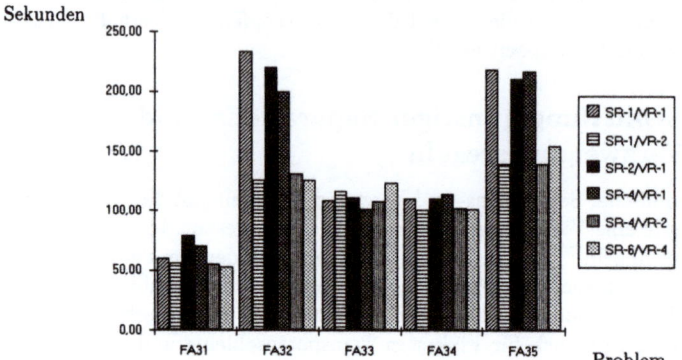

Abbildung 5.8: Lösungszeiten für die Fixkosten-Umladeprobleme FA31 bis FA35
mit verschiedenen Separations- und Verzweigungsregeln

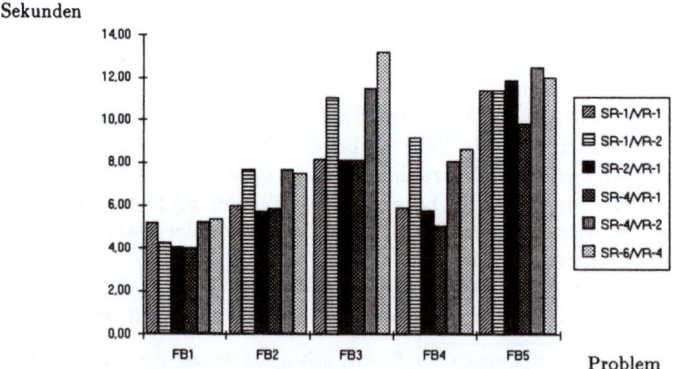

Abbildung 5.9: Lösungszeiten für die Fixkosten-Transportprobleme FB1 bis FB5
mit verschiedenen Separations- und Verzweigungsregeln

Problem	SR-1/VR-1	SR-1/VR-2	SR-2/VR-1	SR-4/VR-1	SR-4/VR-2	SR-6/VR-4
GRAY 1	0,17	0,16	0,17	0,17	0,17	0,16
GRAY 1A	0,12	0,15	0,15	0,12	0,12	0,12
GRAY 1B	0,15	0,15	0,15	0,12	0,12	0,15
GRAY 2	0,45	0,78	0,49	0,55	0,78	0,64
GRAY 3	0,15	0,15	0,15	0,12	0,15	0,12
GRAY 4	0,56	0,55	0,34	0,55	0,59	0,59
GRAY 5	1,01	1,10	0,99	1,05	1,26	1,44
GRAY 6	0,33	0,70	0,30	0,32	0,60	0,44
GRAY 7	0,67	1,82	0,38	0,70	1,77	1,53
GRAY 8	0,16	0,16	0,16	0,16	0,13	0,16
GRAY 9	2,01	2,09	1,96	1,88	2,25	2,96
GRAY 9A	1,27	7,76	2,53	2,79	1,71	4,72
BALINSKI 1	1,55	2,68	1,42	2,14	2,47	5,34
BALINSKI 2	1,97	2,48	0,50	2,75	3,86	4,51
BALINSKI 3	2,04	3,53	0,54	1,42	3,24	6,43
Summe	12,61	24,26	10,23	14,84	19,22	29,31

Tabelle 5.5: Lösungszeiten in Sekunden für die Fixkosten-Transportprobleme von GRAY und BALINSKI mit verschiedenen Separations- und Verzweigungsregeln

100 Bedarfsknoten und bis zu 2900 Verbindungen, von denen jeweils 25% mit Fixkosten belastet sind. Es zeigt sich, daß hier die Kombinationen SR-1/VR-1 und SR-4/VR-1 vorzuziehen sind. Dabei ist SR-4/VR-1 im Schnitt am besten. Auch SR-2/VR-1 liefert gute Laufzeiten.

Interessant ist, daß bei kleinen[122] dichtbesetzten Fixkosten-Transportproblemen die Kombination SR-2/VR-1 mit Abstand die kürzesten Lösungszeiten liefert. Tabelle 5.5 zeigt die Zeiten für die Testprobleme von GRAY und BALINSKI, Abbildung 5.10 verdeutlicht die Laufzeitunterschiede anhand der Probleme von BALINSKI. Besonders bei Problem BALINSKI 3 fällt wieder auf, wie sehr die Lösungszeiten von der Wahl der Separations- und Verzweigungsregel abhängen können: Die Laufzeit variierte von 0,54 Sekunden mit SR-2/VR-1 bis 6,43 Sekunden mit SR-6/VR-4.

Tabelle 5.6 faßt die Ergebnisse für die unterschiedlichen Problemgruppen zusammen. Daß die Problemstruktur ein wichtiger Faktor bei der Wahl einer Separations- und Verzweigungsregel ist, wurde schon anhand der oben genannten Testprobleme deutlich: Für Fixkosten-Transportprobleme waren durchweg andere Kombinationen günstiger als für Fixkosten-Umladeprobleme. Unabhängig von der verwendeten Separationsregel ist für Fixkosten-Transportprobleme ausschließlich die Verzweigungsregel VR-1 günstig, während für Fixkosten-Umladeprobleme die Regel VR-2 vorzuziehen ist. Die Kombination SR-6/VR-4 wurde von CABOT UND ERENGUC [44] zur Lösung von Fixkosten-Transportproblemen eingesetzt, lieferte hier aber nur für Fixkosten-Umladeprobleme gute Ergebnisse.

---

[122]Unter kleinen Fixkosten-Netzwerkflußproblemen werden hier Probleme verstanden, bei denen weniger als 100 Verbindungen mit Fixkosten belastet sind.

Sekunden

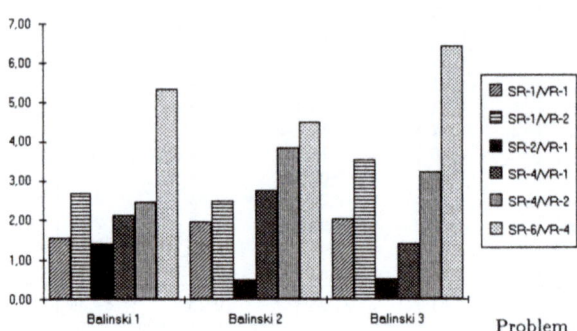

Abbildung 5.10: Lösungszeiten für die Fixkosten-Transportprobleme BALINSKI 1 bis BA-
LINSKI 3 mit verschiedenen Separations- und Verzweigungsregeln

Separationsregel	Verzweigungsregel	günstig für
SR-1	VR-1	Fixkosten-Transportprobleme
SR-1	VR-2	Fixkosten-Umladeprobleme
SR-2	VR-1	kleine Fixkosten-Transportprobleme
SR-4	VR-1	Fixkosten-Transportprobleme
SR-4	VR-2	Fixkosten-Umladeprobleme
SR-6	VR-4	Fixkosten-Umladeprobleme

Tabelle 5.6: Günstige Kombinationen von Separations- und Verzweigungsregeln

Insgesamt lieferte die Separationsregel SR-4, nach der die Separationsvariable so gewählt wird, daß die Summe ihrer Up und Down Penalty maximal ist, die besten Lösungszeiten. Für Fixkosten-Transportprobleme sollte sie mit der Verzweigungsregel VR-1 kombiniert werden, für Fixkosten-Umladeprobleme mit VR-2. Dieses Resultat ist neu, denn SR-4 wurde in der Literatur im Zusammenhang mit der Lösung von Fixkosten-Transport- und Fixkosten-Umladeproblemen bislang nicht untersucht.

5.3.4 Vergleich der Penalties

Zum Vergleich der in Abschnitt 5.2.4.2 entwickelten Penalties für Basisvariable wird neben der Lösungszeit ein weiteres Kriterium herangezogen: Die Anzahl der im Verlauf des Branch-and-Bound-Verfahrens untersuchten Teilprobleme gibt Auskunft über die Fähigkeit einer Penalty, den Enumerationsprozeß einschränken zu können. In der Literatur wird diese Anzahl bei Laufzeitanalysen von Branch-and-Bound-Verfahren häufig angegeben.[123] Unterschiedliche Auffassungen herrschen jedoch darüber, wann ein Teilproblem „untersucht" wird und daher mitzuzählen ist.[124] Im Rahmen der vorliegenden Arbeit wird als Teilproblem jedes Problem gezählt, zu dessen optimaler Lösung mindestens ein Schritt des Simplex-Verfahrens erforderlich ist.[125]

Zu erwarten ist, daß sich die Zahl der untersuchten Teilprobleme mit steigender Qualität der Penalty[126] verringert und damit auch die Gesamtlaufzeit verkürzt wird. Beim Vergleich ähnlicher Penalties[127] für Fixkosten-Transportprobleme bestätigten CABOT UND ERENGUC [44] diese Erwartung. Auch im Rahmen der hier durchgeführten Rechnungen konnte dies bei der Lösung kleiner Fixkosten-Transportprobleme festgestellt werden, wie Tabelle 5.7 für die Probleme von GRAY und BALINSKI zeigt: Die Zahl der untersuchten Teilprobleme ist bei Verwendung von Pen-3 am geringsten. Dasselbe gilt auch für die Lösungszeiten. Dies läßt sich mit der hohen Qualität von Pen-3 erklären, bei deren Berechnung das Penalty Problem häufig optimal gelöst wird.[128] Bei Pen-1 ist die Anzahl der Teilprobleme geringfügig höher, auch diese Penalties liefern eine gute Approximation des Optimums des Penalty Problems. Deutlich mehr Teilprobleme werden bei Verwendung der einfachen DRIEBEEK-TOMLIN-Penalties Pen-2 im Branch-and-Bound-Prozeß untersucht, was auch die mit Abstand längsten Lösungszeiten zur Folge hat. Für die Testprobleme von BALINSKI verdeutlicht Abbildung 5.11 den Zusammenhang von Lösungszeiten und untersuchten Teilproblemen besonders augenfällig: Je weniger Teilprobleme untersucht wurden, desto kürzere Lösungszeiten waren erforderlich. Weiterhin unterstreicht die Abbildung den Einfluß der Penalties auf die Gesamtlaufzeit, der bei

---

[123]Vgl. für Fixkosten-Netzwerkflußprobleme RARDIN UND UNGER [175], DIX [60], BARR, GLOVER UND KLINGMAN [18] und CABOT UND ERENGUC [44, 45]

[124]Vgl. hierzu insbesondere CABOT UND ERENGUC [45, S. 866], die die Anzahl der untersuchten Teilprobleme ihres Problemlösers mit den Angaben aus BARR, GLOVER UND KLINGMAN [18] vergleichen.

[125]Diese Definition ist identisch mit derjenigen von CABOT UND ERENGUC [45, S. 866].

[126]Siehe zu einem Vergleich von Qualität und Rechenaufwand der verwendeten Penalties Tabelle 5.3 auf Seite 127

[127]CABOT UND ERENGUC [44] verglichen die nicht für kapazitierte Probleme erweiterten Versionen der Penalties Pen-2, Pen-3' und Pen-3. Die Definitionen der entsprechend erweiterten Penalties finden sich in Abschnitt 5.2.4.2.

[128]Siehe Seite 123

Problem	Pen-1		Pen-2		Pen-3	
	Sekunden	Teil-probleme	Sekunden	Teil-probleme	Sekunden	Teil-probleme
GRAY 1	0,17	3	0,16	3	0,17	3
GRAY 1A	0,15	2	0,12	2	0,15	2
GRAY 1B	0,12	4	0,15	4	0,15	4
GRAY 2	0,45	33	0,44	43	0,49	43
GRAY 3	0,20	1	0,17	1	0,15	1
GRAY 4	0,49	39	0,34	25	0,34	27
GRAY 5	1,10	141	1,05	146	0,99	116
GRAY 6	0,43	26	0,40	27	0,30	17
GRAY 7	0,55	29	0,73	69	0,38	24
GRAY 8	0,13	1	0,16	1	0,16	1
GRAY 9	2,15	307	1,97	304	1,96	292
GRAY 9A	2,14	320	2,20	358	2,53	385
BALINSKI 1	1,70	139	1,65	156	1,42	129
BALINSKI 2	1,26	90	2,02	203	0,50	29
BALINSKI 3	1,05	76	4,11	434	0,54	31
Summe	12,09	1211	15,67	1776	10,23	1104

Tabelle 5.7: Lösungszeiten und gelöste Teilprobleme für die Fixkosten-Transportprobleme von GRAY und BALINSKI mit SR-2/VR-1 und den Penalties aus Abschnitt 5.2.4.2

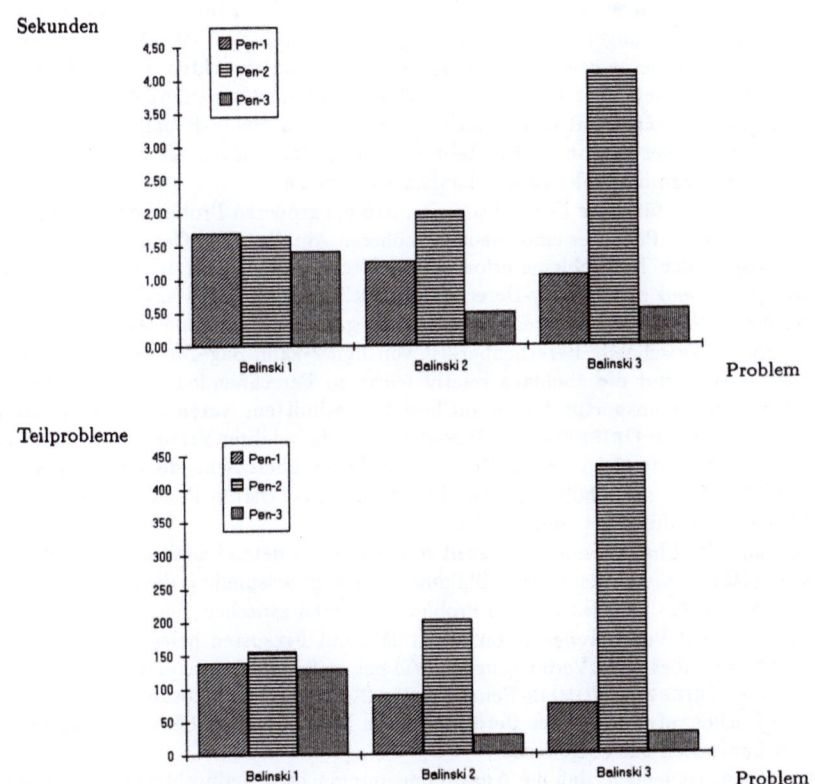

Abbildung 5.11: Lösungszeiten und gelöste Teilprobleme für die Fixkosten-Transportprobleme BALINSKI 1 bis BALINSKI 3 mit SR-2/VR-1 und den Penalties
aus Abschnitt 5.2.4.2

Vergleich von Pen-2 und Pen-3 überdeutlich wird. Es zeigt sich ferner, daß die hier ent-wickelten Penalties Pen-3 am besten in der Lage sind, den Branch-and-Bound-Prozeß bei der Lösung kleiner Fixkosten-Transportprobleme abzukürzen: Während bei der Lösung des Problems BALINSKI 3 mit Pen-2 434 Teilprobleme untersucht wurden, waren mit Pen-3 nur 31 Teilprobleme zu lösen.

Neu ist die Beobachtung, daß sich diese Ergebnisse **nicht** auf große Fixkosten-Trans-portprobleme übertragen lassen. Für die Probleme FB1 bis FB6, die zwischen 324 und 722 Fixkostenverbindungen besitzen, kann dies der Abbildung 5.12 entnommen werden. Der für kleine Probleme geltende Zusammenhang von untersuchten Teilproblemen und Lösungszeiten ist hier nicht mehr zu beobachten: Mit deutlichem Abstand wurden die kürzesten Lösungszeiten mit den einfachen DRIEBEEK-TOMLIN-Penalties Pen-2 erzielt, obwohl bei ihrer Verwendung mehr Teilprobleme gelöst wurden als beispielsweise mit Pen-1, die trotzdem die schlechtesten Laufzeiten lieferten.

Eine Erklärung für diese Beobachtung ist, daß bei größeren Problemen die Rechenzeit zur Ermittlung der Penalties einen deutlich höheren Anteil an der Gesamtlaufzeit hat als die zur Lösung der Teilprobleme erforderliche Rechenzeit. Daher wirkt sich erst dann der Rechenaufwand zur Penalty-Berechnung deutlicher aus. Dies erklärt das schlechte Abschneiden von Pen-1, bei deren Berechnung sogar eine Sortieroperation durchgeführt werden muß. Die schnelle Berechenbarkeit von Pen-2 kann dagegen die Gesamtlaufzeit verkürzen. Während die ebenfalls relativ leicht zu berechnenden Penalties Pen-3 für kleine Fixkosten-Transportprobleme am besten abschnitten, waren hier ihre Laufzeiten schlechter als bei den DRIEBEEK-TOMLIN-Penalties, da bei ihrer Verwendung häufig sogar mehr Teilprobleme zu lösen waren. Diese Beobachtung überrascht, denn die Qualität der Penalties Pen-1 ist stets höher als die der DRIEBEEK-TOMLIN-Penalties, da sie durch Kombination mit ihnen gebildet wurden.[129]

Das Laufzeitverhalten in Abhängigkeit von den verwendeten Penalties ist für große Fix-kosten-Umladeprobleme identisch. Abbildung 5.13 zeigt beispielhaft die Ergebnisse für die Testprobleme FB28 bis FB35. Diese Probleme besitzen zwischen 1000 und 1500 Knoten sowie bis zu 5730 Verbindungen, von denen 25% mit Fixkosten belastet sind. Bei Pro-blem FB35 sind dies 1384 Verbindungen. Wie bei großen Fixkosten-Transportproblemen lieferten die DRIEBEEK-TOMLIN-Penalties Pen-2 die kürzesten Lösungszeiten, während der hohe Rechenaufwand bei der Berechnung von Pen-1 für diese Penalties insgesamt die längsten Laufzeiten zur Folge hatte.

Interessant ist jedoch, daß die Anzahl der untersuchten Teilprobleme nur geringfügig zwischen den einzelnen Penalties variiert. Eine mögliche Erklärung hierfür ist die Struktur von Umladeproblemen, die häufig von vorn herein die Benutzung bestimmter Fixkosten-verbindungen notwendig macht oder ausschließt, wenn nur die Zulässigkeit des Problems erreicht werden soll. Bei Transportproblemen ist dagegen die Zahl der zulässigen Lösungen in der Regel größer, so daß dann weniger Teilprobleme im Verzweigungsbaum aufgrund ihrer Unzulässigkeit ausgeschlossen werden können. Kann durch die Problemstruktur selbst der Verzweigungsprozeß beschränkt werden, sinkt der Einfluß der Penalties auf das Lösungsverhalten. Besonders deutlich wird dieser Effekt bei den Testproblemen FB28 bis FB30, FB32 und FB34, bei denen unabhängig von der verwendeten Penalty stets die gleiche Anzahl von Teilproblemen untersucht wurde. Daher ist gerade bei der Lösung von

---

[129]Siehe Seite 125

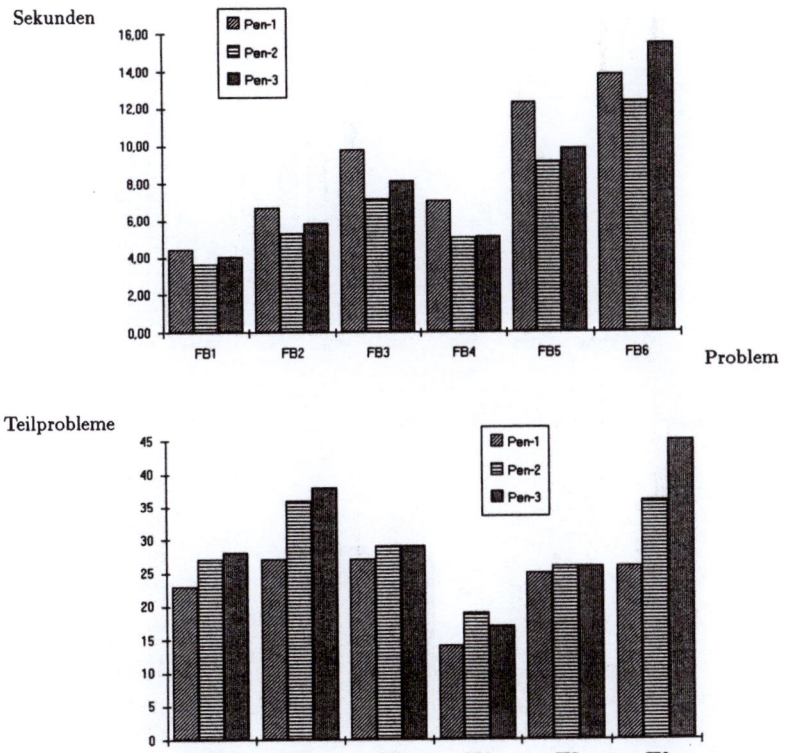

Abbildung 5.12: Lösungszeiten und gelöste Teilprobleme für die Fixkosten-Umladeprobleme FB1 bis FB6 mit mit SR-4/VR-1 und den Penalties aus Abschnitt 5.2.4.2

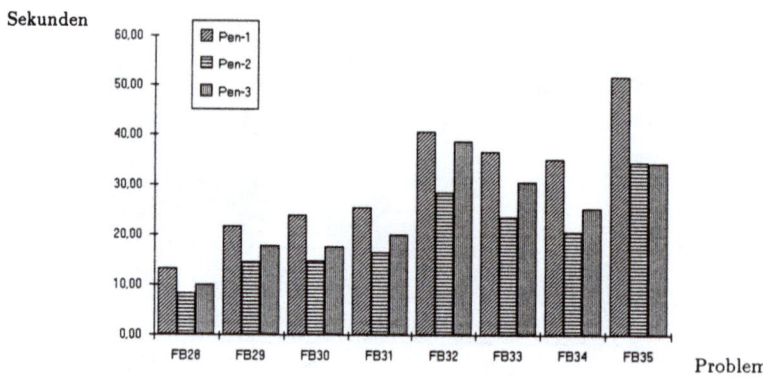

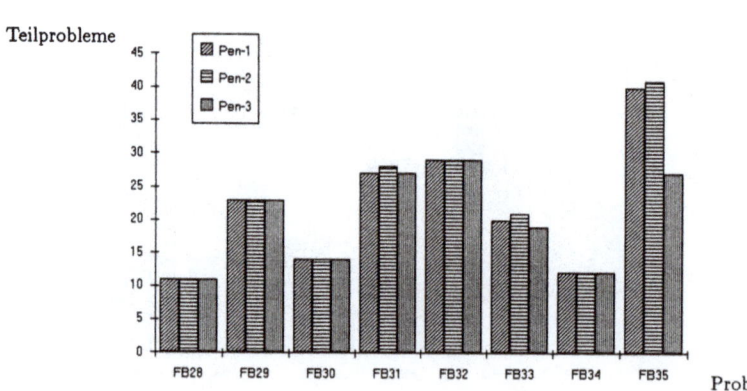

Abbildung 5.13: Lösungszeiten und gelöste Teilprobleme für die Fixkosten-Transportprobleme FB28 bis FB35 mit mit SR-6/VR-4 und den Penalties aus Abschnitt 5.2.4.2

Problem	Problemgröße			LINDO [182]		FixArc*	
	Knoten	Pfeile	Fixkosten-pfeile	Verzwei-gungen	Pivot-schritte	Verzwei-gungen	Pivot-schritte
GRAY 1	7	12	12	3	47	2	17
GRAY 1A	7	12	12	2	41	1	15
GRAY 1B	7	12	12	9	90	2	18
GRAY 2	10	24	24	67	821	29	149
GRAY 3	10	24	23	8	118	4	16
GRAY 4	12	32	32	52	696	16	131
GRAY 5	12	35	35	203	2962	84	431
GRAY 6	12	35	35	25	486	16	73
GRAY 7	12	35	35	264	3522	17	98
GRAY 8	12	35	34	15	236	6	20
GRAY 9	14	48	48	510	8215	194	1006
GRAY 9A	14	48	48	405	5991	263	1553
BALINSKI 1	20	96	96	1004	14866	79	712
BALINSKI 2	20	96	96	477	8915	17	201
BALINSKI 3	20	96	96	920	17284	19	232
Summe				3964	64290	749	4672

Tabelle 5.8: Vergleich mit LINDO für die Fixkosten-Transportprobleme von GRAY und BALINSKI

---

*Für diese Rechnungen wurden die Penalties Pen-3 mit SR-2/VR-1 verwendet.

großen Fixkosten-Umladeproblemen weniger die Qualität einer Penalty als ihre schnelle Berechenbarkeit von Bedeutung.

Insgesamt zeigte sich für die untersuchten Problemgruppen, daß die Problemgröße entscheidend bestimmt, welche der Penalties die kürzesten Laufzeiten liefert. Während für kleine Fixkosten-Transportprobleme die hier entwickelte Penalty Pen-3 am besten abschnitt, wurden für große Probleme stets mit den einfachen DRIEBEEK-TOMLIN-Penalties, zu deren Berechnung lediglich eine Minimumsbildung erforderlich ist, die besten Laufzeiten erzielt. Dies zeigt, daß bei der Lösung großer Fixkosten-Netzwerkflußprobleme die schnelle Berechenbarkeit einer Penalty mehr zur Verkürzung der Gesamtlaufzeit beiträgt als ihre Qualität. Dies gilt insbesondere für Probleme, deren Struktur im Verlauf des Branch-and-Bound-Prozesses die Unzulässigkeit vieler Teilprobleme zur Folge hat.

5.3.5 Laufzeitvergleiche

Zum Vergleich von FixArc mit anderen Problemlösern kann zunächst jedes Programm zur Lösung von linearen gemischt-ganzzahligen Optimierungsaufgaben herangezogen werden. Im folgenden wird beispielhaft anhand eines solchen allgemeinen Problemlösers gezeigt, welche Geschwindigkeitsvorteile durch Spezialisierung auf die Problemstruktur erreicht werden. Da für Fixkosten-Netzwerkflußprobleme in der Literatur keine Arbeiten vorliegen, in denen Testrechnungen mit rekonstruierbaren Problemen durchgeführt wurden, wird FixArc anschließend den besten Lösungsverfahren für Fixkosten-Transportprobleme gegenübergestellt.

5.3.5.1   Vergleiche mit allgemeinen Problemlösern

Zum Vergleich von FixArc mit Problemlösern für allgemeine lineare gemischt-ganzzahlige
Optimierungsaufgaben wurde der Problemlöser LINDO[130] von SCHRAGE [182] gewählt,
da er die gleiche Suchstrategie wie FixArc verwendet[131]. Für die Vergleichsrechnungen
wurden LINDO die Fixkosten-Transportprobleme von GRAY und BALINSKI in der Formulierung (FCTP)[132] vorgegeben[133] und mit den Standardeinstellungen gelöst. Tabelle 5.8
zeigt die Ergebnisse der Rechnungen. Da LINDO nur die Anzahl der durchgeführten Verzweigungen und Pivotschritte ausgibt, wurden auch nur diese Werte gegenübergestellt.
LINDO verzweigte bei der Lösung der 15 Testprobleme 5mal so oft in Teilprobleme wie
FixArc. Die Anzahl der benötigten Pivotschritte war sogar fast 14mal höher. Wenn man
berücksichtigt, daß bei FixArc jeder Pivotschritt mit dem auf Netzwerkflußprobleme spezialisierten Problemlöser LPArc-II um ein Vielfaches schneller ausgeführt wird, läßt sich
abschätzen, daß die Laufzeitdifferenz noch deutlicher ausfällt.

Dies zeigt, welche immensen Laufzeitvorteile sich bei der Lösung von Fixkosten-Netzwerkflußproblemen ergeben, wenn anstelle eines allgemeinen Problemlösers ein auf die
vorliegende Problemstruktur spezialisiertes Verfahren wie FixArc eingesetzt wird.

5.3.5.2   Vergleiche mit Problemlösern für Fixkosten-Transportprobleme

Zu den besten Lösungsverfahren für Fixkosten-Transportprobleme zählen die Programme
FIXNET von BARR, GLOVER UND KLINGMAN [18] und METNEW von CABOT UND
ERENGUC [44]. Die Entwickler beider Programme führten Testrechnungen mit den Problemen von GRAY durch und gaben ihre Ergebnisse in der Literatur an, so daß ein Vergleich mit FixArc möglich ist.

Sowohl FIXNET als auch METNEW verwenden als Suchstrategie wie FixArc die
Depth First-Suche. Während FIXNET die DRIEBEEK-TOMLIN-Penalties und die Regeln
SR-3/VR-1 zur Separation und Verzweigung benutzt, setzt METNEW eine Kombination
der Penalties Pen-3' und Pen-1 in ihren Versionen für unkapazitierte Probleme und die
Separationsregel SR-6 mit der Verzweigungsregel VR-4 ein. Im Gegensatz zu FIXNET
und FixArc speichert METNEW die optimalen Basen bestimmter Teilprobleme, um das
Korollar 5.2[134] besser auszunutzen und so wenige Teilprobleme wie möglich durch das
Simplex-Verfahren zu lösen. Da METNEW die Teilprobleme nicht mit einem speziellen
Lösungsverfahren für Transportprobleme löst, wurden in [44] auch keine Laufzeiten an-
gegeben. Ziel von CABOT UND ERENGUC war es vielmehr, die Effizienz der verwendeten
Penalties sowohl für Basisvariable als auch für Nichtbasisvariable nachzuweisen und den
Vorteil der Anwendung von Korollar 5.2 aufzuzeigen.

Tabelle 5.9 stellt die in der Literatur angegebenen Laufzeitergebnisse von FIXNET
und METNEW den mit FixArc erzielten Ergebnissen gegenüber. Während die Laufzei-

---

[130]LINDO steht für *Linear, INteractive, Discrete Optimizer*.

[131]LINDO führt wie FixArc eine Depth First-Suche durch.

[132]Siehe Seite 4.2

[133]Bei der Lösung von Fixkostenproblemen mit allgemeinen Problemlösern zur gemischt-ganzzahligen
Optimierung wie LINDO oder MPSX kann durch Bildung einer schärferen Problemformulierung, als sie
beispielsweise durch (FCNFP) oder (FCTP) gegeben ist, häufig die Lösungszeit verkürzt werden.
Vgl. GUIGNARD [117] und SUHL [194]

[134]Siehe Seite 141

Problem	FIXNET [18, S. 456] CDC 6600		METNEW [44, S. 152]	FixArc (mit Pen-3 und SR-2/VR-1) PC 486DX/33	
	Sekunden	Teilprobleme	Teilprobleme	Sekunden	Teilprobleme
GRAY 1	0,016	3	3	0,17	3
GRAY 2	0,300	67	68	0,49	43
GRAY 3	0,008	1	1	0,15	1
GRAY 4	0,188	32	59	0,34	27
GRAY 5	0,555	95	90	0,99	116
GRAY 6	0,101	15	28	0,30	17
GRAY 7	0,475	76	114	0,38	24
GRAY 8	0,008	1	1	0,16	1
GRAY 9	2,392	305	170	1,96	292
Summe	4,043	595	534	4,94	524

Tabelle 5.9: Vergleich mit FIXNET und METNEW für die Fixkosten-Transportprobleme von GRAY

ten von FIXNET auf einem Großrechner vom Typ CDC 6600 ermittelt wurden, wurden die Zeitmessungen für FixArc auf einem Personal Computer 486DX/33 durchgeführt. Trotz dieser unterschiedlichen Hardware bewegen sich die Laufzeiten in der gleichen Größenordnung, die Probleme GRAY 7 und GRAY 9 wurden auf dem PC sogar schneller gelöst. Dies zeigt, daß heute die Durchführung von Rechenvorhaben wie der Lösung von Fixkosten-Netzwerkflußproblemen auch auf PCs effizient möglich ist. Neben den Laufzeiten gibt die Tabelle die Anzahlen der im Verlauf des Branch-and-Bound-Prozesses gelösten Teilprobleme an, die unter anderem als Maß für die Qualität der Penalties gesehen werden kann. Bei der Lösung aller 9 Testprobleme untersuchte FixArc mit den hier entwickelten Penalties Pen-3 die wenigsten Teilprobleme. FIXNET löste die meisten Teilprobleme. Dies liegt neben der verwendeten Penalty auch daran, daß FIXNET das Resultat aus Korollar 5.2 nicht anwendet und keine Penalties für Nichtbasisvariable berechnet. Beim Vergleich von METNEW und FixArc ist zu berücksichtigen, daß METNEW durch Speicherung optimaler Basen das Korollar 5.2 häufiger anwenden konnte als FixArc. Daß FixArc trotzdem insgesamt weniger Teilprobleme löste, unterstreicht die Effizienz der Penalties Pen-3, die die von CABOT UND ERENGUC entwickelten Penalties durch die hier vorgenommene Erweiterung auf kapazitierte Probleme und die Kombination mit den DRIEBEEK-TOMLIN-Penalties deutlich verbessern.

5.3.6   Die Lösung großer Probleme

Ergebnisse von Testrechnungen mit großen Fixkosten-Netzwerkflußproblemen liegen in der Literatur kaum vor. In den meisten Arbeiten, die neue Problemlöser vorstellen, werden überwiegend nur kleine Probleme gelöst.[135] Lediglich BARR, GLOVER UND KLINGMAN [18] führten Rechnungen mit großen Fixkosten-Transportproblemen durch, die bis zu 600 Fixkostenpfeilen besaßen. Darüber hinaus konnten sie ein Problem mit 1200 Fix-kostenpfeilen lösen. Für große Fixkosten-Umladeprobleme finden sich in der Literatur bislang keine Ergebnisse solcher Rechnungen.

Daher wurde das Laufzeitverhalten von FixArc bei der Lösung großer Fixkosten-Umladeprobleme besonders untersucht. Die dabei verwendeten Testprobleme aus Abschnitt 5.3.2 besitzen zwischen 268 und 5697 Fixkostenverbindungen. Zur Analyse des Einflusses der Anzahl der Fixkostenpfeile an der Gesamtzahl der Pfeile wurden alle Probleme der Gruppen F, FA und FB gelöst. Diese Problemgruppen unterscheiden sich nur durch den Anteil ihrer Fixkostenverbindungen.[136]

Tabelle 5.10 zeigt die Ergebnisse der Rechnungen, für die die DRIEBEEK-TOMLIN-Penalties mit den Regeln SR-4/VR-2 verwendet wurden. Dabei ist neben der Gesamtzahl der im Verlauf des Branch-and-Bound-Prozesses gelösten Teilprobleme auch angegeben, wieviele Teilprobleme zu untersuchen waren, bis eine optimale Lösung gefunden wurde. Insbesondere bei den mittelgroßen Problemen 16 bis 27 und 13E bis 20E wurde das Optimum bereits nach der Lösung weniger Teilprobleme erreicht. Häufig brauchte nur die BALINSKI-Approximation gelöst zu werden. Im Durchschnitt waren für diese Probleme bis zum Vorliegen einer optimalen Lösung nur knapp 30% aller insgesamt untersuchten Teilprobleme zu lösen. Auch bei den großen Problemen 28 bis 35 wird das Optimum relativ schnell gefunden. Lediglich bei Problemen mit mehr als 3000 Fixkostenverbindungen (Probleme F29 bis F35) werden im Verhältnis mehr Teilprobleme gelöst, bis eine optimale Lösung vorliegt.

Dieses schnelle Erreichen von guten, wenn nicht gar optimalen Lösungen ist haupt-sächlich auf den Einsatz der Depth First-Suche in Verbindung mit der Anwendung von Korollar 5.2 zurückzuführen. Denn bei der Entwicklung des Verzweigungsbaums in die Tiefe werden häufig überwiegend Verzweigungen vorgenommen, bei denen die Vorausset-zungen des Korollars erfüllt sind. Da dann die optimale Lösung des nächsten Teilproblems bereits bekannt ist, kann auf Anwendung des Simplex-Verfahrens verzichtet werden. Dies führt dazu, daß gute Lösungen schon nach Lösung relativ weniger Teilprobleme verfügbar sind. Aus diesem Grunde kann auch bei vorzeitigem Abbruch der Optimierung mit der aktuell besten Lösung bereits das Optimum erreicht sein, ohne daß dies jedoch bekannt ist. Auch über die Qualität der vorliegenden Lösung kann keine Aussage gemacht wer-den. Wird zu einer Approximation des Optimums eine solche Aussage gewünscht, so kann durch Angabe eines maximalen relativen Fehlers, wie in Abschnitt 5.2.10 beschrieben, die Qualität einer approximativen Lösung abgeschätzt werden.

Des weiteren läßt sich aus der Tabelle 5.10 ablesen, wie sich die Lösungskomplexität der Probleme mit steigendem Anteil von Fixkostenpfeilen erhöht. Eine Verdopplung des Fix-kostenanteils hat dabei einen noch höheren Anstieg der Lösungszeiten zur Folge. Dies gilt in verstärktem Maß für die Probleme mit 50% und 100% Fixkostenpfeilen: Die Lösungs-

---

[135]Die Arbeiten von WALKER [203], RARDIN UND UNGER [175], KENNINGTON UND UNGER [143], KENNINGTON [140], DIX [60], MCKEON [158] und CABOT UND ERENGUC [44, 45] beschränken sich auf die Lösung von Problemen mit maximal 100 Fixkostenpfeilen.

[136]Bei der Generierung der Probleme mit FIXGEN wurden zwar bis auf den Prozentsatz der Fix-kostenverbindungen jeweils identische Problemspezifikationen vorgegeben. Aufgrund der Arbeitsweise von FIXGEN unterscheiden sich die entsprechenden Probleme aber nicht nur um die Anzahl der Fix-kostenpfeile. Die Probleme F16, FA16 und FB16 besitzen beispielsweise 262, 271 und 253 kapazitierte Verbindungen.

Problem	F 100% Fixkostenpfeile				FA 50% Fixkostenpfeile				FB 25% Fixkostenpfeile			
	Fixkostenpfeile	Sek.	Teilprobleme insgesamt	Teilprobleme bis Opt.	Fixkostenpfeile	Sek.	Teilprobleme insgesamt	Teilprobleme bis Opt.	Fixkostenpfeile	Sek.	Teilprobleme insgesamt	Teilprobleme bis Opt.
16	1161	12,27	32	8	611	3,92	3	1	294	2,82	8	1
17	2307	19,54	10	3	1165	10,15	19	1	561	2,97	3	1
18	1161	14,58	38	1	611	3,56	1	1	294	3,52	15	14
19	2307	15,71	19	14	1165	6,33	7	1	561	3,51	6	1
20	1277	16,88	8	3	648	5,44	11	10	346	3,85	1	1
21	2678	26,40	9	2	1353	9,03	3	1	710	4,94	6	1
22	1277	12,91	12	5	648	5,93	15	14	346	4,06	4	1
23	2678	31,58	33	16	1353	8,73	5	4	710	5,11	7	5
24	1234	6,48	22	1	645	4,45	8	8	330	2,35	3	1
25	2537	17,35	30	16	1311	5,22	5	5	643	3,84	2	1
26	1234	3,50	7	1	645	2,96	8	2	330	1,64	5	1
27	2537	12,67	33	12	1311	5,87	10	3	643	3,14	4	1
Summe		189,87	253	82		71,59	95	51		41,75	64	29
13E	1118	12,80	15	1	559	5,59	8	2	289	2,47	2	1
14E	2230	25,76	50	21	1136	8,45	5	1	558	3,30	3	1
15E	2489	14,22	20	1	1239	6,36	11	1	624	4,60	11	2
16E	2880	52,40	76	9	1466	22,25	34	21	666	6,22	6	4
17E	1068	18,77	1	1	549	7,50	6	4	268	5,09	8	3
18E	2172	28,11	30	3	1104	7,48	5	1	587	7,48	9	5
19E	2404	13,44	12	1	1207	8,37	21	1	612	4,54	13	1
20E	2883	72,17	65	4	1460	26,14	44	1	725	7,45	13	7
Summe		237,67	269	41		92,14	134	32		41,15	65	24
28	2883	65,15	62	46	1456	15,98	11	3	677	8,52	11	3
29	3381	191,43	359	241	1708	29,06	9	8	829	16,70	29	15
30	4374	397,12	508	470	2202	36,09	58	1	1056	14,82	14	7
31	4770	116,83	84	54	2358	55,66	88	13	1154	20,32	32	21
32	4316	220,46	132	121	2146	89,63	104	7	1042	27,03	21	10
33	4359	164,45	71	68	2169	74,82	58	19	1089	24,11	23	21
34	5077	459,78	461	217	2596	78,89	40	3	1223	21,35	11	6
35	5697	987,11	1410	1405	2815	89,68	54	11	1384	31,21	29	2
Summe		2602,33	3087	2622		469,80	422	65		164,06	170	85
Gesamt		3029,87	3609	2745		633,53	651	148		246,96	299	138

Tabelle 5.10: Lösungszeiten von FixArc mit Pen-2 und SR-4/VR-2 für Fixkosten-Umladeprobleme mit unterschiedlichem Anteil von Fixkostenverbindungen

zeiten verfünffachen sich bei gleicher Problemgröße und doppeltem Fixkostenanteil. Trotz der Lösungskomplexität von Problemen, bei denen alle Pfeile mit Fixkosten belastet sind, konnte FixArc aber beispielsweise ein Fixkosten-Umladeproblem mit knapp 4800 Fixkostenverbindungen (Problem F31) in weniger als 2 Minuten optimal lösen. Zur Lösung des Problems F34, das über 5000 Fixkostenverbindungen besitzt, waren knapp 8 Minuten Rechenzeit auf einem PC erforderlich.

5.3.7   Zusammenfassende Bewertung

In den mit FixArc durchgeführten umfangreichen Testrechnungen wurden die Separations- und Verzweigungsregeln aus den Abschnitten 5.2.5 und 5.2.6 sowie die Penalties für Basisvariable aus Abschnitt 5.2.4.2 in ihrem Laufzeitverhalten untersucht. Wichtigstes Ergebnis war dabei, daß die Wahl der Regeln zur Separation und Verzweigung überwiegend aufgrund der Problemstruktur, die Wahl der Penalties aber aufgrund der Problemgröße vorgenommen werden sollte. Die im Zusammenhang mit der Lösung von Fixkosten-Netzwerkflußproblemen in der Literatur bislang nicht untersuchte Separationsregel SR-4 lieferte für große Probleme die besten Ergebnisse. Während für Fixkosten-Transportprobleme unabhängig von der verwendeten Separationsregel die Verzweigungsregel VR-1 günstiger war, ist für Fixkosten-Netzwerkflußprobleme stets VR-2 vorzuziehen. Beim Vergleich der Penalties wurde erstmals beobachtet, daß bei der Lösung großer Fixkosten-Netzwerkflußprobleme die schnelle Berechenbarkeit einer Penalty einen stärkeren Einfluß auf die Gesamtlaufzeit des Verfahrens hat als ihre Qualität. Daher wurden die besten Lösungszeiten für große Probleme mit den einfachen und schnell berechenbaren DRIE-BEEK-TOMLIN-Penalties erreicht. Kleine Fixkosten-Transportprobleme konnten aber mit den hier entwickelten Penalties Pen-3 effizienter gelöst werden, als dies mit den besten Lösungsverfahren für Fixkosten-Transportprobleme aus der Literatur möglich ist.

Ein Vergleich mit dem Programm LINDO zur Lösung allgemeiner linearer gemischt-ganzzahliger Optimierungsaufgaben zeigte schon für kleine Fixkosten-Transportprobleme die deutliche Überlegenheit des auf die Struktur von Fixkosten-Netzwerkflußproblemen spezialisierten Problemlösers FixArc. Aber auch Fixkosten-Umladeprobleme mit einer Größenordnung von bis zu 1500 Knoten und 5730 Pfeilen, von denen bis zu 100% mit Fixkosten belastet sind, konnten auf einem Personal Computer in kurzer Zeit optimal gelöst werden: Waren bis zu 50% der Pfeile mit Fixkosten belastet, konnten auch die größten Probleme in weniger als 90 Sekunden gelöst werden. Aber selbst für Probleme mit über 3000 Pfeilen, die sämtlich mit Fixkosten belastet sind, konnte FixArc exakte Lösungen in wenigen Minuten auf einem PC ermitteln. Die Lösungszeiten für noch komplexere Probleme können verkürzt werden, wenn nur eine approximative Lösung berechnet werden soll.

Insgesamt zeigte die Laufzeitanalyse, daß FixArc ein äußerst effizienter Problemlöser für Fixkosten-Netzwerkflußprobleme ist, der auch die Lösung großer Probleme bereits auf Mikrocomputern in angemessener Zeit ermöglicht.

Kapitel 6

Die Implementation unter Microsoft Windows

Dieses Kapitel geht auf die Realisierung der Implementation ein. Welche Gründe für die Wahl von Microsoft Windows als Zielplattform sprachen, wird zunächst dargestellt. Die Konzeption einer Windows-Applikation, die die Problemlöser aus den Kapiteln 3 und 5 sowie die verwendeten Problemgeneratoren integriert und ihren Einsatz auf eine einheitliche Art und Weise unter einer benutzerfreundlichen graphischen Oberfläche gestattet, wird anschließend beschrieben. Ein wesentlicher Bestandteil dieser Benutzeroberfläche ist ein spezieller Editor, der die komfortable Bearbeitung von Problemdaten großer Netzwerkflußprobleme ermöglicht und mit speziellen Funktionen zur Analyse von Lösungen ausgestattet ist. Abschließend wird auf weitere Funktionen eingegangen, mit denen die Applikation im Hinblick auf ihren Einsatz in Client/Server-Anbindungen ausgestattet wurde.

6.1 Microsoft Windows als Zielplattform

Applikationen, die für Microsoft Windows entwickelt wurden, bieten eine Vielzahl von Vorteilen, die im folgenden ausgeführt werden. Besonders deutlich wird dies, wenn man beim Vergleich von Software für Personal Computer Windows-Applikationen reinen DOS-Applikationen gegenüberstellt.

Benutzerfreundlichkeit[1] Die graphische Benutzeroberfläche von Microsoft Windows vereinfacht den Umgang mit Programmen. Aufgrund des einheitlichen Erscheinungsbilds von Windows-Applikationen ist ihre Bedienung leichter zu erlernen. Funktionen, die den meisten Programmen gemeinsam sind, sind in jeder Applikation auf die gleiche Art und Weise erreichbar. Graphische Sinnbilder und Menüs, die mit der Maus intuitiv bedient werden können, erhöhen den Komfort und ermöglichen ein schnelleres Arbeiten. Bedienungsfehler werden in Dialogfenstern angezeigt, Eingaben zur Korrektur können sofort vorgenommen werden. Zusätzlich bieten viele Windows-Applikationen umfangreiche

---

[1]Vgl. MEYER [159, S. 7]

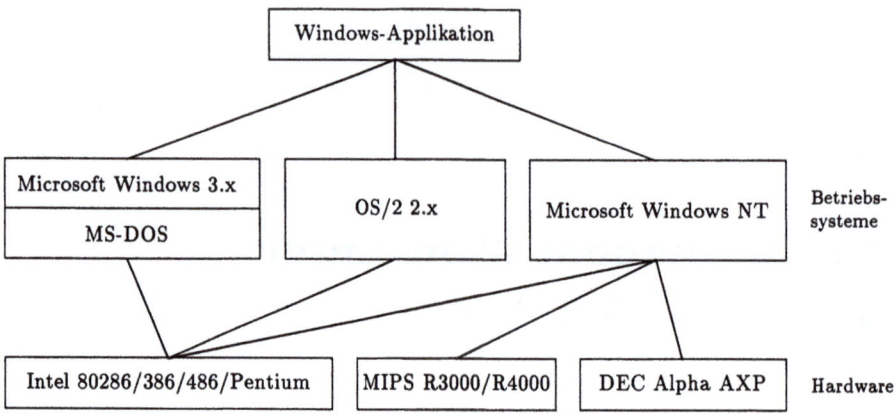

Abbildung 6.1: Plattformen für Windows-Applikationen

kontextsensitive Hilfefunktionen, die dem Benutzer gezielt Informationen zum aktuellen Programmkontext liefern.

Portabilität[2]   Windows-Applikationen können ohne Modifikationen unter verschiedenen Betriebssystem- und Hardware-Umgebungen ausgeführt werden. Für ihren Einsatz können unterschiedliche Mikro- und Minicomputer verwendet werden. Zur Zeit werden Windows-Applikationen überwiegend auf Personal Computern eingesetzt, die auf einem Prozessor der Intel-Familie 80x86/Pentium basieren. Diese Rechner werden entweder mit dem Betriebssystem MS-DOS und der Betriebssystemerweiterung Windows 3.x betrieben oder laufen unter dem Betriebssystem OS/2, das ab Version 2.0 Windows-Applikationen ausführen kann. Das 32-Bit-Betriebssystem Windows NT[3], unter dem auch 16-Bit-Windows-Applikationen lauffähig sind, kann neben Rechnern mit Intel-Prozessoren auch auf Rechnern mit den RISC-Architekturen MIPS R3000/R4000 und DEC Alpha AXP eingesetzt werden. Abbildung 6.1 zeigt die verschiedenen Plattformen für Windows-Applikationen.

Kompatibilität[4]   Windows stellt Mechanismen zur Verfügung, die den Datenaustausch und die Kommunikation zwischen einzelnen Applikationen ermöglichen und so die Kombination mehrerer Applikationen miteinander vereinfachen.

Zum Datenaustausch kann auf die Windows-Zwischenablage zugegriffen werden. Jede Applikation kann dort Daten ablegen oder abgelegte Daten anfordern. Weitergehend sind die Möglichkeiten, die durch *Dynamic Data Exchange* (DDE) oder *Object Linking*

---

[2]Vgl. MEYER [159, S. 7]
[3]Dabei steht NT für „New Technology".
[4]Unter Kompatibilität wird hier Softwarekompatibilität verstanden. Software-Produkte sind dann kompatibel, wenn sie sich leicht miteinander kombinieren lassen. Vgl. MEYER [159, S. 6]

and Embedding (OLE) realisiert werden können. Dabei können Windows-Applikationen in Client/Server-Strukturen eingesetzt werden: Eine Server-Applikation kann Dienste anbieten, die von Client-Applikationen beispielsweise über DDE angefordert werden können. Dabei kann die Server-Applikation nicht nur Daten zur Verfügung stellen, sondern auch Funktionen ausführen, wenn die Client-Applikation dies wünscht.[5] Mit Hilfe von OLE ist es möglich, in Dokumente einer Applikation auch Daten zu integrieren, die nur mit einer anderen Applikation bearbeitet werden können. Diese zweite Applikation ist ein Server, der die Bearbeitung der Daten[6] als Dienst anbietet. Dieser Dienst wird von der Client-Applikation, die das Dokument mit den Bezügen auf die Daten enthält, gegebenenfalls angefordert.

Verfügbarkeit Durch die weite Verbreitung von Microsoft Windows vor allen Dingen auf Personal Computern können Windows-Applikationen vielerorts eingesetzt werden. Bereits installierte Applikationen sind sofort verfügbar, denn bei Mini- und Mikrocomputersystemen bestehen kaum Zugangs- oder Rechenzeitbeschränkungen, wie dies beim Einsatz von Großrechnern der Fall ist. Mit leistungsfähigen Laptops wird darüber hinaus sogar eine räumliche Unabhängigkeit erreicht.

Multitasking Microsoft Windows gestattet die gleichzeitige Ausführung mehrerer Anwendungen. Gerade bei der Durchführung größerer Rechenvorhaben wie der Lösung von Fixkosten-Netzwerkflußproblemen ist es für den Anwender von Vorteil, wenn der Rechner während einer Optimierungsrechnung für andere Aufgaben weiterhin zur Verfügung steht.

Verfügbare Systemressourcen Der Zugriff auf Systemressourcen wie beispielsweise den Hauptspeicher erfolgt bei Windows-Applikationen über Funktionen des *Application Programming Interface* (API). Die Speicherverwaltung von Windows ermöglicht über die dort bereitgestellten Funktionen nicht nur die Nutzung des gesamten physikalisch vorhandenen Hauptspeichers inklusive Erweiterungsspeicher, sondern vergrößert diesen zusätzlich um Festplattenspeicherplatz. Die Auslagerung einzelner Speicherbereiche auf Festplatte wird von Windows organisiert und bleibt den Applikationen verborgen.

Damit steht Windows-Applikationen ein fast beliebig großer Speicherplatz zur Verfügung, der auf einfache Art und Weise genutzt werden kann. Da bei der Lösung großer Netzwerkflußprobleme ein relativ hoher Speicherbedarf besteht, bietet die Entwicklung unter Windows große Vorteile. Bei einer Entwicklung unter MS-DOS wäre wegen des auf 640 kB beschränkten Hauptspeichers ein erheblicher Mehraufwand zur effizienten Nutzung des Erweiterungs- oder Festplattenspeichers erforderlich gewesen.

Neben diesen Argumenten, die für die Entwicklung einer Windows-Applikation sprechen, sind auch einige Nachteile zu nennen. Sie betreffen den Entwicklungsprozeß selbst und beziehen sich hauptsächlich auf die erforderliche Einarbeitungszeit in die Windows-Programmierung. Nicht nur der Umfang der im API bereitgestellten Funktionen und

---

[5]Ein Beispiel für die Ausführung von Funktionen über DDE ist die Einrichtung von neuen Programmgruppen im Programm-Manager, die von vielen Installationsprogrammen automatisch vorgenommen wird.

[6]Man spricht je nach Art der Verknüpfung von verbundenen oder eingebetteten Objekten.

die Anzahl der verschiedenen Botschaften, die Windows als ereignisgesteuertes System versendet,[7] sondern auch die Komplexität von Windows selbst, erschweren den Einstieg in die Entwicklung von Windows-Applikationen. Mit Hilfe von Bibliotheken, die Elemente der Windows-Oberfläche objektorientiert implementieren, läßt sich zwar der Programmieraufwand verringern, eine genaue Kenntnis des Windows-Systems ist aber trotzdem erforderlich.

Ein weiterer Nachteil ist in der Tatsache zu sehen, daß die zur Zeit der Implementation verfügbaren Windows-Versionen nur zur Entwicklung von 16-Bit-Applikationen geeignet sind.[8] Damit ist wie bei einer Entwicklung unter MS-DOS die Segmentierung des Hauptspeichers in 64 kB-Blöcke zu berücksichtigen. Der Zugriff auf große Datenstrukturen im Hauptspeicher gestaltet sich aufwendiger und daher langsamer, wenn bei der Adressierung Segmentgrenzen überschritten werden. Da bei der Lösung von großen Netzwerkflußproblemen mehrere Datenstrukturen im Speicher gehalten werden müssen, die größer als 64 kB sind, wäre ein lineares Speichermodell vorzuziehen.

Insgesamt überwiegen jedoch die oben angeführten Vorteile. Daher wurden im Rahmen dieser Arbeit zwei Windows-Applikationen zur Lösung großer Probleme entwickelt. Ihre Implementationen werden im nächsten Abschnitt beschrieben.

6.2   Die Implementation

6.2.1   Die Konzeption

Zur Integration der verschiedenen Problemlöser und -generatoren unter einer Oberfläche wurden zwei Applikationen konzipiert, deren Oberfläche weitgehend identisch ist.

Das Programm Arc dient der Lösung linearer Netzwerkflußprobleme und bindet den Problemgenerator NETGEN sowie die Problemlöser LPArc-I/II und RELAXT-III ein. Da RELAXT-III nur Probleme mit ganzzahligen Kostenkoeffizienten verarbeiten kann, wurden die LPArc-Versionen für ganzzahlige Koeffizienten integriert, so daß mit der Applikation Arc die in Abschnitt 3.4 besprochenen Laufzeitvergleiche für lineare Netzwerkflußprobleme durchgeführt werden konnten.

Zur Lösung von Fixkosten-Netzwerkflußproblemen wurde die Applikation FixArc entwickelt. Sie integriert die Problemgeneratoren FIXGEN und NETGEN sowie die Problemlöser LPArc-I/II und FixArc. Da nach Bildung der BALINSKI-Approximation reellwertige Kostenkoeffizienten vorliegen, wurden die entsprechenden Versionen der LPArc-Programme eingebunden. RELAXT-III konnte wegen seiner Beschränkung auf ganzzahlige Koeffizienten nicht bei der Lösung von Fixkosten-Netzwerkflußproblemen eingesetzt werden.

Wie diese beiden Programme als Windows-Applikationen konzipiert sind, zeigt Abbildung 6.2. Als Windows-Plattform kann dabei jede der in Abbildung 6.1 dargestellten Plattformen verwendet werden. Damit die Problemlöser und -generatoren von mehreren Applikationen verwendet werden können, wurden sie als *Dynamic Load Libraries* (DLLs)

---

[7]Die Windows-API umfaßte zur Zeit der Implementation etwa 700 Funktionen und 250 Botschaften.
[8]Diese Versionen von Windows werden *Win16* genannt.

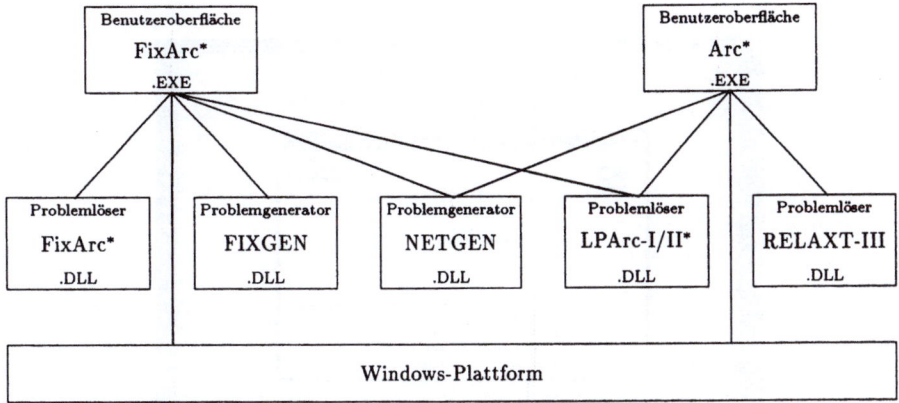

Abbildung 6.2: Konzeption der Windows-Applikationen FixArc und Arc

---

*Diese Komponente wurde im Rahmen der vorliegenden Arbeit erstellt.

entwickelt. Dies sind Bibliotheken, die zur Laufzeit aufgerufen und dynamisch geladen werden können.

6.2.2   Die Wahl der Entwicklungsumgebung

Da Windows-Applikationen zur Zeit überwiegend auf Personal Computern eingesetzt werden, die unter dem Betriebssystem MS-DOS laufen und mit der Betriebssystemerweiterung Microsoft Windows 3.x ausgestattet sind, wurde zur Entwicklung der Applikationen FixArc und Arc sowie der Problemlöser FixArc und LPArc-I/II ebenfalls eine solche Umgebung gewählt.

Die Applikationen selbst wurden unter Turbo Pascal für Windows 1.x entwickelt. Dieser Compiler wurde verwendet, da mit ihm eine objektorientierte Programmentwicklung möglich ist und er eine Bibliothek von Objekten beinhaltet, die die Programmierung von Elementen der Benutzeroberfläche von Windows vereinfacht.

Die Problemgeneratoren NETGEN und FIXGEN sowie der Problemlöser RELAXT-III lagen im FORTRAN-Quelltext vor. Um diese vorliegenden Programme unter Windows einsetzen zu können und dabei möglichst wenige Modifikationen vornehmen zu müssen, wurden sie nach nur geringfügigen Anpassungen mit Microsoft FORTRAN 5.1 zu Windows-DLLs compiliert.

Aber auch die hier neu entwickelten Problemlöser wurden in FORTRAN implementiert. Neben einer hohen Portabilität von FORTRAN-Programmen, die für technisch-wissenschaftliche Zwecke auf zahlreichen Rechnern jeder Größenordnung eingesetzt werden können, sprachen vor allen Dingen Geschwindigkeitsgründe[9] für die Implementation in

---

[9]Eine Vorversion von LPArc-I wurde sowohl unter Turbo Pascal für Windows 1.0 als auch unter Microsoft FORTRAN 5.1 implementiert. Die FORTRAN-Variante lief dabei mehr als 3mal schneller als die Turbo Pascal-Variante.

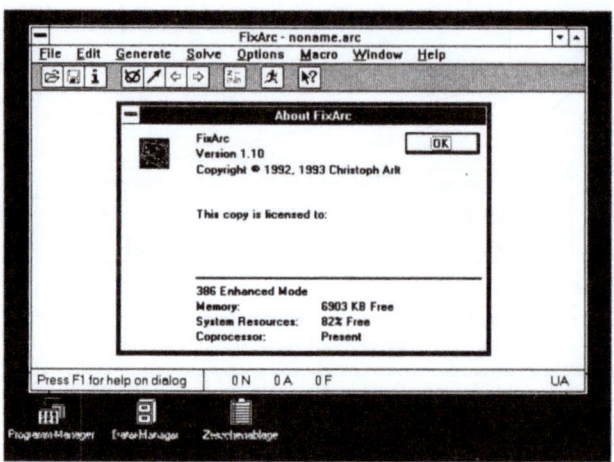

Abbildung 6.3: Die Windows-Applikation FixArc

FORTRAN. Ein weiterer, damit zusammenhängender Grund liegt in den vom Microsoft
FORTRAN-Compiler unterstützten Speichermodellen. Neben einem *Medium*-Modell, in
dem einzelne Datenstrukturen die 64 kB-Grenze nicht überschreiten dürfen, können in
den *Large*- und *Huge*-Modellen Datenstrukturen beliebiger Größe verwendet werden. Datenstrukturen mit einer Größe von mehr als 64 kB sind bei der Lösung großer Probleme
zu verwalten.

Um Datenstrukturen dieser Größe auch dem Problemdaten-Editor der Applikationen
Arc und FixArc zugänglich zu machen, mußten eigene Objekttypen entwickelt werden, da
Large- und Huge-Speichermodelle von Turbo Pascal nicht unterstützt werden. Die Methoden dieser Objekte zur Adressierung und zum Speicherzugriff wurden aus Geschwindigkeitsgründen in Maschinensprache codiert.

Insgesamt ist mit FixArc die Lösung von Problemen mit bis zu 32765 Knoten und
bis zu 65535 Pfeilen möglich. Dabei können bis zu 16383 Pfeile mit Fixkosten belastet sein. Sämtliche Datenstrukturen werden im globalen Speicher, den Windows allen
Applikationen zur Verfügung stellt, angelegt.

6.2.3 Die Benutzeroberfläche

Dieser Abschnitt beschreibt die Benutzeroberfläche der Windows-Applikation FixArc. Die
Oberfläche des Programms Arc, das sich von FixArc nur durch die integrierten Problemlöser und -generatoren unterscheidet, ist im wesentlichen identisch, so daß hierauf
nicht gesondert eingegangen wird.

Abbildung 6.3 zeigt FixArc als Windows-Applikation. Dem Common User Access-

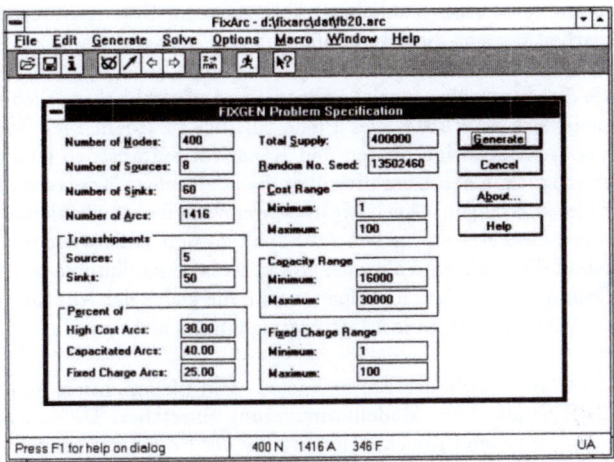

Abbildung 6.4: Problemspezifikationen für FIXGEN

Standard[10] folgend besitzt FixArc eine Statuszeile, die den aktuellen Zustand des Programms anzeigt. Unter anderem wird auch die Größe des geladenen Optimierungsproblems angegeben. Um den Zugriff auf besonders häufig benutzte Menübefehle zu vereinfachen, wurde die Applikation mit einer Symbolleiste ausgestattet.

6.2.3.1 Die Problemgenerierung

In die Applikation FixArc wurden die Problemgeneratoren NETGEN und FIXGEN integriert, die lineare Netzwerkflußprobleme und Fixkosten-Netzwerkflußprobleme erzeugen können. Zur Spezifizierung eines zu generierenden Problems sind zahlreiche Parameter vorzugeben. FixArc faßt diese Vorgaben übersichtlich in Dialogfenstern zusammen, die zur Eingabe der entsprechenden Werte dienen. Abbildung 6.4 zeigt das Dialogfenster für FIXGEN mit den Einträgen zur Erzeugung des Testproblems FB20[11].

6.2.3.2 Der Editor für große Netzwerke

Der wichtigste Bestandteil der Benutzeroberfläche ist ein Editor zur Bearbeitung der Problemdaten großer Netzwerkflußprobleme. Dieser Editor ist nicht tabellenorientiert, sondern knoten- und pfeilorientiert ausgelegt. Zwei Gründe sprachen für diese Konzeption. Zum einen beinhalten die zahlreichen Tabellenkalkulationsprogramme, die unter Windows verfügbar sind, komfortable Editoren zur Bearbeitung von Tabellen jeglicher Art. Diese Editoren sind auch in Verbindung mit FixArc nutzbar, da Problemdaten von FixArc über

---

[10]Dieser Standard beinhaltet Richtlinien zur Vereinheitlichung von Benutzeroberflächen. Vgl. Fußnote 24 auf Seite 6

[11]Siehe Abschnitt 5.3.2 auf Seite 147 sowie Anhang A.2

die Zwischenablage importiert und exportiert werden können.[12] Alle gängigen Tabellen-kalkulationsprogramme besitzen ähnliche Funktionen zum Datenaustausch, so daß ihre Editoren zur Bearbeitung von Netzwerkflußproblemen verwendet werden können. Zum anderen läßt sich die Struktur von Netzwerkflußproblemen in Tabellen nicht so übersicht-lich abbilden, wie dies durch eine spezielle knoten- und pfeilorientierte Sichtweise möglich ist. Liegt beispielsweise eine Liste aller Pfeile vor, die zu jedem Pfeil seinen Anfangs-und Endknoten sowie zugehörige Kosten und Kapazität aufführt, so ist es bei größeren Problemen kaum möglich, einen Überblick über die in einzelnen Knoten eingehenden und ausgehenden Pfeile zu erlangen. Auch Matrixschreibweisen sind problematisch. Übliche Kosten- und Kapazitätsmatrizen[13] geben zwar spalten- und zeilenweise für jeden Knoten ein- und ausgehende Pfeile an, sind aber bei großen Netzwerkflußproblemen äußerst dünn-besetzt und aufgrund ihrer Zeilen- und Spaltenzahl, die gleich der Anzahl der Knoten ist, unübersichtlich. Außerdem ist es in Matrixdarstellungen nicht möglich, parallele Pfeile abzubilden.

Aus diesen Gründen wurde der Editor knoten- und pfeilorientiert konzipiert. Er ist hauptsächlich als Hilfsmittel zur Modellformulierung einsetzbar. Da die Einführung von Knoten und Pfeilen bei vielen Problemstellungen aus der Praxis erst bei der Modellbildung vorgenommen wird, sollte dann für den Endanwender nur die Benutzeroberfläche eines Modellgenerators sichtbar sein.[14]

Der Editor besteht aus den folgenden Komponenten. Zur Auswahl von zu bearbei-tenden Knoten und Pfeilen sind über das *Edit*-Menü und die Symbolleiste Dialogfenster zugänglich, die Listen aller Knoten und Pfeile anzeigen. Diese Listen sind alphabetisch nach den Namen, mit denen die einzelnen Knoten und Pfeile versehen werden können, sortiert. Abbildung 6.5 zeigt dieses Dialogfenster für Pfeile. Neben ihren Namen ist in der Liste auch der Start- und Endknoten angegeben. Hier kann ein Pfeil zur Bearbeitung der zu ihm gehörigen Daten ausgewählt werden. Darüber hinaus können Operationen ausgeführt werden, die einen Pfeil als ganzes betreffen. Dazu gehört die Erzeugung neuer Pfeile sowie das Löschen und Umbenennen bestehender Pfeile. Das Dialogfenster für Knoten ist genauso aufgebaut.

Die Bearbeitung der zu einzelnen Knoten und Pfeilen gehörigen Daten erfolgt in eige-nen Knoten- und Pfeilfenstern, die im Rahmen des *Multiple Document Interface* (MDI) realisiert wurden. Über diese Schnittstelle für Programmentwickler ist eine in allen Win-dows-Applikationen einheitliche Organisation von Unterfenstern im Bereich des Haupt-fensters einer Applikation möglich. Solche Fenster können in diesem Bereich beliebig

---

[12]Auf die Funktionen zum Datenaustausch, mit denen FixArc ausgestattet wurde, wird in Ab-schnitt 6.2.4.1 ausführlich eingegangen.

[13]Diese Matrizen enthalten in Zeile i und Spalte j die entsprechende Bewertung des Pfeils (i, j), wenn er existiert, oder einen geeigneten Wert, der das Fehlen der Verbindung von Knoten i nach Knoten j anzeigt. Bei Kostenmatrizen wählt man dafür den Wert $+\infty$, bei Kapazitätsmatrizen den Wert 0.
Vgl. DOMSCHKE [61, S. 26]

[14]Als Beispiel sei die in Abschnitt 1.2 auf Seite 9 vorgestellte wochen- und schichtweise Produktionspro-grammplanung für Leichtmetallgießereien genannt, die FREIGANG [75] als ein Fixkosten-Netzwerkflußpro-blem formulierte. Der im Rahmen seiner Arbeit entwickelte Modellgenerator bildet die Benutzerschnitt-stelle. Zur Lösung der Fixkosten-Netzwerkflußprobleme wird das hier entwickelte Programm FixArc verwendet, das in einer Client/Server-Anbindung die Problemlösung vornimmt. Vgl. zur Realisierung dieser Anbindung auch Abschnitt 6.2.4

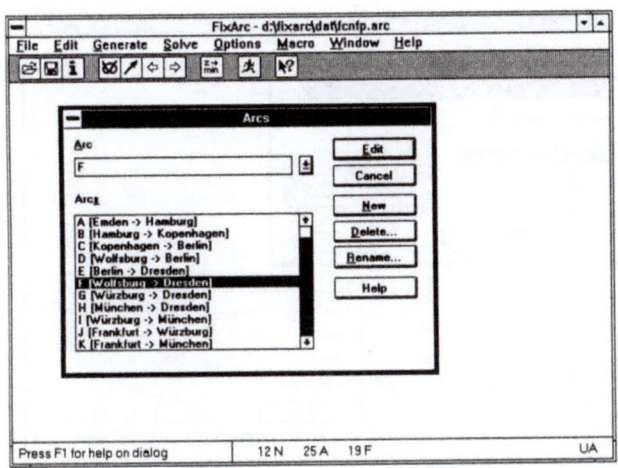

Abbildung 6.5: Liste aller Pfeile

verschoben, zu einem Sinnbild verkleinert oder auf Größe des Hauptfensters vergrößert werden. Über Befehle des *Window*-Menüs können sie automatisch nebeneinander oder übereinander angeordnet werden.

Abbildung 6.6 zeigt mehrere Knoten- und Pfeilfenster. Das Fenster eines Knotens beinhaltet neben dem Angebot oder Bedarf des Knotens Listen aller eingehenden und aller ausgehenden Pfeile. In der Abbildung besitzt der Knoten „Wolfsburg" ein Angebot von 1000 Mengeneinheiten, einen eingehenden Pfeil, der vom Knoten „Kassel" ausgeht und mehrere ausgehende Pfeile. Ein Pfeilfenster enthält Start- und Endknoten sowie Kosten, Fixkosten und Kapazität der Verbindung. Der Pfeil „F" führt in der Abbildung vom Knoten „Wolfsburg" zum Knoten „Dresden" und besitzt eine Kapazität von 300 Einheiten. Auf ihm fallen Fixkosten in Höhe von 450 und variable Kosten in Höhe von 500 an. Nach Lösung des Problems wird in den Pfeilfenstern auch der zugehörige Fluß angegeben. Zusätzlich ist es möglich, ohne die Daten eines Pfeils ändern zu müssen, ihn vorübergehend zu sperren und damit aus der Problemstellung auszuschließen. In der Abbildung wurden die Fenster der Knoten „Dresden" und „Berlin" und des Pfeils „G" zu Sinnbildern verkleinert. Über Befehle des *Options*-Menüs können Größe und Lage aller geöffneten Knoten- und Pfeilfenster gespeichert und wieder geladen werden.

Zum Durchwandern von Wegen im Netzwerk verfügt der Editor über spezielle Funktionen, die über das *Edit*-Menü und die Symbolleiste erreichbar sind. Mit diesen Funktionen können die Fenster von Vorgängern und Nachfolgern eines Knotens oder Pfeils geöffnet beziehungsweise aktiviert werden, falls sie bereits geöffnet sind. Dabei wird unter den Vorgängern und Nachfolgern eines Pfeils sein Start- und Endknoten verstanden. Die Vorgänger eines Knotens sind seine eingehenden Pfeile, die Nachfolger seine ausgehenden Pfeile. In der Abbildung 6.6 konnte das Fenster des Pfeils „F" beispielsweise durch

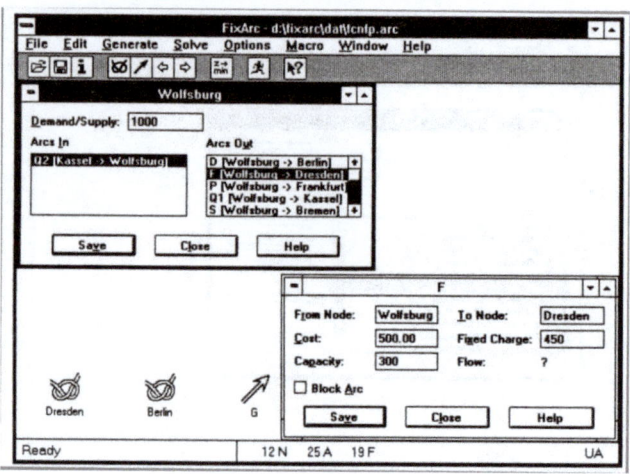

Abbildung 6.6: Knoten- und Pfeilfenster

ein doppeltes Klicken mit der Maus auf seinen Eintrag in der Liste der ausgehenden Pfeile im Fenster des Knotens „Wolfsburg" geöffnet werden. Um den Arbeitsbereich der Applikation übersichtlich zu halten, kann bei einem solchen Durchwandern von Wegen im Netzwerk das jeweils vorhergehende Fenster automatisch beim Öffnen des nächsten Fensters geschlossen werden. Auch das Überspringen von Pfeilfenstern ist möglich.

Nach Lösung eines Problems können in den Knotenfenstern diejenigen Pfeile ausgeblendet werden, deren Fluß gleich Null ist und die daher nicht benutzt werden. Mit den eben beschriebenen Funktionen können dann die kostenminimalen Wege leicht nachvollzogen werden, wenn man von den Angebotsknoten ausgehend die benutzten Wege zu den Nachfrageknoten durchwandert.

Auf eine graphische Darstellung des Netzwerks wurde verzichtet. Denn liegt dem Netzwerk keine geographische Struktur zugrunde, die die Lage der Knoten bestimmt, ist eine Anordnung von Knoten und Pfeilen vom Editor mit einem geeigneten Algorithmus vorzunehmen. Bei Problemen mit mehreren tausend Knoten und mehreren zehntausend Pfeilen ist dann eine übersichtliche Darstellung nicht mehr zu erwarten.[15]

6.2.3.3 Die Problemlösung

Vor Beginn einer Problemlösung können die verschiedenen Einstellungen und Vorgaben für die Problemlöser LPArc-I/II und FixArc in Dialogfenstern eingegeben werden, die über das *Options*-Menü erreichbar sind.

---

[15]Der Netzwerkeditor EDINET von OGRYCZAK, STUDZIŃSKI UND ZORYCHTA [168] erzeugt zwar ein graphisches Schema, jedoch ist mit ihm nur eine Bearbeitung von Problemen mit bis zu 100 Knoten und einigen hundert Pfeilen möglich.

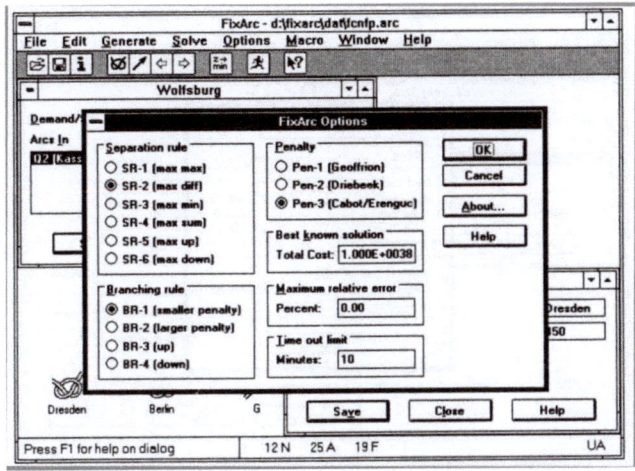

Abbildung 6.7: Optionen für den Problemlöser FixArc

Abbildung 6.7 zeigt das Dialogfenster, in dem die Optionen des Problemlösers FixArc eingestellt werden können. Dabei kann eine der Separationsregeln aus Abschnitt 5.2.5[16], eine der Verzweigungsregeln aus Abschnitt 5.2.6[17] sowie eine der Penalties für Basisvariable aus Abschnitt 5.2.4.2[18] gewählt werden. Außerdem ist es möglich, zur Abkürzung des Branch-and-Bound-Prozesses den Zielfunktionswert einer bereits bekannten zulässigen Lösung anzugeben.[19] Wird nur eine approximative Lösung[20] gewünscht, so kann der maximale relative Fehler, den man in Kauf nehmen will, in Prozent vorgegeben werden. Des weiteren kann eine maximale Lösungszeit, nach der die Optimierung abgebrochen wird, in Minuten spezifiziert werden.

In einem weiteren, hier nicht abgebildeten Dialogfenster können Einstellungen für die LPArc-Programme vorgenommen werden. Neben der Wahl zwischen den Programmvarianten LPArc-I und LPArc-II sind darin die Parameter aus den Tabellen 3.8 bis 3.11[21] einstellbar.

Die Optimierung läßt sich über einen Befehl des *Solve*-Menüs oder durch Betätigung einer Schaltfläche der Symbolleiste starten. Während ihrer Durchführung wird der aktuelle Status der Problemlösung in einem Dialogfenster angezeigt. Dieses Fenster ist in Abbildung 6.8 zu sehen. Es gibt zunächst den Zielfunktionswert der aktuell besten Lösung an. Darüber hinaus wird die momentane Tiefe im Verzweigungsbaum sowie der Zielfunk-

---

[16]Siehe Tabelle 5.3 auf Seite 138
[17]Siehe Tabelle 5.4 auf Seite 139
[18]Siehe Seite 115
[19]Siehe Fußnote 87 auf Seite 142
[20]Siehe Abschnitt 5.2.10 auf Seite 146
[21]Siehe Seiten 47, 48, 60 und 64

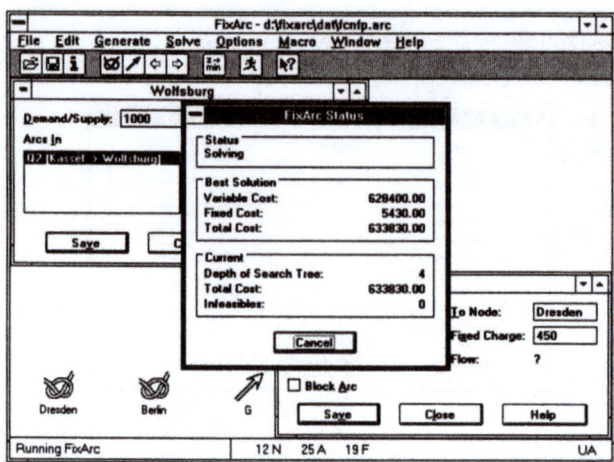

Abbildung 6.8: Status der Problemlösung

tionswert der aktuellen Lösung angegeben. Die Schaltfläche „Cancel" bietet jederzeit die Möglichkeit, die Optimierung abzubrechen. Die beste bis dahin gefundene Lösung wird dann im Editor dargestellt. Daß diese Lösung möglicherweise nur suboptimal ist, wird in der Statuszeile angezeigt.

Während der Optimierung kann von FixArc zu anderen Windows-Applikationen umgeschaltet werden, die zur gleichen Zeit ausgeführt werden. Da die Microsoft Windows Versionen 3.x nur ein *nicht-preemptives Multitasking* unterstützen, sind die einzelnen Applikationen selbst dafür verantwortlich, daß sie jeweils nur für eine kurze Zeitspanne Rechenleistung in Anspruch nehmen und anschließend dem Windows-System die Gelegenheit geben, einer anderen Anwendung Rechenzeit zur Verfügung zu stellen. Daher ist es erforderlich, daß die hier implementierten Problemlöser regelmäßig die Kontrolle wieder an Windows abgeben. Da dies von in Microsoft FORTRAN 5.1 geschriebenen DLLs nicht möglich ist, mußten die Problemlöser in FORTRAN-Routinen mit kurzen Ausführungszeiten untergliedert werden, die von der Applikation aufgerufen werden. Nach Ausführung einer solchen FORTRAN-Routine kann dann von der Applikation die Kontrolle wieder an Windows abgegeben werden, so daß während der Optimierung andere Windows-Applikationen laufen können.

Nach Abschluß einer Optimierung stehen in einem über das *Solve*-Menü erreichbaren Dialogfenster, das in Abbildung 6.9 gezeigt wird, neben dem optimalen Zielfunktionswert und der für die Optimierung benötigten Zeit Statistiken der Problemlöser zur Verfügung. Dort sind unter anderem die Anzahl der gelösten Teilprobleme und der vorgenommenen Verzweigungen sowie die Zahl der durchgeführten Pivotschritte angegeben.

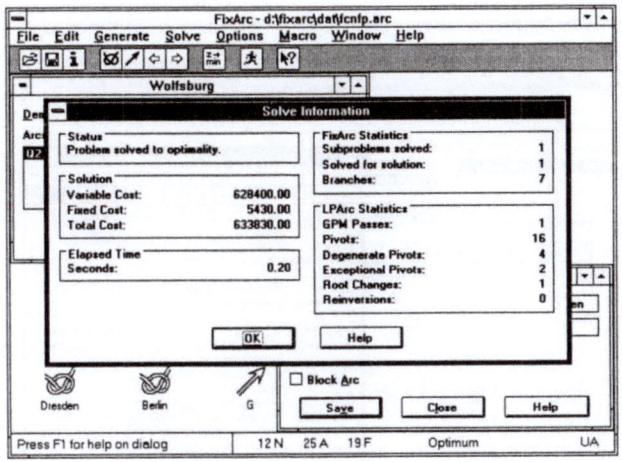

Abbildung 6.9: Statistiken der Problemlöser

6.2.3.4 Kontextsensitive Hilfe

FixArc verfügt wie jede größere Windows-Applikation über umfangreiche Hilfefunktionen, die auf einfache Art und Weise kontextsensitive Hilfetexte über die zu Windows gehörige Hilfe-Applikation WINHELP zugänglich machen. Diese Texte sind in Kapitel untergliedert, die zu einem Thema Erläuterungen geben. Querverweise machen thematisch verwandte Kapitel zugänglich. Die Suche nach Schlüsselworten liefert Übersichten über zugehörige Themen, deren Kapitel direkt erreicht werden können. Wird von FixArc aus Hilfe angefordert, so wird ein zum aktuellen Programmkontext gehöriges Kapitel angezeigt. Dabei ist eine Kontexthilfe für alle Menübefehle, alle Dialog- und Meldungsfenster sowie alle Bildschirmbereiche der Programmoberfläche verfügbar.[22]

Abbildung 6.10 zeigt FixArc mit dem Windows-Hilfesystem, das den Hilfetext zur Liste der eingegehenden Pfeile in Knotenfenstern anzeigt. Dieser Text ist durch Betätigen der „Help"-Schaltfläche in einem Knotenfenster von einem Übersichtskapitel aus zugänglich. Alternativ kann über die Funktionstaste F1 die Windows-Hilfe zur Anzeige von Kontexthilfe aktiviert werden.

6.2.4 Einsatz in Client/Server-Modellen

Um FixArc in Client/Server-Modellen als Problemlöser einsetzbar zu machen, wurde die Applikation mit der Fähigkeit zum Datenaustausch sowie einer eigenen Makrosprache ausgestattet. Damit war es beispielsweise FREIGANG [75] möglich, FixArc unter Win-

---

[22]Vgl. zur Strukturierung von Hilfetexten und der Implementation von Hilfefunktion BUCHHEIT [41] sowie ARLT [8], der eine objektorientierte Implementation von Hilfefunktionen vorschlägt.

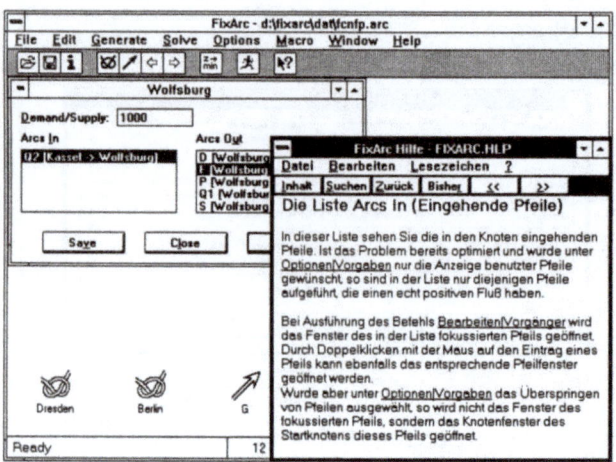

Abbildung 6.10: Kontextsensitive Hilfetexte im Windows-Hilfesystem

dows als Server zur Lösung von Fixkosten-Netzwerkflußproblemen zu verwenden. Bei der Client-Applikation, die diesen Dienst in Anspruch nahm, handelte es sich um eine auf dem relationalen Datenbanksystem Microsoft Access basierende Applikation, die als Benutzerschnittstelle und Modellgenerator für eine Produktionsprogrammplanung in einer Leichtmetallgießerei entwickelt wurde.

6.2.4.1 Datenaustausch

Ein Datenaustausch ist über die in fast allen Windows-Applikationen vorhandenen Befehle *Copy* und *Paste* des *Edit*-Menüs möglich und erfolgt über die Windows-Zwischenablage. Dazu kann im *Options*-Menü zwischen zwei Formaten gewählt werden.

Das erste Format ist matrixorientiert und dient dem Austausch von Kosten-, Fixkosten-, Kapazitäts- und Flußmatrizen sowie Matrizen der Pfeilnamen. Die Angebots- und Bedarfsmengen sowie die Knotennamen werden als Listen formatiert. Abbildung 6.11 zeigt die Matrix der variablen Kosten des in den vorhergehenden Abbildungen gezeigten Beispielproblems, nachdem sie in Microsoft Excel importiert wurde. In der Zelle D12 finden sich beispielsweise die Kosten des Pfeils „F", der von „Wolfsburg" nach „Dresden" führt und dessen Knotenfenster in Abbildung 6.6 zu sehen war.

Das zweite Format ist listenorientiert und ermöglicht den Austausch von Knoten- und Pfeillisten. Die Knotenlisten beinhalten die Knotennamen sowie die Angebots- und Bedarfsmengen, die Pfeillisten umfassen Start- und Endknoten sowie Kosten, Fixkosten und Kapazitäten der Pfeile. Wenn eine Lösung des Problems vorliegt, werden beim Export aus FixArc zusätzlich die Flußvariablen der Pfeilliste hinzugefügt. Abbildung 6.12 zeigt die Pfeilliste des Beispielproblems nach seiner optimalen Lösung in Microsoft Excel. In

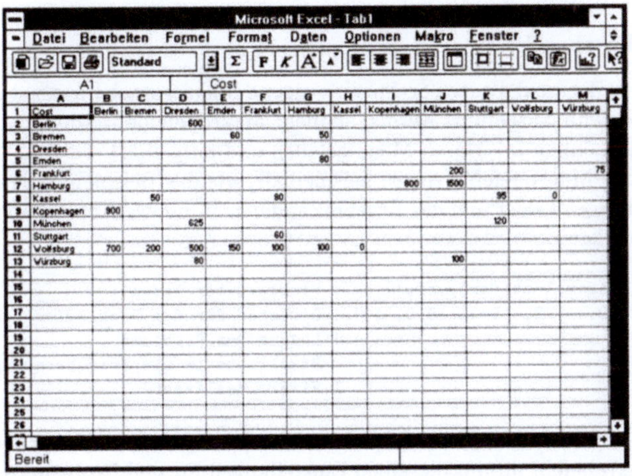

Abbildung 6.11: In Microsoft Excel importierte Kostenmatrix

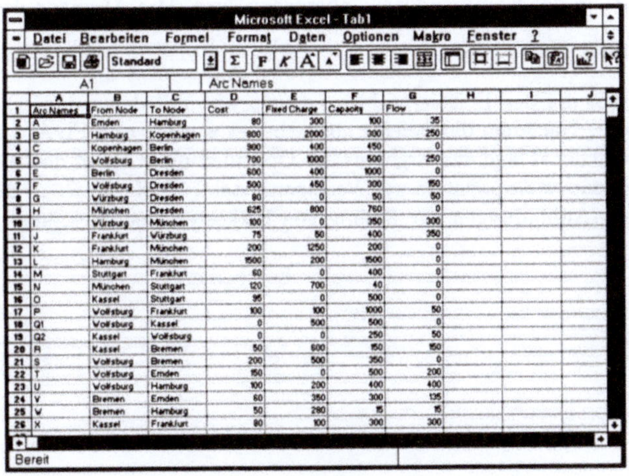

Cost	Berlin	Bremen	Dresden	Emden	Frankfurt	Hamburg	Kassel	Kopenhagen	München	Stuttgart	Wolfsburg	Würzburg
Berlin			600									
Bremen				60		50						
Dresden												
Emden						80						
Frankfurt									200			75
Hamburg								800	1500			
Kassel		50			80					95	0	
Kopenhagen	900											
München			625							120		
Stuttgart					60							
Wolfsburg	700	200	500	150	100	100	0					
Würzburg			80						100			

Abbildung 6.12: In Microsoft Excel importierte Pfeilliste

Arc Names	From Node	To Node	Cost	Fixed Charge	Capacity	Flow
A	Emden	Hamburg	80	300	100	35
B	Hamburg	Kopenhagen	800	2000	300	250
C	Kopenhagen	Berlin	900	400	450	0
D	Wolfsburg	Berlin	700	1000	500	250
E	Berlin	Dresden	600	400	1000	0
F	Wolfsburg	Dresden	500	450	300	150
G	Würzburg	Dresden	80	0	50	50
H	München	Dresden	625	800	760	0
I	Würzburg	München	100	0	350	300
J	Frankfurt	Würzburg	75	50	400	350
K	Frankfurt	München	200	1250	200	0
L	Hamburg	München	1500	200	1500	0
M	Stuttgart	Frankfurt	60	0	400	0
N	München	Stuttgart	120	700	40	0
O	Kassel	Stuttgart	95	0	500	0
P	Wolfsburg	Frankfurt	100	100	1000	50
Q1	Wolfsburg	Kassel	0	500	500	0
Q2	Kassel	Wolfsburg	0	0	250	50
R	Kassel	Bremen	50	600	150	150
S	Wolfsburg	Bremen	200	500	350	0
T	Wolfsburg	Emden	150	0	500	200
U	Wolfsburg	Hamburg	100	200	400	400
V	Bremen	Emden	60	350	300	135
V	Bremen	Hamburg	50	280	15	15
X	Kassel	Frankfurt	80	100	300	300

Zeile 7 sind wieder die zum Pfeil „F" gehörigen Daten zu finden. In der optimalen Lösung findet auf ihm ein Fluß in Höhe von 150 Mengeneinheiten statt.

6.2.4.2 Makrosprache

FixArc wurde mit einem Prozessor für eine eigene Makrosprache ausgestattet, über die fast alle Menübefehle ausgeführt werden können. Makrobefehle werden in einer Textdatei gespeichert und können im *Macro*-Menü geladen und ausgeführt werden.

Die folgenden Makrobefehle zeigen beispielhaft, wie das Beispielproblem aus den vorherigen Abbildungen gelöst und das Ergebnis anderer Windows-Applikationen zugänglich gemacht werden kann.

```
FileOpen('d:\fixarc\dat\fcnfp.arc')     ! Problemdaten laden
OptionsFixArc(2, 1, 3, 1E+38, 0.0, 10)  ! Optionen für den Problemlöser FixArc
SolveSolve()                            ! Lösung des Problems
EditCopyArcs()                          ! Pfeilliste in die Zwischenablage kopieren
FileExit()                              ! FixArc verlassen
```

Zu Beginn werden die Problemdaten geladen, die in der Datei `fcnfp.arc` vorliegen. Der zweite Makrobefehl nimmt dieselben Einstellungen für den Problemlöser FixArc vor, wie sie in Abbildung 6.7 im Dialogfenster „FixArc Options" zu sehen waren. Anschließend wird die Problemlösung vorgenommen. Der Befehl `EditCopyArcs` kopiert danach die Pfeilliste, die in Abbildung 6.12 gezeigt wurde, in die Zwischenablage. Der letzte Makrobefehl schließt die Applikation FixArc.

Sind diese Makrobefehle in der Datei `fcnfp.mac` gespeichert, so kann ihre Ausführung dadurch automatisch beim Start von FixArc veranlaßt werden, daß der Name dieser Makrodatei FixArc in der Kommandozeile übergeben wird. Das Absetzen des Kommandos

```
fixarc.exe fcnfp.mac
```

hat dann die Lösung des Beispielproblems `fcnfp.arc` mit den entsprechenden Einstellungen zur Folge. Nachdem die Befehle abgearbeitet wurden und FixArc beendet wurde, liegt in der Zwischenablage das Ergebnis der Optimierung in Form der Pfeilliste vor, die damit jeder Windows-Applikation zur Verfügung steht. Dadurch ist es möglich, FixArc in Client/Server-Anbindungen zur Lösung von Fixkosten-Netzwerkflußproblemen einzusetzen.

Kapitel 7

Zusammenfassung

Der Problemklasse der Fixkosten-Netzwerkflußprobleme kommt unter denjenigen Problemen, die sich mit der Verteilung einer einzigen Ware in einem Netzwerk beschäftigen, eine große Bedeutung zu. Dies liegt an ihrer allgemeinen Netzwerkstruktur und der Einbeziehung von Fixkosten, die bei Benutzung einer Verbindung im Netzwerk anfallen können. Eine Vielzahl praktischer Probleme läßt sich daher nach einer geeigneten Modellierung als Optimierungsaufgabe in Form eines Fixkosten-Netzwerkflußproblems schreiben.

Die vorliegende Arbeit beschäftigt sich mit der Lösung von Fixkosten-Netzwerkflußproblemen. Zielsetzung war die Klärung der beiden folgenden Fragestellungen. Zum einen sollte untersucht werden, ob durch Bündelung und Erweiterung der disparaten Ansätze, die sich bei der Konzeption eines Lösungsverfahrens aus der Literatur heranziehen lassen, Algorithmen entwickelt werden können, die eine effizientere Problemlösung erlauben, als dies mit bekannten Verfahren möglich ist. Zum anderen sollte geklärt werden, ob auch große Probleme schon auf Mikrocomputern und unter einer komfortablen graphischen Benutzeroberfläche in angemessener Zeit gelöst werden können. Mit dem im Rahmen dieser Arbeit neu entwickelten und implementierten Lösungsverfahren konnten zu beiden Fragestellungen Resultate erzielt werden, die die in der Literatur vorliegenden Ergebnisse übertreffen. Erstmals wird die schnelle Lösung großer Probleme auch auf Mikrocomputern unter einer benutzerfreundlichen Oberfläche ermöglicht.

Bei der Konzeption des Lösungsverfahrens wurde zur Erzielung von kurzen Problemlösungszeiten auf eine bestmögliche Ausnutzung der Netzwerkstruktur Wert gelegt.[1] Da Branch-and-Bound-Verfahren zu den effektivsten Lösungsverfahren für gemischt-ganzzahlige Optimierungsaufgaben zählen, folgt das hier entwickelte Verfahren FixArc diesem Ansatz. Die Angabe von unteren Schranken für Teilprobleme kann durch Lösung von linearen Relaxationen erfolgen, die als lineare Netzwerkflußprobleme formuliert werden können.

Zur Lösung von linearen Netzwerkflußproblemen existieren zahlreiche Verfahren. In der Literatur dauert die Kontroverse an, ob primale oder primal-duale Verfahren vorzuziehen sind. Hier wurden zwei neue Implementationen des primalen Netzwerk-Simplex-Verfahrens entwickelt, die sich durch die Art der Speicherung der die Basis repräsentieren-

---

[1]Lösungsansätze, die der Problemformulierung Schnittebenen hinzufügen, wurden daher nicht berücksichtigt, denn beim Hinzufügen von Ungleichungen wird in der Regel die Netzwerkstruktur zerstört und die Verwendung einer linearen Relaxation in Form eines linearen Netzwerkflußproblems verhindert.

den Baumstruktur unterscheiden. Das Verfahren LPArc-I läßt die Wurzel des Basisbaums
unverändert, während LPArc-II den Aufwand zum Basiswechsel dadurch verringert, daß
ein Wechsel der Wurzel vorgenommen werden kann. Die dazu erforderlichen Datenstrukturen wurden hier erstmals zusammen mit der Sample Pricing-Strategie und der Gradual
Penalty-Methode[2] eingesetzt. Beide Verfahren wurden bis zur programmtechnischen Realisierung beschrieben.

Bei der Lösung von insgesamt 158 Testproblemen, die großteils aus der Literatur stammen, konnte festgestellt werden, daß sich die Gesamtlaufzeit verkürzt, wenn die Wurzel
des Basisbaums gewechselt werden kann: LPArc-II lief durchschnittlich 10% schneller als
LPArc-I. Beim Vergleich mit RELAXT-III, einem der besten primal-dualen Verfahren,
zeigte sich, daß primale Verfahren nach wie vor konkurrenzfähige Problemlöser sind: Obwohl das primal-duale Verfahren beispielsweise Zuordnungsprobleme stets schneller löste,
erzielten die hier entwickelten Problemlöser bei Netzwerkflußproblemen mit hohen Kosten bessere Lösungszeiten. Im Rahmen der Testrechnungen auf einem PC 486DX/33
konnten von LPArc-II Umladeprobleme mit bis zu 8000 Knoten und 40000 Pfeilen in weniger als 52 Sekunden optimal gelöst werden. Indirekte Vergleiche mit dem Problemlöser
RNET, der in der Literatur als schnellste Implementation des primalen Netzwerk-Simplex-
Verfahrens gilt, ergaben eine deutliche Überlegenheit von LPArc-II.

Das hier entwickelte Branch-and-Bound-Verfahren FixArc macht zur Beschränkung
des Verzweigungsprozesses intensiven Gebrauch von Penalties, die sowohl für Basisvariable als auch für Nichtbasisvariable berechnet werden. Da zu ihrer Berechnung aber
eine optimale Basis der linearen Relaxation erforderlich ist, wird von FixArc zur Lösung
der Relaxationen einer der Problemlöser LPArc-I/II verwendet. Für Basisvariable wurden neben den klassischen DRIEBEEK-TOMLIN-Penalties weitere Penalties mit Hilfe der
Lagrange-Relaxation entwickelt. Dabei waren gegenüber Penalties, die in der Literatur
für unkapazitierte Fixkostenprobleme vorgestellt wurden, Erweiterungen erforderlich, die
der Einbeziehung von Nichtbasispfeilen mit Fluß an der Kapazitätsgrenze dienen. Da die
optimale Basis bei Verwendung der LPArc-Programme in einer Baumstruktur vorliegt,
ist mit einer geeigneten Datenstruktur die Berechnung der Penalties für alle nicht-ganzzahligen Basisvariablen in nur einem Durchgang über die Daten der Pfeile möglich. Zur
Wahl der Separationsvariablen bei der Verzweigung eines Teilproblems wurden mehrere
Regeln implementiert. Da FixArc eine Depth First-Suche vornimmt, war die Angabe
einer Verzweigungsregel erforderlich, nach der das nächste zu bearbeitende Teilproblem
ausgewählt wird. Auch hierfür wurden mehrere Alternativen untersucht. Die Penalties
werden aber nicht nur in den Separations- und Verzweigungsregeln ausgewertet, sondern
auch zur Streichung von Teilproblemen eingesetzt.

Mit FixArc wurden intensive Testrechnungen durchgeführt. Dabei wurden zunächst
günstige Kombinationen der untersuchten Separations- und Verzweigungsregeln ermittelt. Eine Separationsregel, die in der Literatur im Zusammenhang mit der Lösung von
Netzwerkflußproblemen bislang nicht untersucht wurde, lieferte im Schnitt die besten
Ergebnisse. Es stellte sich heraus, daß die Wahl der Verzweigungsregel von der Problemstruktur abhängig gemacht werden sollte. Bei Rechnungen mit den hier neu entwickelten
Penalties für Basisvariable konnten kleine Fixkosten-Transportprobleme effizienter gelöst

---

[2]Sowohl die Sample Pricing-Strategie als auch die Gradual Penalty-Methode, die eine Modifikation
der Big-M-Methode darstellt, stammen von GRIGORIADIS [114].

werden, als dies mit den besten Lösungsverfahren für Fixkosten-Transportprobleme aus der Literatur möglich ist. Der Vergleich von drei verschiedenen Penalties zeigte erstmals, daß für große Fixkosten-Netzwerkflußprobleme weniger die Qualität einer Penalty als ihre schnelle Berechenbarkeit die Gesamtlaufzeit verkürzen kann. Aus diesem Grund konnten große Probleme stets mit den einfachen DRIEBEEK-TOMLIN-Penalties am schnellsten gelöst werden. Auf einem PC 486DX/33 wurden verschiedenste Fixkosten-Umladeprobleme mit bis zu 3000 Fixkostenverbindungen in weniger als 90 Sekunden optimal gelöst. Die Lösung von Problemen mit bis zu knapp 6000 Fixkostenpfeilen war innerhalb weniger Minuten möglich.

Um die Problemlöser FixArc und LPArc-I/II auf verschiedenen Rechnerarchitekturen einsetzbar zu machen, wurde unter Microsoft Windows eine geschlossene Applikation entwickelt, die die Problemlöser mit einer komfortablen Benutzeroberfläche versieht und einen Editor zur Bearbeitung der Daten großer Netzwerkflußprobleme beinhaltet. Mit Blick auf einen Einsatz in der Praxis wurde diese Windows-Applikationen mit Funktionen ausgestattet, die den Einsatz in Client/Server-Anbindungen ermöglichen, und das Branch-and-Bound-Verfahren so erweitert, daß auch approximative Lösungen ermittelt werden können. In einer ersten Anwendung wurde FixArc als Server-Applikation erfolgreich zur Produktionsprogrammplanung für Leichtmetallgießereien eingesetzt.[3]

Insgesamt steht mit FixArc ein System zur Verfügung, mit dem auch große Fixkosten-Netzwerkflußprobleme effizient und komfortabel gelöst werden können. Obwohl die programmtechnische Realisierung den Einsatz von FixArc auf jeder Plattform für Windows-Applikationen zuläßt, zeigen die auf einem Personal Computer ermittelten Laufzeiten, daß insbesondere große Fixkosten-Umladeprobleme schon auf Mikrocomputern in angemessener Zeit gelöst werden können.

---

[3]Vgl. FREIGANG [75]

Anhang A

Spezifikationen der Testprobleme

A.1 NETGEN

Der Problemgenerator NETGEN wurde von KLINGMAN, NAPIER UND STUTZ [147] entwickelt. Mit ihm können kapazitierte und unkapazitierte Transport- und Umladeprobleme sowie Zuordnungsprobleme beliebiger Größe erzeugt werden, die zulässige Lösungen besitzen. Für diese Problemklassen avancierte NETGEN zum Standard-Problemgenerator. In zahlreichen Arbeiten[1] wurde er zur Erzeugung gleicher Probleme herangezogen. Im Rahmen der vorliegenden Arbeit wird die an der University of Texas von JOHN MOTE im April/Mai 1986 überarbeitete Version von NETGEN verwendet, die in der Literatur auch als die *Revised Version* von NETGEN bezeichnet wird. Diese Version wurde für die Verwendung unter Microsoft Windows angepaßt und mit Microsoft FORTRAN 5.1 zu einer Dynamic Link Library compiliert. Modifiziert wurden dabei lediglich die Programmteile zur Ein- und Ausgabe, die hier nicht über Dateien, sondern über Datenstrukturen im Speicher erfolgt.

Die folgenden Benchmark-Gruppen wurden mit NETGEN erzeugt. Dabei wurde für alle Probleme die *Random Number Seed* 13502460 verwendet.[2] Die Problemspezifikationen sind in den Tabellen auf den nächsten Seiten zu finden.

- Standard-NETGEN-Benchmarks [147, S. 818]
  Hierbei handelt es sich um 10 Transportprobleme (Probleme 1 bis 10), 5 Zuordnungsprobleme (Probleme 11 bis 15), 12 kapazitierte und 8 unkapazitierte Umla-

---

[1]Aus der großen Menge der Veröffentlichungen, in denen mit NETGEN Testprobleme erzeugt werden, seien die folgenden herausgegriffen: GLOVER, KARNEY UND KLINGMAN [89], GLOVER, KLINGMAN UND STUTZ [100], GLOVER ET AL. [90], KARNEY UND KLINGMAN [137], BRADLEY, BROWN UND GRAVES [39], MULVEY [163, 162], BARR, GLOVER UND KLINGMAN [17], KENNINGTON UND HELGASON [141, Appendix F], GLOVER UND KLINGMAN [96], SCHMIDT, JENSEN UND BARNES [181], ALI ET AL. [4], GRIGORIADIS [114], IKURA UND NEMHAUSER [128], BELLING-SEIB [19], ALI, PADMAN UND THIAGARAJAN [6] und BERTSEKAS UND TSENG [29, 30]

Modifizierte oder erweiterte Versionen von NETGEN wurden von RARDIN UND UNGER [175], GLOVER ET AL. [91] (NETGENS), BARR, GLOVER UND KLINGMAN [18] (FIXGEN) und von SPÄLTI UND LIEBLING [187] verwendet.

[2]Der Zufallszahlengenerator von NETGEN benötigt eine Startzahl, die in [147, S. 818] als Random Number Seed bezeichnet wird. Nur die Vorgabe einer gleichen Random Number Seed garantiert die Erzeugung identischer Probleme. In der Literatur wurde ausnahmslos der Wert 13502460 verwendet.

deprobleme (Probleme 16 bis 27 und 28 bis 35) sowie 5 große Umladeprobleme
(Probleme 36 bis 40). Die Spezifikationen sind in Tabelle A.1 mit den Zielfunktionswerten der optimalen Lösungen angegeben.[3]

- Benchmarks nach GRIGORIADIS [114, S. 107]
  Diese Gruppe (Probleme 1G bis 40G) unterscheidet sich von den Standard-
  NETGEN-Benchmarks nur durch veränderte Kostenstrukturen. Während sich die
  Kosten bei den Standard-Benchmarks im Bereich von 1 bis 100 bewegen, liegen sie
  hier im Bereich von 1 bis 10000. Bis auf diesen Unterschied sind die Problemspezi-
  fikationen mit denen aus Tabelle A.1 identisch.

- Benchmarks nach BERTSEKAS UND TSENG [30, S. 8]
  Hierbei handelt es sich um 5 Zuordnungsprobleme (Probleme 1B bis 5B) und
  15 Transportprobleme (Probleme 6B bis 20B). Die Spezifikationen sind in Tabelle A.2 zu finden.[4]

- Benchmarks des *Extended Set* nach ALI, PADMAN UND THIAGARAJAN [6, S. 169f]
  Diese Gruppe stellt eine Erweiterung der Standard-Benchmarks um 12 Transportprobleme (Probleme 1E bis 12E) sowie 8 teilweise kapazitierte und 9 große unkapazitierte Umladeprobleme (Probleme 13E bis 20E und 21E bis 29E) dar. In Tabelle A.3
  sind Problemspezifikationen und optimale Zielfunktionswerte angegeben.[5]

- Benchmarks des Extended Set mit veränderter Kostenstruktur
  Analog zum Vorgehen von GRIGORIADIS wurden die Probleme des Extended Set
  mit einem Kostenbereich von 1 bis 10000 erzeugt (Probleme 1EG bis 29EG). Die
  übrigen Problemspezifikationen sind mit denen aus Tabelle A.3 identisch.

---

[3]Die Angabe einer unteren Kapazitätsschranke von 30 für das Problem 36 in [147] wurde hier wie auch
von MULVEY [163, S. 309] als Druckfehler gewertet.

[4]Der Wert des Gesamtangebots für das Zuordnungsproblem 5B wurde in [30] mit 1000 angegeben,
obwohl je 1500 Angebots- und Bedarfsknoten zum Problem gehören. Daher wurde hier ein Gesamtangebot
von 1500 vorgegeben.

[5]Um die Zulässigkeit der erzeugten Probleme zu gewährleisten, ist es möglich, daß NETGEN eine
leicht höhere Anzahl von Pfeilen erzeugt, als vorgegeben wurde. In [6] wird jeweils die Anzahl der im
erzeugten Problem tatsächlich vorhandenen Pfeile angegeben, während hier diejenige Anzahl ermittelt
wurde, die NETGEN bei der Problemspezifikation vorzugeben ist.
Da für die Probleme 13E bis 15E und 17E bis 18E der in [6] mit aufgeführte Zielfunktionswert nicht
erzielt werden konnte, wurden für diese Probleme die Null-Einträge in den Spalten „Pfeile mit hohen
Kosten [%]", „kapazitierte Pfeile [%]" und „Bereich der Kapazitäten" als Druckfehler gewertet und so
korrigiert, daß die angegebenen Zielfunktionswerte erreicht wurden.

Problem	Anzahl der Knoten	Anzahl der Quellen	Anzahl der Senken	Anzahl der Pfeile	Bereich der Kosten Min.	Bereich der Kosten Max.	Gesamtangebot	Umladeknoten Quellen	Umladeknoten Senken	Pfeile mit hohen Kosten [%]	Kapazitierte Pfeile [%]	Bereich der Kapazitäten Min.	Bereich der Kapazitäten Max.	Zielfunktionswert
1	200	100	100	1300	1	100	100.000	0	0	0	0	0	0	2.054.059
2	200	100	100	1500	1	100	100.000	0	0	0	0	0	0	1.818.866
3	200	100	100	2000	1	100	100.000	0	0	0	0	0	0	1.646.007
4	200	100	100	2200	1	100	100.000	0	0	0	0	0	0	1.332.598
5	200	100	100	2900	1	100	100.000	0	0	0	0	0	0	1.374.153
6	300	150	150	3150	1	100	150.000	0	0	0	0	0	0	2.135.438
7	300	150	150	4500	1	100	150.000	0	0	0	0	0	0	1.818.475
8	300	150	150	5155	1	100	150.000	0	0	0	0	0	0	1.803.322
9	300	150	150	6075	1	100	150.000	0	0	0	0	0	0	1.650.449
10	300	150	150	6300	1	100	150.000	0	0	0	0	0	0	1.988.555
11	400	200	200	1500	1	100	200	0	0	0	0	0	0	4.991
12	400	200	200	2250	1	100	200	0	0	0	0	0	0	3.843
13	400	200	200	3000	1	100	200	0	0	0	0	0	0	3.048
14	400	200	200	3750	1	100	200	0	0	0	0	0	0	2.392
15	400	200	200	4500	1	100	200	0	0	0	0	0	0	2.460
16	400	8	60	1306	1	100	400.000	0	0	30	20	16000	30000	66.644.957
17	400	8	60	2443	1	100	400.000	0	0	30	20	16000	30000	33.296.481
18	400	8	60	1306	1	100	400.000	0	0	30	20	20000	120000	62.451.490
19	400	8	60	2443	1	100	400.000	0	0	30	20	20000	120000	32.296.481
20	400	8	60	2836	1	100	400.000	5	50	30	40	16000	30000	79.562.354
21	400	8	60	1416	1	100	400.000	5	50	30	40	16000	30000	25.214.811
22	400	8	60	2836	1	100	400.000	5	50	30	40	20000	120000	78.868.140
23	400	4	12	1382	1	100	400.000	5	50	30	40	20000	120000	24.765.976
24	400	4	12	2836	1	100	400.000	0	0	30	80	16000	30000	80.022.555
25	400	4	12	2676	1	100	400.000	0	0	30	80	16000	30000	69.302.042
26	400	4	12	1382	1	100	400.000	0	0	30	80	20000	120000	67.799.030
27	400	4	12	2676	1	100	400.000	0	0	30	80	20000	120000	62.451.490
28	1000	50	50	2900	1	100	1.000.000	0	0	0	0	0	0	131.264.893
29	1000	50	50	3400	1	100	1.000.000	0	0	0	0	0	0	114.387.763
30	1000	50	50	4400	1	100	1.000.000	0	0	0	0	0	0	86.559.373
31	1000	50	50	4800	1	100	1.000.000	0	0	0	0	0	0	80.333.340
32	1500	75	75	4342	1	100	1.500.000	0	0	0	0	0	0	207.885.203
33	1500	75	75	4385	1	100	1.500.000	0	0	0	0	0	0	182.406.145
34	1500	75	75	5107	1	100	1.500.000	0	0	0	0	0	0	152.264.683
35	1500	75	75	5730	1	100	1.500.000	0	0	0	0	0	0	150.900.302
36	8000	200	1000	15000	1	100	4.000.000	100	300	0	0	0	0	913.003.870
37	5000	150	800	23000	1	100	4.000.000	50	100	0	0	0	0	347.532.876
38	3000	125	500	35000	1	100	2.000.000	25	50	0	0	0	0	75.088.354
39	5000	180	700	15000	1	100	4.000.000	100	300	0,1	0,7	3000	5000	505.697.642
40	3000	100	300	23000	1	100	2.000.000	50	100	0,1	0,7	2000	4000	118.750.429

Tabelle A.1: Problemspezifikationen der 40 Standard-NETGEN-Benchmarks

Problem	Anzahl der Knoten	Anzahl der Quellen	Anzahl der Senken	Anzahl der Pfeile	Bereich der Kosten		Gesamt-angebot	Umladeknoten		Pfeile mit hohen Kosten [%]	Kapazi-tierte Pfeile [%]	Bereich der Kapazitäten		Ziel-funktions-wert
					Min.	Max.		Quellen	Senken			Min.	Max.	
1B	2000	1000	1000	8000	1	10	1.000	0	0	0	0	0	0	2.720
2B	3000	1500	1500	12000	1	10	1.500	0	0	0	0	0	0	4.055
3B	4000	2000	2000	16000	1	10	2.000	0	0	0	0	0	0	5.360
4B	2000	1000	1000	8000	1	1000	1.000	0	0	0	0	0	0	218.665
5B	3000	1500	1500	12000	1	1000	1.500	0	0	0	0	0	0	326.723
6B	2000	1000	1000	8000	1	10	100.000	0	0	0	0	0	0	316.831
7B	3000	1500	1500	12000	1	10	153.000	0	0	0	0	0	0	495.133
8B	4000	2000	2000	16000	1	10	220.000	0	0	0	0	0	0	694.133
9B	5000	2500	2500	20000	1	10	275.000	0	0	0	0	0	0	882.420
10B	6000	3000	3000	24000	1	10	330.000	0	0	0	0	0	0	1.051.631
11B	2000	1000	1000	8000	1	1000	100.000	0	0	0	0	0	0	27.317.359
12B	3000	1500	1500	12000	1	1000	153.000	0	0	0	0	0	0	41.697.564
13B	4000	2000	2000	16000	1	1000	220.000	0	0	0	0	0	0	60.040.764
14B	5000	2500	2500	20000	1	1000	275.000	0	0	0	0	0	0	73.467.598
15B	6000	3000	3000	24000	1	1000	330.000	0	0	0	0	0	0	89.602.103
16B	1000	500	500	10000	1	100	15.000	0	0	0	0	0	0	229.697
17B	1500	750	750	15000	1	100	15.000	0	0	0	0	0	0	231.651
18B	2000	1000	1000	20000	1	100	30.000	0	0	0	0	0	0	453.919
19B	2500	1250	1250	25000	1	100	37.500	0	0	0	0	0	0	536.858
20B	3000	1500	1500	30000	1	100	45.000	0	0	0	0	0	0	711.631

Tabelle A.2: Problemspezifikationen der 20 Benchmarks nach BERTSEKAS UND TSENG

Problem	Anzahl der Knoten	Anzahl der Quellen	Anzahl der Senken	Anzahl der Pfeile	Bereich der Kosten		Gesamtangebot	Umladeknoten		Pfeile mit hohen Kosten [%]	Kapazitierte Pfeile [%]	Bereich der Kapazitäten		Zielfunktionswert
					Min.	Max.		Quellen	Senken			Min.	Max.	
1E	600	300	300	2000	1	100	100.000	0	0	0	0	0	0	3.189.580
2E	600	300	300	2200	1	100	100.000	0	0	0	0	0	0	2.692.196
3E	600	300	300	3150	1	100	150.000	0	0	0	0	0	0	3.316.226
4E	600	300	300	4500	1	100	150.000	0	0	0	0	0	0	2.783.452
5E	1000	500	500	2000	1	100	100.000	0	0	0	0	0	0	4.030.917
6E	1000	500	500	2200	1	100	100.000	0	0	0	0	0	0	3.839.749
7E	1000	500	500	3150	1	100	150.000	0	0	0	0	0	0	4.642.067
8E	1000	500	500	4000	1	100	150.000	0	0	0	0	0	0	4.168.970
9E	1500	750	750	4000	1	100	150.000	0	0	0	0	0	0	5.325.713
10E	1500	750	750	4500	1	100	150.000	0	0	0	0	0	0	4.833.133
11E	1500	750	750	5000	1	100	150.000	0	0	0	0	0	0	4.265.922
12E	1500	750	750	5350	1	100	150.000	0	0	0	0	0	0	4.137.502
13E	600	8	60	1306	1	100	400.000	0	0	30	20	16000	30000	103.043.301
14E	600	8	60	2443	1	100	400.000	0	0	30	20	16000	30000	50.192.108
15E	600	4	12	2676	1	100	400.000	0	0	30	80	20000	120000	57.220.281
16E	600	50	50	2900	1	100	1.000.000	0	0	0	0	0	0	64.817.056
17E	800	8	60	1306	1	100	400.000	0	0	30	20	16000	30000	435.030.048
18E	800	8	60	2443	1	100	400.000	0	0	30	20	16000	30000	71.471.622
19E	800	4	12	2676	1	100	400.000	0	0	30	80	20000	120000	94.109.430
20E	800	50	50	2900	1	100	1.000.000	0	0	0	0	0	0	108.472.194
21E	3000	75	75	9000	1	100	1.500.000	0	0	0	0	0	0	219.632.676
22E	3000	75	75	12000	1	100	1.500.000	0	0	0	0	0	0	163.241.693
23E	3000	75	75	15000	1	100	1.500.000	0	0	0	0	0	0	139.117.974
24E	5000	100	100	15000	1	100	1.500.000	0	0	0	0	0	0	236.290.367
25E	5000	100	100	20000	1	100	1.500.000	0	0	0	0	0	0	177.527.877
26E	5000	100	100	24700	1	100	1.500.000	0	0	0	0	0	0	147.166.225
27E	8000	200	200	24000	1	100	2.500.000	0	0	0	0	0	0	363.823.713
28E	8000	200	200	32000	1	100	2.500.000	0	0	0	0	0	0	278.030.361
29E	8000	200	200	40000	1	100	2.500.000	0	0	0	0	0	0	239.262.482

Tabelle A.3: Problemspezifikationen der 29 Benchmarks des Extended Set

A.2 FIXGEN

FIXGEN ist eine erweiterte Version des Problemgenerators NETGEN, die von BARR, GLOVER UND KLINGMAN [18, S. 457] erstellt wurde. Obwohl FIXGEN in [18] nur zur Erzeugung von unkapazitierten Fixkosten-Transportproblemen benutzt wurde, lassen sich sämtliche Probleme erzeugen, die auch mit NETGEN generiert werden können. Diese Probleme können aber darüber hinaus um Fixkosten erweitert werden, so daß insgesamt sowohl kapazitierte als auch unkapazitierte Fixkosten-Transport- und Fixkosten-Umladeprobleme beliebiger Größe erzeugt werden können. Für die Fixkostengenerierung sind drei zusätzliche Parameter vorzugeben, die die minimalen und maximalen Fixkosten sowie die Anzahl der Fixkostenpfeile bestimmen. Diese letzte Angabe wird in Prozent von der Anzahl aller Pfeile gemacht.

Im Rahmen der vorliegenden Arbeit wird eine von RICHARD S. BARR[6] zur Verfügung gestellte Version von FIXGEN verwendet, die auf der Original-Version von NETGEN basiert. Sie beinhaltet daher einen anderen Zufallszahlengenerator als die im vorherigen Abschnitt beschriebene revidierte Version von NETGEN. FIXGEN wurde wie die revidierte Version von NETGEN für die Verwendung unter Microsoft Windows angepaßt und mit Microsoft FORTRAN 5.1 zu einer Dynamic Link Library compiliert.

Zur Erzeugung von Fixkosten-Netzwerkflußproblemen wurden die Problemspezifikationen der linearen Netzwerkflußprobleme aus den Tabellen A.1 und A.3[7] für FIXGEN erweitert. Dabei wurden alle Transport- und alle mittelgroßen Umladeprobleme der Standard-NETGEN-Benchmarks (Probleme 1 bis 10 und 16 bis 35) sowie die mittelgroßen Umladeprobleme des Extended Set (Probleme 13E bis 20E) um Fixkosten erweitert.[8]

Die folgenden vier Problemgruppen wurden mit FIXGEN generiert. Bei allen Problemen wurden die Kosten und Fixkosten im Bereich von 1 bis 100 gewählt und die *Random Number Seed* 13502460 vorgegeben. Zum Vergleich wurden die Umladeprobleme mit unterschiedlicher Anzahl von Fixkostenpfeilen erzeugt.

- Umladeprobleme mit 100% Fixkostenpfeilen[9]
  Die mittelgroßen kapazitierten und unkapazitierten Umladeprobleme der Standard-NETGEN-Benchmarks (Probleme F16 bis F27 und F28 bis F35) sowie die mittelgroßen teilweise kapazitierten Umladeprobleme des Extended Set (Probleme F13E bis F20E) wurden als reine Fixkostenprobleme erzeugt. Das größte Problem besitzt dabei 5697 Fixkostenpfeile.

- Umladeprobleme mit 50% Fixkostenpfeilen
  Mit dieser Fixkostenstruktur wurde die gleiche Gruppe von Umladeproblemen erzeugt (Probleme FA16 bis FA35 sowie FA13E bis FA20E). Die größte Anzahl von Fixkostenverbindungen ist hier 2815.

---

[6]Department of Computer Science and Engineering, School of Engineering and Applied Science, Southern Methodist University, Dallas, Tex.

[7]Siehe Seiten 187 und 189

[8]Den Bezeichnungen der um Fixkosten erweiterten Probleme wird zur Unterscheidung im folgenden ein F vorangestellt.

[9]Die Prozentzahl bezeichnet den FIXGEN vorgegebenen Wert. Tatsächlich erzeugt FIXGEN jedoch nur ungefähr so viele Fixkostenverbindungen, so daß auch bei einer Vorgabe von 100% einige Pfeile nicht mit Fixkosten belastet werden.

- Umladeprobleme mit 25% Fixkostenpfeilen
  Diese Gruppe besteht wieder aus den obigen Umladeproblemen (Probleme FB16
  bis FB35 sowie FB13E bis FB20E). Hier sind bis zu 1384 Verbindungen mit Fixkosten belastet.

- Transportprobleme mit 25% Fixkostenpfeilen
  Die Transportprobleme der Standard-NETGEN-Benchmarks (Probleme FB1 bis
  FB10) wurden mit dieser Fixkostenstruktur erzeugt. In den Problemen dieser
  Gruppe sind bis zu 1449 Fixkostenpfeile vorhanden.

Darüber hinaus sollten auch die Transportprobleme des Extended Set (Probleme 1E
bis 12E) um Fixkosten erweitert werden. Die vorliegende Version von FIXGEN generierte
jedoch großteils unzulässige Probleme. Bei dem Versuch, die von BARR, GLOVER UND
KLINGMAN in [18, S. 457f] verwendeten Fixkosten-Transportprobleme zu erzeugen, trat
dieser Fehler ebenfalls auf: Von den dort genannten 35 Problemen besaßen nur 12 eine
zulässige Lösung. Aufgrund dieser Unregelmäßigkeit wurden auch die zulässigen Probleme
bei den Laufzeitvergleichen nicht berücksichtigt.

Literaturverzeichnis

Die Zahlen in Klammern ⟨ ⟩ am Ende jedes Literaturhinweises geben die Seiten an, auf denen er genannt wird.

[1] J. H. AHRENS, A Code for the Transportation Problem, Paper, Universität Kiel, 1977. ⟨32, 34, 41⟩

[2] J. H. AHRENS UND GERD FINKE, Primal Transportation and Transshipment Algorithms, *Zeitschrift für Operations Research* 24 (1980), 1–32. ⟨2, 15, 19, 23, 24, 29, 30, 32, 34, 37, 40, 41, 43⟩

[3] RAVINDRA K. AHUJA UND JAMES B. ORLIN, The Scaling Network Simplex Algorithm, *Operations Research* 40 (1992), S5–S13. ⟨24⟩

[4] AGHA IQBAL ALI, ELLEN P. ALLEN, RICHARD S. BARR UND JEFFERY L. KENNINGTON, Reoptimization Procedures for Bounded Variable Primal Simplex Network Algorithms, *European Journal of Operational Research* 23 (1986), 256–263. ⟨185⟩

[5] AGHA IQBAL ALI, RICHARD V. HELGASON, JEFFERY L. KENNINGTON UND H. S. LALL, Primal Simplex Network Codes: State-of-the-Art Implementation Technology, *Networks* 8(4) (1978), 315–339. ⟨38, 40⟩

[6] AGHA IQBAL ALI, REMA PADMAN UND HEMALATHA THIAGARAJAN, Dual Algorithms for Pure Network Problems, *Operations Research* 37(1) (1989), 159–171. ⟨25, 80, 185, 186⟩

[7] CHRISTOPH ARLT, FixArc — Ein System zur PC-gestützten Lösung von Fixkosten-Netzwerkflußproblemen, in: *Operations Research Proceedings 1992*, Seiten 235–242, Springer, Berlin, 1993.

[8] CHRISTOPH ARLT, Hilfe zur Hilfe, *CHIP SPECIAL Programmierpraxis,* Turbo Pascal, Ausgabe 21 (1993), 51–58. ⟨177⟩

[9] RONALD D. ARMSTRONG UND PRABHAKANT SINHA, Improved Penalty Calculations for a Mixed Integer Branch-and-Bound Algorithm, *Mathematical Programming* 6(2) (1974), 212–223. ⟨112⟩

[10] EGON BALAS, An Additive Algorithm for Solving Linear Programs with Zero-One Variables, *Operations Research* 13(4) (1965), 517–546. ⟨94⟩

[11] EGON BALAS UND PETER L. HAMMER, On the Transportation Problem — Part 1, *Cahiers du Centre d'Etudes de Recherche Opérationelle* 4(2) (1962), 98–116. ⟨25⟩

[12] EGON BALAS UND PETER L. HAMMER, On the Transportation Problem — Part 2, *Cahiers du Centre d'Etudes de Recherche Opérationelle* 4(3) (1962), 131–160. ⟨25⟩

[13] MICHAEL L. BALINSKI, Fixed-Cost Transportation Problems, *Naval Research Logistics Quarterly* 8(1) (1961), 41–54. ⟨4, 91, 92, 97, 98, 148⟩

[14] RICHARD S. BARR, Streamlining Primal Simplex Transportation Codes, Research Report, Center for Cybernetic Studies, University of Texas, Austin, Tex., 1981. ⟨41⟩

[15] RICHARD S. BARR, FRED GLOVER UND DARWIN D. KLINGMAN, An Improved Version of the Out-of-Kilter Method and a Comparative Study of Computer Codes, *Mathematical Programming* 7(1) (1974), 60–86. ⟨25⟩

[16] RICHARD S. BARR, FRED GLOVER UND DARWIN D. KLINGMAN, The Generalized Alternating Path Algorithm for Transportation Problems, *European Journal of Operational Research* 2 (1978), 137–144. ⟨24⟩

[17] RICHARD S. BARR, FRED GLOVER UND DARWIN D. KLINGMAN, Enhancements of Spanning Tree Labelling Procedures for Network Optimizations, *INFOR* 17(1) (1979), 16–34. ⟨5, 31, 38, 40, 42, 43, 66, 68, 71, 72, 76, 81, 86, 185⟩

[18] RICHARD S. BARR, FRED GLOVER UND DARWIN D. KLINGMAN, A New Optimization Method for Large Scale Fixed Charge Transportation Problems, *Operations Research* 29(3) (1981), 448–463. ⟨4, 5, 92, 95, 109, 111, 116, 120, 131, 138, 139, 147–149, 153, 160, 161, 185, 190, 191⟩

[19] KATHARINA BELLING-SEIB, Network Flow Problems with One Side Constraint: A Comparison of Three Solution Methods, *Methods of Operations Research* 57 (1987), 85–86. ⟨185⟩

[20] J. F. BENDERS, *Partitioning in Mathematical Programming*, Thesis, Universität Utrecht, Utrecht, 1960. ⟨93⟩

[21] J. F. BENDERS, Partitioning Procedures for Solving Mixed-Variables Programming Problems, *Numerische Mathematik* 4(3) (1962), 238–252. ⟨93⟩

[22] M. BÉNICHOU, J. M. GAUTHIER, P. GIRODET, G. HENTGÈS, G. RIBIÈRE UND O. VINCENT, Experiments in Mixed Integer Linear Programming, *Mathematical Programming* 1(1) (1971), 76–94. ⟨105⟩

[23] G. E. BENNINGTON, An Efficient Minimal Cost Flow Algorithm, *Management Science* 19(9) (1973), 1042–1051. ⟨26⟩

[24] DIMITRI P. BERTSEKAS, A Unified Framework for Minimum Cost Network Flow Problems, *Mathematical Programming* 32 (1985), 125–145. ⟨25⟩

[25] DIMITRI P. BERTSEKAS, The Auction Algorithm: A Distributed Relaxation Method for the Assignment Problem, *Annals of Operations Research* 14 (1988), 105–123. ⟨24⟩

[26] DIMITRI P. BERTSEKAS UND D. A. CASTANON, The Auction Algorithm for the Transportation Problem, *Annals of Operations Research* 20 (1989), 67–96. ⟨24⟩

[27] DIMITRI P. BERTSEKAS, PATRICK A. HOSEIN UND PAUL TSENG, Relaxation Methods for Network Flow Problems with Convex Arc Costs, *SIAM Journal on Control and Optimization* 25(5) (1987), 1219–1243. ⟨25⟩

[28] DIMITRI P. BERTSEKAS UND PAUL TSENG, The RELAX Codes for Linear Minimum Cost Network Flow Problems, *Annals of Operations Research* 13 (1988), 125–190. ⟨83⟩

[29] DIMITRI P. BERTSEKAS UND PAUL TSENG, Relaxation Methods for Minimum Cost Ordinary and Generalized Network Flow Problems, *Operations Research* 36(1) (1988), 93–114. ⟨25, 42, 185⟩

[30] DIMITRI P. BERTSEKAS UND PAUL TSENG, RELAXT-III: A New and Improved Version of the RELAX Code, Report P-1990, Laboratory for Information and Decision Systems, Massachusetts Institute of Technology, Cambridge, Mass., Juli 1990. ⟨11, 79, 80, 83, 86, 87, 185, 186⟩

[31] R. E. BIXBY UND W. H. CUNNINGHAM, Converting Linear Programms to Network Problems, *Mathematics of Operations Research* 5 (1980), 321–357. ⟨2⟩

[32] JÜRGEN BLOECH, *Optimale Industriestandorte*, Physica, Würzburg, Wien, 1970. ⟨3⟩

[33] JÜRGEN BLOECH, *Lineare Optimierung für Wirtschaftswissenschaftler*, Band 2 der Reihe *Studienbücher VWL/BWL*, Westdeutscher Verlag, Opladen, 1974. ⟨29⟩

[34] JÜRGEN BLOECH, Problembereiche der Logistik, in: HERBERT JACOB (Hrsg.), *Logistik*, Band 32 der Reihe *Schriften zur Unternehmensführung*, 1984. ⟨3⟩

[35] JÜRGEN BLOECH UND GÖSTA B. IHDE, *Betriebliche Distributionsplanung*, Physica, Würzburg, Wien, 1972. ⟨3⟩

[36] KONRAD BOENCHENDORF, Improving the Kennington/Unger Penalty-Method for the Fixed-Charge Transportation Problem, *Methods of Operations Research* 49 (1985), 139–146. ⟨5, 96⟩

[37] KONRAD BOENCHENDORF, Combining Penalties for the Fixed-Charge Transportation Problem, *Methods of Operations Research* 53 (1986), 231–237. ⟨5, 96, 121, 124, 125⟩

[38] KONRAD BOENCHENDORF, An Optimality Criterion for Degenerated Transportation Problems, *Methods of Operations Research* 57 (1987), 87–94. ⟨31⟩

[39] GORDON H. BRADLEY, GERALD B. BROWN UND GLENN W. GRAVES, Design and Implementation of Large Scale Primal Transshipment Algorithms, *Management Science* 24(1) (1977), 1–34. ⟨10, 23, 24, 29–34, 37, 38, 40, 41, 43, 51, 185⟩

[40] A. BRANDT UND J. INTRATOR, Fast Algorithm for Long Transportation Problems, *Computers and Operations Research* 5 (1978), 263–271. ⟨24⟩

[41] MARCELLUS BUCHHEIT, Die Hilfe-Verwaltung von Windows 3, *Microsoft System Journal* 4(5) (1990), 104–130. ⟨177⟩

[42] ROBERT G. BUSACKER UND P. J. GOWEN, A Procedure for Determining a Family of Minimal-Cost Network Flow Patterns, ORO Technical Report 15, Operations Research Office, John Hopkins University, 1961. ⟨26⟩

[43] ROBERT G. BUSACKER UND THOMAS L. SAATY, *Finite Graphs and Networks*, McGraw-Hill, New York, 1965. ⟨23⟩

[44] A. VICTOR CABOT UND S. SELCUK ERENGUC, Some Branch-and-Bound Procedures for Fixed-Cost Transportation Problems, *Naval Research Logistics Quarterly* 31 (1984), 145–154. ⟨4, 95, 111, 121, 122, 126, 138, 141, 142, 148, 151, 153, 160–162⟩

[45] A. VICTOR CABOT UND S. SELCUK ERENGUC, Improved Penalties for Fixed Cost Linear Programs Using Lagrange Relaxations, *Management Science* 32(7) (1986), 856–869. ⟨5, 96, 121, 122, 148, 153, 162⟩

[46] ABRAHAM CHARNES UND W. W. COOPER, The Stepping-Stone Method of Explaining Linear Programming Calculations in Transportation Problems, *Management Science* 1(1) (1954), 49–69. ⟨24⟩

[47] ABRAHAM CHARNES UND W. W. COOPER, *Management Models and Industrial Applications of Linear Programming, Volume I & II*, John Wiley & Sons, New York, 1961. ⟨23⟩

[48] ABRAHAM CHARNES, DAVID KARNEY, DARWIN D. KLINGMAN, JOEL STUTZ UND FRED GLOVER, Past, Present and Future of Large Scale Transshipment Computer Codes and Applications, *Computers and Operations Research* 2 (1975), 71–81. ⟨1, 23, 32⟩

[49] L. COOPER UND C. DREBES, An Approximate Solution Method for the Fixed Charge Problem, *Naval Research Logistics Quarterly* 14(1) (1967), 101–113. ⟨4⟩

[50] L. COOPER UND A. M. OLSON, Random Perturbations and the MI-MII Heuristics for the Fixed-Charge Problem, Report No. COO-1493-7, Department of Applied Mathematics and Computer Science, Washington University, St. Louis, Mo., 1968. ⟨4⟩

[51] MARY W. COOPER, *A Branch and Bound Method for the Fixed-Charge Transportation Problem*, Dissertation, Sever Institute of Technology, St. Louis, Mo., Juni 1970. ⟨4, 94⟩

[52] W. H. CUNNINGHAM, A Network Simplex Method, *Mathematical Programming* 11(2) (1976), 105–116. ⟨24, 51⟩

[53] R. J. DAKIN, A Tree-Search Algorithm for Mixed Integer Programming Problems, *Computer Journal* 8(3) (1965), 250–255. ⟨94⟩

[54] GEORGE B. DANTZIG, Application of the Simplex Method to a Transportation Problem, in: TJALLING C. KOOPMANS (Hrsg.), *Activity Analysis of Production and Allocation*, Kapitel 23, Seiten 359–373, John Wiley & Sons, New York, 1951. ⟨24⟩

[55] GEORGE B. DANTZIG, Maximization of a Linear Function of Variables Subject to Linear Inequalities, in: TJALLING C. KOOPMANS (Hrsg.), *Activity Analysis of Production and Allocation*, Kapitel 21, Seiten 339–347, John Wiley & Sons, New York, 1951. ⟨29⟩

[56] GEORGE B. DANTZIG, *Linear Programming and Extensions*, Princeton University Press, Princeton, N.J., 1963. ⟨17, 19, 23, 24, 29, 30, 32, 33, 93, 114⟩

[57] GEORGE B. DANTZIG UND PHILIP WOLFE, Decomposition Principle for Linear Programming, *Operations Research* 8(1) (1960), 101–111. ⟨93⟩

[58] J. B. DENNIS, A High-Speed Computer Technique for the Transportation Problem, *Journal of the Association for Computing Machinery* 5 (1958), 132–153. ⟨32, 33⟩

[59] D. R. DENZLER, An Approximative Algorithm for the Fixed Charge Problem, *Naval Research Logistics Quarterly* 16(3) (1969), 411–416. ⟨4⟩

[60] HANS-JOACHIM DIX, *Die Lösung betrieblicher Fixed-Charge-Transport-Planungsprobleme mit ausgewählten heuristischen und exakten Verfahren*, Dissertation, Georg-August-Universität Göttingen, Göttingen, 1978. ⟨4, 148, 153, 162⟩

[61] WOLFGANG DOMSCHKE, *Logistik: Transport: Grundlagen, lineare Transport- und Umladeprobleme*, Band 1, Oldenbourg, München, Wien, zweite Auflage, 1985. ⟨13, 15–18, 20–22, 25, 26, 30, 32, 34, 93, 172⟩

[62] WOLFGANG DOMSCHKE, *Logistik: Rundreisen und Touren*, Band 2, Oldenbourg, München, Wien, dritte Auflage, 1990. ⟨3⟩

[63] N. J. DRIEBEEK, An Algorithm for the Solution of Mixed Integer Programming Problems, *Management Science* 12(7) (1966), 576–587. ⟨112, 120⟩

[64] JACK EDMONDS UND R. M. KARP, Theoretical Improvements in Algorithmic Efficiency for Network Flow Problems, *Journal of the Association for Computing Machinery* 19(2) (1972), 248–264. ⟨26⟩

[65] SALAH E. ELMAGHRABY, *Some Network Models in Management Science*, Band 29 der Reihe *Lecture Notes in Operations Research and Mathematical Systems*, Springer, Berlin, 1970. ⟨1⟩

[66] PETER C. FETTEROLF UND G. ANANDALINGAM, A Lagrangean Relaxation Technique for Optimizing Interconnection of Local Area Networks, *Operations Research* 40(4) (1992), 678–688. ⟨4, 9⟩

[67] GERD FINKE UND J. H. AHRENS, A Variant of the Primal Transportation Algorithm, *INFOR* 16(1) (1978), 35–46. ⟨24⟩

[68] MARSHALL L. FISHER, The Lagrangian Relaxation Method for Solving Integer Programming Problems, *Management Science* 27(1) (1981), 1–18. ⟨95, 103⟩

[69] MARSHALL L. FISHER, W. D. NORTHUP UND JEREMY F. SHAPIRO, Using Duality to Solve Discrete Optimization Problems: Theory and Computational Experience, *Mathematical Programming Study* 3 (1975), 56–94. ⟨103⟩

[70] LESTER R. FORD UND DELBERT R. FULKERSON, A Primal-Dual Algorithm for the Capacitated Hitchcock Problem, *Naval Research Logistics Quarterly* 4(1) (1957), 47–54. ⟨24⟩

[71] LESTER R. FORD UND DELBERT R. FULKERSON, *Flows in Networks*, Princeton University Press, Princeton, N.J., 1962. ⟨23⟩

[72] J. J. H. FORREST, J. P. H. HIRST UND JOHN A. TOMLIN, Practical Solution of Large Mixed Integer Programming Problems with UMPIRE, *Management Science* 20(5) (1974), 736–773. ⟨105⟩

[73] HOWARD FRANK UND IVAN T. FRISCH, *Communication, Transmission and Transportation Networks*, Addison-Wesley, Reading, Mass., 1971. ⟨1⟩

[74] RONALD S. FRANK, *On the Fixed Charge Hitchcock Transportation Problem*, Dissertation, John Hopkins University, Baltimore, Md., 1972. ⟨4, 92, 94⟩

[75] STEFAN FREIGANG, Modellierung und Implementierung eines netzflußbasierten Planungssystems für Gießereien, Diplomarbeit, Technische Hochschule Darmstadt, Darmstadt, Mai 1993. ⟨2, 3, 9, 172, 177, 183⟩

[76] DELBERT R. FULKERSON, An Out-of-Kilter Method for Minimal Cost Flow Problems, *Journal of the Society for Industrial and Applied Mathematics* 9(1) (1961), 18–27. ⟨25⟩

[77] G. GALLUS, *Die Erweiterung linearer Optimierungsmodelle um fixe Grundkosten: Eigenschaften und Lösungsmöglichkeiten des Fixed-Charge Problems*, Dissertation, Darmstadt, 1974. ⟨92⟩

[78] SAUL I. GASS, *Linear Programming: Methods and Applications*, McGraw-Hill, New York, fünfte Auflage, 1985. ⟨29⟩

[79] J. M. GAUTHIER UND G. RIBIERE, Experiments in Mixed-Integer Programming Using Pseudo-Costs, *Mathematical Programming* 12 (1977), 26–47. ⟨105⟩

[80] BEZALEL GAVISH, PAUL J. SCHWEITZER UND E. SHLIFER, The Zero Pivot Phenomenon in Transportation and Assignment Problems and its Computational Implications, *Mathematical Programming* 12(2) (1977), 226–240. ⟨31⟩

[81] ARTHUR M. GEOFFRION, Integer Programming by Implicit Enumeration and Balas' Method, *SIAM Review* 9(2) (1967), 178–190. ⟨94⟩

[82] ARTHUR M. GEOFFRION, Lagrangean Relaxation for Integer Programming, *Mathematical Programming Study* 2 (1974), 82–114. ⟨95, 103, 112, 115, 116, 118, 126⟩

[83] ARTHUR M. GEOFFRION UND GLENN W. GRAVES, Multicommodity Distribution System Design by Benders Decomposition, *Management Science* 20(5) (1974), 822–844. ⟨93⟩

[84] ARTHUR M. GEOFFRION UND ROY EARL MARSTEN, Integer Programming Algorithms: A Framework and State-of-the-Art Survey, in: ARTHUR M. GEOFFRION (Hrsg.), *Perspectives on Optimization: A Collection of Expository Articles*, Kapitel 5, Seiten 137–163, Addison-Wesley, Reading, Mass., 1972. ⟨93⟩

[85] ARTHUR M. GEOFFRION UND ROY EARL MARSTEN, Integer Programming Algorithms: A Framework and State-of-the-Art Survey, *Management Science* 18(9) (1972), 465–491. ⟨93, 94, 96, 103, 105, 140⟩

[86] FRED GLOVER, A Multiphase-Dual Algorithm for the Zero-One Integer Programming Problem, *Operations Research* 13(6) (1965), 879–919. ⟨94⟩

[87] FRED GLOVER, GENE JONES, DAVID KARNEY, DARWIN D. KLINGMAN UND JOHN MOTE, An Integrated Production, Distribution, and Inventory Planning System, *Interfaces* 9(5) (1979), 21–35. ⟨1, 8⟩

[88] FRED GLOVER, DAVID KARNEY UND DARWIN D. KLINGMAN, The Augmented Predecessor Index Method for Locating Stepping-Stone Paths and Assigning Dual Prices in Distribution Problems, *Transportation Science* 6(1) (1972), 171–180. ⟨5, 38, 40, 43⟩

[89] FRED GLOVER, DAVID KARNEY UND DARWIN D. KLINGMAN, Implementation and Computational Comparisons of Primal, Dual and Primal-Dual Computer Codes for Minimum Cost Network Flow Problems, *Networks* 4(3) (1974), 191–212. ⟨24, 32, 40, 42, 43, 185⟩

[90] FRED GLOVER, DAVID KARNEY, DARWIN D. KLINGMAN UND H. ALBERT NAPIER, A Computation Study on Start Procedures, Basis Change Criteria and Solution Algorithms for Transportation Problems, *Management Science* 20(5) (1974), 793–819. ⟨32, 33, 41, 185⟩

[91] FRED GLOVER, DAVID KARNEY, DARWIN D. KLINGMAN UND R. A. RUSSELL, Solving Singly Constrained Transshipment Problems, *Transportation Science* 12(4) (1978), 277–297. ⟨185⟩

[92] FRED GLOVER UND DARWIN D. KLINGMAN, Locating Stepping-Stone Paths in Distribution Problems Via the Predecessor Index Method, *Transportation Science* 4(2) (1970), 220–225. ⟨5, 39⟩

[93] FRED GLOVER UND DARWIN D. KLINGMAN, Network Applications in Industry and Government, *AIIE Transactions* 9(4) (1977), 363–376. ⟨1⟩

[94] FRED GLOVER UND DARWIN D. KLINGMAN, Mathematical Optimization — A Successful Tool for Logistics Problems, in: J. P. BRANS (Hrsg.), *Operational Research 81*, North Holland, Amsterdam, 1981. ⟨1⟩

[95] FRED GLOVER UND DARWIN D. KLINGMAN, The Simplex SON Algorithm for LP/embedded Network Problems, *Mathematical Programming Study* 15 (1981), 148–176. ⟨10, 40⟩

[96] FRED GLOVER UND DARWIN D. KLINGMAN, Recent Developments in Computer Implementation Technology for Network Flow Algorithms, *INFOR* 20(4) (1982), 433–452. ⟨42, 43, 185⟩

[97] FRED GLOVER UND DARWIN D. KLINGMAN, Basis Exchange Characterizations for the Simplex SON Algorithm for LP/embedded Networks, *Mathematical Programming Study* 24 (1985), 141–157. ⟨10, 40⟩

[98] FRED GLOVER, DARWIN D. KLINGMAN UND H. ALBERT NAPIER, An Efficient Dual Approach to Network Problems, *Opsearch* 9(1) (1972), 1–18. ⟨25⟩

[99] FRED GLOVER, DARWIN D. KLINGMAN UND NANCY V. PHILLIPS, *Network Models in Optimization and Their Applications in Practice*, John Wiley & Sons, New York, 1992. ⟨1⟩

[100] FRED GLOVER, DARWIN D. KLINGMAN UND JOEL STUTZ, Augmented Threaded Index Method for Network Optimization, *INFOR* 12(3) (1974), 293–298. ⟨5, 38, 40, 43, 185⟩

[101] FRED GLOVER UND JOHN M. MULVEY, Equivalence of the 0–1 Integer Programming Problem to Discrete Generalized and Pure Networks, *Operations Research* 28(3) (1980), 829–836. ⟨2⟩

[102] BRUCE L. GOLDEN, LAWRENCE BODIN UND TERRY GOODWIN, Microcomputer-Based Vehicle Routing and Scheduling, *Computers and Operations Research* 13 (1986), 277–285. ⟨6⟩

[103] BRUCE L. GOLDEN UND THOMAS L. MAGNANTI, Deterministic Network Optimization: A Bibliography, *Networks* 7(2) (1977), 149–183. ⟨23⟩

[104] R. E. GOMORY, Outline of an Algorithm for Integer Solution to Linear Programs, *Bulletin of the American Mathematical Society* 64(5) (1958), 275–278. ⟨93⟩

[105] R. E. GOMORY, Solving Linear Programming Problems in Integers, in: R. BELL-MAN UND M. HALL, JR. (Hrsg.), *Combinatorial Analysis*, Seiten 211–215, American Mathematical Society, Providence, R.I., 1960. ⟨93⟩

[106] R. E. GOMORY, An All-Integer Integer Programming Algorithm, in: J. F. MUTH UND GERALD L. THOMPSON (Hrsg.), *Industrial Scheduling*, Seiten 193–206, Prentice-Hall, Englewood Cliffs, N.J., 1963. ⟨93⟩

[107] R. E. GOMORY, On the Relation between Integer and Noninteger Solutions to Linear Programs, *Proceedings of the National Academy of Sciences of the United States of America* 53(2) (1965), 260–265. ⟨93⟩

[108] R. E. GOMORY, Faces of an Integer Polyhedron, *Proceedings of the National Academy of Sciences of the United States of America* 57(1) (1967), 16–18. ⟨93⟩

[109] R. E. GOMORY, Some Polyhedra Related to Combinatorial Problems, *Journal of Linear Algebra and Its Applications* 2(4) (1969), 451–558. ⟨93⟩

[110] G. A. GORRY UND JEREMY F. SHAPIRO, An Adaptive Group Theoretic Algorithm for Integer Programming Problems, *Management Science* 17(5) (1971), 285–306. ⟨93⟩

[111] S. K. GOYAL, Improving VAM for Unbalanced Transportation Problems, *Journal of the Operational Research Society* 35(12) (1984), 1113–1114. ⟨32⟩

[112] PAUL GRAY, *Mixed Integer Programming Algorithms for Site Selection and Other Fixed Charge Problems Having Capacity Constraints*, Ph.D. Dissertation, Department of Operations Research, Stanford University, Stanford, Cal., November 1967. ⟨4, 94, 148⟩

[113] PAUL GRAY, Exact Solutions of the Fixed-Charge Transportation Problem, *Operations Research* 19 (1971), 1529–1538. ⟨4, 94, 148⟩

[114] MICHAEL D. GRIGORIADIS, An Efficient Implementation of the Network Simplex Method, *Mathematical Programming Study* 26 (1986), 83–111. ⟨32–35, 40, 42, 43, 48, 58, 59, 61, 80–82, 86, 182, 185, 186⟩

[115] MICHAEL D. GRIGORIADIS UND TAU HSU, The Rutgers Minimum Cost Network Flow Subroutines, *SIGMAP Bulletin of the ACM* 26 (1979), 17–18. ⟨35, 42, 43⟩

[116] MICHAEL D. GRIGORIADIS UND TAU HSU, RNET — The Rutgers Minimum Cost Network Flow Subroutines, User Documentation, Version 3.6, Department of Computer Science, Rutgers University, New Brunswick, N.J., November 1980. ⟨35, 42, 43⟩

[117] MONIQUE GUIGNARD, Preprocessing and Optimization in Network Flow Problems with Fixed Charges, *Methods of Operations Research* 45 (1983), 235–256. ⟨160⟩

[118] GEORGE HADLEY, *Linear Programming*, Addison-Wesley, Reading, Mass., zweite Auflage, 1963. ⟨19, 29, 32, 33⟩

[119] RICHARD V. HELGASON UND JEFFERY L. KENNINGTON, NETFLO Program Documentation, Technical Report IEOR 76011, Department of Industrial Engineering
and Operations Research, Southern Methodist University, Dallas, Tex., September
1976. ⟨33, 43⟩

[120] WARREN M. HIRSCH UND GEORGE B. DANTZIG, The Fixed Charge Problem,
Research Memorandum RM-1388, The RAND Corporation, Santa Monica, Cal.,
1954, Nachdruck in *Naval Research Logistics Quarterly* 15(3) (1968), 413–424. ⟨3,
91, 92⟩

[121] FRANK L. HITCHCOCK, The Distribution of a Product from Several Sources to
Numerous Localities, *Journal of Mathematics and Physics* 20(2) (1941), 224–230.
⟨20, 23⟩

[122] TE-CHIANG HU, *Integer Programming and Network Flow*, Addison-Wesley, Reading, Mass., 1969. ⟨18, 22, 23⟩

[123] M. S. HUNG, W. O. ROM UND A. D. WAREN, Degeneracy in Transportation
Problems, *Discrete Applied Mathematics* 13(2) (1986), 223–237. ⟨31⟩

[124] TOSHIHIDE IBARAKI, Enumerative Approaches to Combinatorial Optimization —
Part I, *Annals of Operations Research* 10 (1987), 1–342. ⟨4, 94, 96, 101–103, 105,
106, 112, 119, 137, 138, 140, 141⟩

[125] TOSHIHIDE IBARAKI, Enumerative Approaches to Combinatorial Optimization —
Part II, *Annals of Operations Research* 11 (1987), 343–602. ⟨146⟩

[126] GÖSTA B. IHDE, *Transport, Verkehr, Logistik: Gesamtwirtschaftliche Aspekte und
einzelwirtschaftliche Handhabung*, Franz Vahlen, München, 2., völlig überarbeitete
und erweiterte Auflage, 1991. ⟨1⟩

[127] YOSHIRO IKURA UND GEORGE L. NEMHAUSER, A Polynomial-Time Dual Simplex Algorithm for the Transportation Problem, OR&IE Technical Report No.
602, School of Operations Research and Industrial Engineering, Cornell University,
Ithaca, New York, September 1983. ⟨25⟩

[128] YOSHIRO IKURA UND GEORGE L. NEMHAUSER, Computational Experience with a
Polynomial-Time Dual Simplex Algorithm for the Transportation Problem, *Discrete
Applied Mathematics* 13(2) (1986), 239–248. ⟨25, 185⟩

[129] J. INTRATOR UND M. BERREBI, Auxiliary Procedures for Solving Large Scale
Transportation Problems, *Naval Research Logistics Quarterly* 27 (1980), 447–452.
⟨24⟩

[130] SØREN KRUSE JACOBSEN, On the Use of Tree-Indexing Methods in Transportation
Algorithms, *European Journal of Operational Research* 2 (1978), 54–65. ⟨5, 24, 38,
40⟩

[131] JOHN J. JARVIS, RONALD L. RARDIN, V. E. UNGER, RICHARD W. MOORE UND CHARLES C. SCHIMPELER, Optimal Design of Regional Wastewater Systems: A Fixed-Charge Network Flow Model, *Operations Research* 26(4) (1978), 538–550. ⟨8⟩

[132] PAUL A. JENSEN UND J. WESLEY BARNES, *Network Flow Programming*, John Wiley & Sons, New York, 1980. ⟨1, 3, 13, 18, 19, 21, 22, 24, 25, 29, 111⟩

[133] ELLIS L. JOHNSON, Networks and Basic Solutions, *Operations Research* 14 (1966), 619–623. ⟨38, 40⟩

[134] JERRY JONGERIUS, Genaue Zeiten unter Windows, *Microsoft System Journal* 5(6) (1991), 89–94. ⟨80⟩

[135] G. KALB, H. RÖCK UND G. SCHMIDT, Netzflußmodelle zur präferenzorientierten dynamischen Einsatz- und Ablaufplanung, *Zeitschrift für Operations Research* 28 (1984), B283–B295. ⟨10⟩

[136] LEONID V. KANTOROVICH, *Mathematical Methods in the Organization and Planning of Production*, Publication House of the Leningrad State University, 1939, Übersetzung in *Management Sciene* 6 (1960), 366–422. ⟨20⟩

[137] DAVID KARNEY UND DARWIN D. KLINGMAN, Implementation and Computational Study on an In-Core, Out-of-Core Primal Simplex Network Code, *Operations Research* 24(6) (1976), 1056–1077. ⟨185⟩

[138] J. E. KELLEY JR., Critical Path Planning and Scheduling: Mathematical Basis, *Operations Research* 9 (1961), 296–320. ⟨3⟩

[139] JEFFERY L. KENNINGTON, *Fixed-Charge Transportation Problem: A Group Theoretic Approach*, Dissertation, School of Industrial and Systems Engineering, Georgia Institute of Technology, Atlanta, Ga., 1973. ⟨92, 93⟩

[140] JEFFERY L. KENNINGTON, The Fixed-Charge Transportation Problem: A Computational Study with a Branch-and-Bound Code, *AIIE Transactions* 8(2) (1976), 241–247. ⟨95, 138, 148, 162⟩

[141] JEFFERY L. KENNINGTON UND RICHARD V. HELGASON, *Algorithms for Network Programming*, John Wiley & Sons, New York, 1980. ⟨1, 13, 15, 18, 22, 25, 29, 30, 33, 38, 40, 42, 43, 185⟩

[142] JEFFERY L. KENNINGTON UND V. E. UNGER, The Group Theoretic Structure in the Fixed-Charge Transportation Problem, *Operations Research* 21(5) (1973), 1142–1153. ⟨92, 93⟩

[143] JEFFERY L. KENNINGTON UND V. E. UNGER, A New Branch-and-Bound Algorithm for the Fixed-Charge Transportation Problem, *Management Science* 22(10) (1976), 1116–1126. ⟨4, 92, 95, 111, 120, 141, 148, 162⟩

[144] M. R. KHAN UND D. A. LEWIS, A Network Model for Nursing Staff Scheduling, *Zeitschrift für Operations Research* 31 (1987), B161–B171. ⟨9⟩

[145] MORTON KLEIN, A Primal Method for Minimal Cost Flows with Applications to the Assignment and Transportation Problems, *Management Science* 14(3) (1967), 205–220. ⟨26⟩

[146] DARWIN D. KLINGMAN, JOHN MOTE UND NANCY V. PHILLIPS, A Logistics Planning System at W. R. Grace, *Operations Research* 36(6) (1988), 811–822. ⟨10⟩

[147] DARWIN D. KLINGMAN, H. ALBERT NAPIER UND JOEL STUTZ, NETGEN: A Program for Generating Large Scale Capacitated Assignment, Transportation, and Minimum Cost Flow Network Problems, *Management Science* 20(5) (1974), 813–821. ⟨79, 80, 147, 185, 186⟩

[148] DARWIN D. KLINGMAN, PAUL H. RANDOLPH UND STEPHEN W. FULLER, A Cotton Ginning Problem, *Operations Research* 24 (1976), 700–718. ⟨7⟩

[149] TJALLING C. KOOPMANS, Optimum Utilization of the Transportation System, in: *Proceedings of the International Statistical Conferences*, Washington, D.C., 1947, Nachdruck in *Econometrica* XVII (Supplement) (1949), 136–146. ⟨20, 24⟩

[150] JAKOB KRARUP, An Algorithm for the Fixed-Cost Transportation Problem, Ref. No. 65/014038, The Institute of Mathematical Statistics and Operations Research, Technical University of Denmark, Lynby, 1969. ⟨4, 94⟩

[151] HAROLD W. KUHN, The Hungarian Method for the Assignment Problem, *Naval Research Logistics Quarterly* 2(1) (1955), 83–97. ⟨25⟩

[152] HAROLD W. KUHN UND W. J. BAUMOL, An Approximate Algorithm for the Fixed-Charge Transportation Problem, *Naval Research Logistics Quarterly* 9(1) (1962), 1–15. ⟨4⟩

[153] A. H. LAND UND A. G. DOIG, An Automatic Method of Solving Discrete Programming Problems, *Econometrica* 28(3) (1960), 497–520. ⟨94⟩

[154] ROBERT W. LANGELY, JEFFERY L. KENNINGTON UND C. M. SHETTY, Efficient Computational Devices for the Capacitated Transportation Problem, *Naval Research Logistics Quarterly* 21(4) (1974), 637–647. ⟨41⟩

[155] FLORIAN M. UND P. ROBILLARD, An Implicit Enumeration Algorithm for the Concave Cost Network Flow Problem, *Management Science* 18 (1971), 184–193. ⟨95⟩

[156] THOMAS L. MAGNANTI UND R. T. WONG, Network Design and Transportation Planning: Models and Algorithms, *Transportation Science* 18(1) (1984), 1–55. ⟨1⟩

[157] M. MALEK-ZAVAREI UND IVAN T. FRISCH, On the Fixed-Cost Flow Problem, *International Journal of Control* 16(5) (1972), 897–902. ⟨92⟩

[158] PATRICK G. MCKEON, A Branch-and-Bound Algorithm for Solving Fixed Charge Problems, *Naval Research Logistics Quarterly* 28(4) (1981), 607–617. ⟨4, 148, 162⟩

[159] BERTRAND MEYER, *Object-orientated Software Construction*, Prentice-Hall, 1988. ⟨165, 166⟩

[160] JOHN MOTE, The Family Constrained Network Problem, *Discrete Applied Mathematics* 13(2) (1986), 249–257. ⟨3, 43, 111⟩

[161] JOHN M. MULVEY, *Special Structures in Large-Scale Network Models and Associated Applications*, Ph.D. Dissertation, University of California at Los Angeles, Los Angeles, Cal., 1975. ⟨33, 43⟩

[162] JOHN M. MULVEY, Pivot Strategies for Primal-Simplex Network Codes, *Journal of the Association for Computing Machinery* 25(2) (1978), 266–270. ⟨34, 35, 43, 185⟩

[163] JOHN M. MULVEY, Testing of Large-Scale Network Optimization Programs, *Mathematical Programming* 15(3) (1978), 291–314. ⟨31, 33, 34, 40, 43, 185, 186⟩

[164] BRUCE A. MURTAGH, *Advanced Linear Programming: Computation and Practice*, McGraw-Hill, Hamburg, 1981. ⟨64⟩

[165] KATTA G. MURTY, Solving the Fixed-Charge Problem by Ranking the Extreme Points, *Operations Research* 16(2) (1968), 268–279. ⟨4, 94⟩

[166] KATTA G. MURTY, *Linear and Combinatorial Programming*, John Wiley & Sons, New York, 1976. ⟨19, 29, 94, 101–103, 114⟩

[167] GEORGE L. NEMHAUSER UND LAURENCE A. WOLSEY, *Integer and Combinatorial Optimization*, John Wiley & Sons, New York, 1988. ⟨94, 95, 101–105, 112, 137, 141, 148⟩

[168] WŁODZIMIERZ OGRYCZAK, KRZYSZTOF STUDZINSKI UND KRYSTIAN ZORYCHTA, A Solver for the Multi-Objective Transshipment Problem with Facility Location, *European Journal of Operational Research* 43 (1989), 53–64. ⟨174⟩

[169] ALEX ORDEN, The Transshipment Problem, *Management Science* 2(3) (1956), 276–285. ⟨2, 23⟩

[170] JAMES B. ORLIN, Genuinely Polynomial Simplex and Non-Simplex Algorithms for the Minimum Cost Flow Problem, Sloan W.P. No. 1615-84, Massachusetts Institute of Technology, Cambridge, Mass., 1984. ⟨25⟩

[171] MICHAEL W. PADBERG, TONY J. VAN ROY UND LAURENCE A. WOLSEY, Valid Linear Inequalities for Fixed Charge Problems, *Operations Research* 33 (1985), 842–861. ⟨93⟩

[172] U. S. PALEKAR, M. H. KARWAN UND S. ZOINTS, Dualty-Based Bounds for the Fixed Charge Transportation Problem, Technical Report, Department of Mechanical and Industrial Engineering, Urbana, Ill., 1987. ⟨5, 96⟩

[173] CHRISTOS H. PAPADIMITRIOU UND KENNETH STEIGLITZ, *Combinatorial Optimization*, Prentice-Hall, Englewood Cliffs, N.J., 1982. ⟨4, 13, 18, 19, 30, 93, 94, 96, 105⟩

[174] RONALD L. RARDIN, *Group Theoretic and Related Aproaches to Fixed Charge Problems*, Dissertation, School of Industrial and Systems Engineering, Georgia Institute of Technology, Atlanta, Ga., 1973. ⟨93⟩

[175] RONALD L. RARDIN UND V. E. UNGER, Solving Fixed Charge Network Problems with Group Theory-Based Penalties, *Naval Research Logistics Quarterly* 23(1) (1976), 67–84. ⟨4, 95, 148, 153, 162, 185⟩

[176] NYLES V. REINFELD UND WILLIAM R. VOGEL, *Mathematical Programming*, Prentice-Hall, Englewood Cliffs, N.J., 1958. ⟨32⟩

[177] P. ROBERS UND L. COOPER, A Study of the Fixed Charge Transportation Problem, Report No. COO-1493-9, Department of Applied Mathematics and Computer Science, Washington University, St. Louis, Mo., 1969. ⟨4, 92⟩

[178] RALPH TYRRELL ROCKAFELLAR, *Network Flows and Monotropic Optimization*, John Wiley & Sons, New York, 1984. ⟨13, 17, 29⟩

[179] JOANNE R. SCHAFFER UND DANIEL E. O'LEARY, Use of Penalties in a Branch and Bound Procedure for the Fixed Charge Transportation Problem, *European Journal of Operational Research* 43 (1989), 305–312. ⟨5, 96⟩

[180] G. SCHMIDT, A Fertilizer Transportation Problem, *Zeitschrift für Operations Research* 30 (1986), B135–B145. ⟨10⟩

[181] STEPHEN R. SCHMIDT, PAUL A. JENSEN UND J. WESLEY BARNES, An Advanced Dual Incremental Network Algorithm, *Networks* 12(4) (1982), 475–492. ⟨25, 185⟩

[182] LINUS SCHRAGE, *User's Manual for Linear, Integer and Quadratic Programming with LINDO*, The Scientific Press, San Francisco, Cal., vierte Auflage, 1989. ⟨159, 160⟩

[183] ALEXANDER SCHRIJVER, *Theory of Integer and Linear Programming*, John Wiley & Sons, Chichester, 1986. ⟨4, 18, 19, 24, 29, 93, 94, 106⟩

[184] JEREMY F. SHAPIRO, *Mathematical Programming: Structures and Algorithms*, John Wiley & Sons, New York, 1979. ⟨13, 19, 21–23, 29, 30, 93, 94, 103, 113, 114⟩

[185] HANIF D. SHERALI, Bounds on Penalties for Dummy Arcs in Transportation Networks, *Eurpean Journal of Operational Research* 36 (1988), 353–359. ⟨33⟩

[186] RICHARD M. SOLAND, Optimal Facility Loacation with Concave Costs, *Operations Research* 22 (1974), 373–382. ⟨4, 95⟩

[187] SUSAN B. SPÄLTI UND THOMAS M. LIEBLING, Modeling the Satellite Placement Problem as a Network Flow Problem with One Side Constraint, *OR Spektrum* 13(1) (1991), 1–14. ⟨10, 185⟩

[188] KURT SPIELBERG, On the Fixed-Charge Transportation Problem, in: *Proceedings of the 19th National Conference*, Philadelphia, Pa., 1964, Association for Computing Machinery. ⟨92⟩

[189] V. SRINIVASAN UND GERALD L. THOMPSON, Accelerated Algorithms for Labeling and Relabeling of Trees, with Applications to Distribution Problems, *Journal of the Association for Computing Machinery* 19(4) (1972), 712–726. ⟨38⟩

[190] V. SRINIVASAN UND GERALD L. THOMPSON, Benefit-Cost Analysis of Coding Techniques for the Primal Transportation Algorithm, *Journal of the Association for Computing Machinery* 20 (1973), 194–213. ⟨24, 32, 33, 40, 41⟩

[191] HARTMUT STADTLER, OPTIMA: Ein Planungssystem zur Abfallentsorgung des Landesbetriebes Hamburger Stadtreinigung, *OR Spektrum* 13(2) (1991), 103–114. ⟨10⟩

[192] DAVID I. STEINBERG, The Fixed Charge Problem, *Naval Research Logistics Quarterly* 17(2) (1970), 217–236. ⟨4⟩

[193] JOHN WILLIAM STROUP, Allocation of Launch Vehicles to Space Missions: A Fixed-Cost Transportation Problem, *Operations Research* 15 (1967), 1157–1163. ⟨7⟩

[194] UWE H. SUHL, Solving Large-Scale Mixed-Integer Programs with Fixed Charge Variables, *Mathematical Programming* 32 (1985), 165–182. ⟨160⟩

[195] UWE H. SUHL, Entwicklungstendenzen von mathematischer Optimierungs-Software, *IBM Kongress '86, Referat 47* (1986). ⟨5⟩

[196] N. TOMIZAWA, On Some Techniques Useful for Solution of Transportation Network Problems, *Networks* 1 (1972), 173–194. ⟨26⟩

[197] JOHN A. TOMLIN, Branch and Bound Methods for Integer and Non-Convex Programming, in: J. ABADIE (Hrsg.), *Integer and Nonlinear Programming*, Kapitel 21, Seiten 437–450, North Holland, Amsterdam, 1970. ⟨112, 120⟩

[198] JOHN A. TOMLIN, An Improved Branch-and-Bound Method for Integer Programming, *Operations Research* 19(4) (1971), 1070–1075. ⟨112, 120⟩

[199] CURTIS J. TOMPKINS, *Group-Theoretic Structures in the Fixed-Charge Transportation Problem*, Dissertation, School of Industrial and Systems Engineering, Georgia Institute of Technology, Atlanta, Ga., 1971. ⟨4, 92, 93⟩

[200] PAUL TSENG UND DIMITRI P. BERTSEKAS, Relaxation Methods for Monotropic Programs, *Mathematical Programming* 46(2) (1990), 127–151. ⟨25⟩

[201] TONY J. VAN ROY UND LAURENCE A. WOLSEY, Valid Inequalities and Separation for Uncapacitated Fixed Charge Networks, *Operations Research Letters* 4(3) (1985), 105–112. ⟨93⟩

[202] TONY J. VAN ROY UND LAURENCE A. WOLSEY, Solving Mixed Integer Programming Problems Using Automatic Reformulation, *Operations Research* 35(1) (1987), 45–57. ⟨93⟩

[203] WARREN E. WALKER, A Heuristic Adjacent Extreme Point Algorithm for the Fixed Charge Problem, *Management Science* 22(5) (1976), 587–596. ⟨4, 148, 162⟩

[204] NIKLAUS WIRTH, *Algorithmen und Datenstrukturen*, Teubner, Stuttgart, dritte, überarbeitete Auflage, 1983. ⟨39, 47, 111, 119⟩

[205] LAURENCE A. WOLSEY, Strong Formulations for Mixed Integer Programming, *Mathematical Programming Series B* 45(1) (1989), 173–191. ⟨93, 148⟩

[206] DON WRIGHT UND CHRISTOPH HAEHLING VON LANZENAUER, COAL: A New Heuristic Approach for Solving the Fixed Charge Problem — Computational Results, *European Journal of Operations Research* 52 (1991), 235–246. ⟨4⟩

[207] NORMAN ZADEH, A Bad Network Problem for the Simplex Method and Other Minimum Cost Flow Algorithms, *Mathematical Programming* 5(3) (1973), 255–266. ⟨23⟩

[208] H.-J. ZIEGLER, *Computergestützte Transport- und Tourenplanung*, Vogel-Verlag, Würzburg, 1988. ⟨6⟩

[209] HANS-JÜRGEN ZIMMERMANN, *Netzplantechnik*, de Gruyter, Berlin, 1971. ⟨3⟩

Symbolverzeichnis

Die Zahl in Klammern ⟨⟩ am Ende der Beschreibung eines Symbols gibt die Seite an, auf der es definiert wird.

(TP)   klassisches Transportproblem ⟨20⟩

A $\in Z^{|\mathcal{N}|\times|\mathcal{A}|}$ Knoten-Pfeil-Inzidenz-Matrix eines Netzwerks ⟨16⟩

$\mathcal{A}$ $\subset \mathcal{N} \times \mathcal{N}$ Menge der Pfeile (engl.: *Arcs*) eines Netzwerks ⟨13⟩

$\mathcal{A}_B$ $\subset \mathcal{A}$ Menge der zur Basis gehörenden Pfeile ⟨30⟩

$\mathcal{A}_N$ $\subset \mathcal{A}$ Menge der nicht zur Basis gehörenden Pfeile ⟨30⟩

$\mathcal{A}_N^0$ $\subset \mathcal{A}_N$ Menge der nicht zur Basis gehörenden Pfeile mit $x_{ij} = 0$ ⟨30⟩

$\mathcal{A}_N^m$ $\subset \mathcal{A}_N$ Menge der nicht zur Basis gehörenden Pfeile mit $x_{ij} = m_{ij}$ ⟨30⟩

$\mathcal{A}_{pq}^0$ $\subset \mathcal{A}_N^0$ Menge der Nichtbasispfeile mit $x_{ij} = 0$, für die $\alpha_{pqij} = -1$ ist ⟨118⟩

$\mathcal{A}_{pq}^m$ $\subset \mathcal{A}_N^0$ Menge der Nichtbasispfeile mit $x_{ij} = m_{ij}$, für die $\alpha_{pqij} = +1$ ist ⟨118⟩

α_{pqij} $\in \{-1, 0, +1\}$ der zur Basisvariable x_{pq} gehörige Koeffizient des Simplex-Tableaus in der Spalte der Nichtbasisvariablen x_{ij} ⟨116⟩

a_k $\in Z$ im Knoten k vorrätige bzw. benötigte ($a_k > 0$ bzw. $a_k < 0$) Mengeneinheiten, für reine Umladeknoten ist $a_k = 0$ ⟨13⟩

B $\in Z^{|\mathcal{N}|-1\times|\mathcal{N}|-1}$ Basis einer um eine beliebige Zeile reduzierten Knoten-Pfeil-Inzidenz-Matrix A, bestehend aus $|\mathcal{N}|-1$ linear unabhängigen Spalten von A ⟨30⟩

$\mathcal{C}$ Kandidatenliste eines Branch-and-Bound-Verfahrens zur Speicherung von weder gestrichenen noch ausgeloteten Teilproblemen ⟨105⟩

c_{ij} $\in R$ Kosten für den Fluß einer Mengeneinheit von Knoten i zu Knoten j ⟨14⟩

$\bar{c}_{ij}$ $\in R$ reduzierte Kosten für den Pfeil von Knoten i zu Knoten j ⟨19⟩

d_{ij} $\in Z_+$ Fixkosten, die bei Benutzung des Pfeils von Knoten i zu Knoten j anfallen ⟨89⟩

$\mathcal{F}$ $\subset \mathcal{A}$ Menge der Pfeile eines Netzwerks, die mit Fixkosten belastet sind, d. h. für die $d_{ij} > 0$ ist ⟨97⟩

$\mathcal{F}_k$ $\subset \mathcal{F}$ Menge der weder geöffneten noch gesperrten Fixkostenpfeile im Teilproblem **(FCNFP$_k$)** ⟨108⟩

$\mathcal{F}_k^+$ $\subset \mathcal{F}$ Menge der geöffneten Fixkostenpfeile im Teilproblem **(FCNFP$_k$)** ⟨108⟩

$\mathcal{F}_k^-$ $\subset \mathcal{F}$ Menge der gesperrten Fixkostenpfeile im Teilproblem **(FCNFP$_k$)** ⟨108⟩

m_{ij} $\in N$ Kapazität des Pfeils von Knoten i zu Knoten j ⟨14⟩

$\mathcal{N}$ Menge der Knoten (engl.: *Nodes*) eines Netzwerks ⟨13⟩

r $\in \mathcal{N}$ Wurzel (engl.: *Root*) des eine Basis repräsentierenden spannenden Baums $T(\mathcal{N}, \mathcal{A}_B)$ ⟨38⟩

$T(\mathcal{N}, \mathcal{A})$ — Baum (engl.: *Tree*) bestehend aus der Knotenmenge $\mathcal{N}$ und der Pfeilmenge $\mathcal{A}$ $\langle 30 \rangle$

$T(k)$ — Teilbaum mit Wurzel k bestehend aus dem Knoten k und allen seinen Nachfolgern $\langle 38 \rangle$

u_k — $\in R$ Dualvariable zur Flußerhaltungsbedingung von Knoten k, wird auch Knotenvariable oder *Node Potential* genannt $\langle 19 \rangle$

u — $= (u_k)^T \in R^{|\mathcal{N}|}$ Vektor der u_k, $k \in \mathcal{N}$

v_{ij} — $\in R$ Dualvariable zur relaxierten 0–1-Nebenbedingung (4.9) von Pfeil (i, j) $\langle 96 \rangle$

v — $= (v_{ij})^T \in R^{|\mathcal{A}|}$ Vektor der v_{ij}, $(i, j) \in \mathcal{A}$

w_{ij} — $\in R$ Dualvariable zur Kapazitätsnebenbedingung von Pfeil (i, j) $\langle 19, 96 \rangle$

w — $= (w_{ij})^T \in R^{|\mathcal{A}|}$ Vektor der w_{ij}, $(i, j) \in \mathcal{A}$

x_{ij} — $\in Z_+$ Fluß auf dem Pfeil von Knoten i zu Knoten j $\langle 14 \rangle$

x — $= (x_{ij})^T \in Z_+^{|\mathcal{A}|}$ Vektor der x_{ij}, $(i, j) \in \mathcal{A}$

$\hat{x}^k$ — $= (\hat{x}_{ij}^k)^T \in Z_+^{|\mathcal{A}|}$ optimale Lösung von $(\mathbf{NFR}_k)$ $\langle 109 \rangle$

$(\bar{x}^k, \bar{y}^k)$ — $= (\bar{x}_{ij}^k, \bar{y}_{ij}^k)^T \in Z_+^{|\mathcal{A}|} \times \{0, 1\}^{|\mathcal{A}|}$ optimale Lösung von $(\overline{\mathbf{FCFNP}}_k)$ $\langle 112 \rangle$

(x^k, y^k) — $= (x_{ij}^k, y_{ij}^k)^T \in Z_+^{|\mathcal{A}|} \times \{0, 1\}^{|\mathcal{A}|}$ zulässige Lösung von $(\mathbf{FCFNP}_k)$ $\langle 110 \rangle$

y_{ij} — $\in \{0, 1\}$ gibt an, ob der Pfeil von Knoten i zu Knoten j benutzt wird oder nicht, d. h. ob $x_{ij} > 0$ ist oder nicht $\langle 90 \rangle$

y — $= (y_{ij})^T \in \{0, 1\}^{|\mathcal{A}|}$ Vektor der y_{ij}, $(i, j) \in \mathcal{A}$

z — $\in R \cup \{+\infty\}$ Zielfunktionswert der aktuell besten Lösung in einem Branch-and-Bound-Verfahren, wird auch *Incumbent Value* genannt $\langle 104 \rangle$

$\underline{z}_k$ — $\in R \cup \{-\infty, +\infty\}$ untere Schranke für den optimalen Zielfunktionswert von $(\mathbf{FCNFP}_k)$ $\langle 110 \rangle$

$\bar{z}_k$ — $\in R \cup \{+\infty\}$ obere Schranke für den optimalen Zielfunktionswert von $(\mathbf{FCNFP}_k)$ $\langle 110 \rangle$

If you have any comments about our product,
visit our website or contact us
Product Safety: productsafety@springernature.com

BioMed Publishers... published before the EU
whose authorised representative is:
Springer Nature Customer Service Center GmbH
Prinzenberg Str. 2, 69115 Heidelberg, Germany

Printed by Books on Demand GmbH,
Norderstedt, Germany